Harald Volker Sommer

Das chorische Prinzip

Ein Arbeitsbuch für Theater, Pädagogik und Lehre

Harald Volker Sommer

DAS CHORISCHE PRINZIP

Ein Arbeitsbuch für Theater, Pädagogik und Lehre

ibidem
Verlag

Bibliografische Information der Deutschen Nationalbibliothek
Die Deutsche Nationalbibliothek verzeichnet diese Publikation in der Deutschen Nationalbibliografie; detaillierte bibliografische Daten sind im Internet über http://dnb.d-nb.de abrufbar.

Bibliographic information published by the Deutsche Nationalbibliothek
Die Deutsche Nationalbibliothek lists this publication in the Deutsche Nationalbibliografie; detailed bibliographic data are available in the Internet at http://dnb.d-nb.de.

Coverabbildung: © copyright 2020 by Michał Rumas.
Constitution for the Chorus of Poles by Marta Górnicka, Nowy Teatr, Warsaw, 2016.

Zweite, durchgesehene, verbesserte und korrigierte Auflage

ISBN-13: 978-3-8382-1733-8

Printed in the EU

Inhalt

„Ich betrete einen sozialen Raum."

(Lann Hornscheidt)

Vorspiel: „Ein chorischer Dialog" (Wien 2007)

Dischek sitzt ganz hinten, sieht kurz zu mir her, dann zeichnet er weiter. Ich erzähle der Klasse gerade eine Geschichte. Alle lachen. Dischek nicht. Dann laufen alle durch den Raum im *Stopp and Go*. Dischek macht sein eigenes Ding: Er tanzt, er imitiert die anderen, zieht den Fokus, bekommt Applaus. Die Kinder lachen, Dischek strahlt. Mein vorbereitetes Spiel findet gerade nicht statt, aber ein anderes hat längst begonnen. Ich schlage den Kindern vor, genau das zu machen, was Dischek macht. Die Gruppe spiegelt Dischek, er bemerkt die Reaktion auf seine Bewegungen. Jetzt dreht er auf, legt nach, hat Spaß: alle improvisieren, die Gruppe wird zum Chor mit Dischek als Chorführer. Ein Kind schlägt eine Geste vor, ein anderes einen Gang, eine Haltung. Und jetzt übernimmt auch Dischek diese Muster. Ein chorischer Dialog findet statt. Alle lachen. Dischek auch.

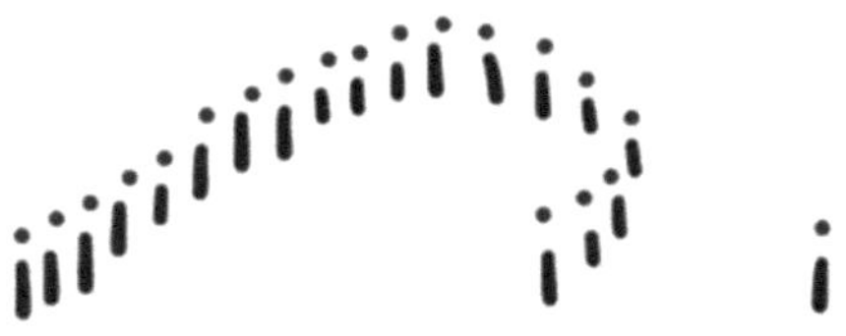

Abbildung 1: Einzelne*r vor der Gruppe

Prologos

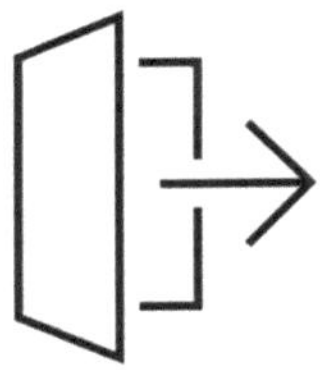

„Augenpunkt Fluchtpunkt“ (Einar Schleef)

Das chorische Prinzip

Das chorische Prinzip in Regie, Theater- und Schauspielpädagogik eröffnet ein Feld unzähliger Möglichkeiten: der Chor als theatrales Element kann in zahlreichen Settings sehr unterschiedliche Funktionen übernehmen. Ästhetisch-künstlerische, politisch-soziale, ensemblebildende oder pädagogische Aspekte treten in den Vordergrund, je nach Zielgruppe und Rahmen. Meine langjährige Praxis in theaterpädagogischen Feldern, in Unterricht an Schulen und Bildungseinrichtungen, in der Hochschullehre und am Theater hat mir immer wieder gezeigt, dass die Arbeit mit dem theatralen Chor eine ganz spezifische Erfahrung für die einzelnen Spieler*innen bereithält: das *Ich* im *Wir*.

Wir erfahren im gemeinsamen körperlichen Spiel, in der Bewegung, dem Atem und der Stimme eine neue Form der Aufmerksamkeit und des Raumbewusstseins. Wir entdecken eine Vielfalt von Ausdrucksmitteln: Gesten-Choreografien, die gemeinsame stimmliche Eroberung des Raumes, synchrones und asynchrones Spiel, Laufen, Innehalten, Flüstern, Sprechen, Schreien, Echos entwickeln. Einen gemeinsamen Rhythmus zu finden und diesen zu variieren, ohne Steuerung von außen, setzt eine Art *Intelligenz des Chorkörpers* voraus: sie weiß mehr als die einzelnen Teile. Dieses Vertrauen erwirbt und schenkt sich die Gruppe selbst im Prozess. Wir agieren dann im Chor gemeinsam und doch individuell, achtsam und lebendig, als ein Teil eines sich ständig wandelnden Organismus. Das Chorische ist ein dichtes Netz aus sozialen, spielerischen, festlich-interaktiven, tänzerischen, theatralen und kultischen Phänomenen. Diese Verwobenheit der Themenfelder zeigt sich bei jeder Beschäftigung mit dem Chorischen: ästhetische Parameter verändern sich durch soziale und politische Settings, pädagogische Aspekte gewinnen an Kontur im Gegenlicht von ästhetischen und politischen Rahmenbedingungen. Alle diese Themen ergeben zusammen einen Chor aus vielen Stimmen. Ich möchte diese Stimmen miteinander in Beziehung setzen und Dialoge führen lassen. So werden Fäden gespannt, und ein Netz entsteht, das verbindet. Knoten und Überkreuzungen bilden sich: „Immer dem Rhizom folgen: durch Bruch, die Fluchtlinie verlängern, ausdehnen, wechseln, ändern […]“ (Deleuze/Guattari 1972, 19).

Aufbau des Buches

Der Aufbau des Buches soll die maximale Freiheit der Leser*innen ermöglichen: nichts ist eine Voraussetzung für etwas anderes. Die einzelnen Kapitel sind vernetzt, können aber jedes für sich gelesen werden. Man kann sich mit einzelnen Bereichen vertiefend beschäftigen, andere überspringen und dort weiterlesen, wohin die Neugierde führt. Oft verweist ein Pfeil (→) auf Stellen zum Weiterlesen (Seitenangaben in Klammer): Über sie kann man von einem Kapitel in ein anderes springen. Ich lade dazu ein, einen aufgenommenen Faden zu verfolgen, bei Knoten innezuhalten, selbst welche zu knüpfen. Die Gedankenfigur des Rhizoms ist für mich deshalb so inspirierend, weil sie mir beim Schreiben ermöglicht, Verkettungen und Verbindungen innerhalb der einzelnen Kapitel herzustellen, Brüche offen stehen zu lassen, anschlussfähige Fragmente zu beschreiben, die man weiterdenken kann.[1] Die einzelnen Themen des Chorischen sind nicht hierarchisch geordnet, sondern werden verknüpft und sind beweglich.[2] Der Chor ist ein dynamisches Knotenwerk aus miteinander agierenden Individuen. Sich auf das Chorische einzulassen, bedeutet also auch, sich auf nicht lineare Narrative des Lernens, Lehrens, Spielens und Erfahrens einzulassen. Ziel bleibt immer der Transfer in die reflektierte Praxis. Das Buch möchte eine Karte ins Land der chorischen Arbeitsweise sein. Die Einladung an die Leser*innen lautet, mit dieser Karte eigene Wege zu entdecken.

---

[1] Die Gedankenfigur des Rhizoms wurde von den beiden Autoren Gilles Deleuze und Félix Guattari der Biologie entlehnt (siehe Deleuze/Guattari 1972). Rhizome sind büschelartige Wurzelstöcke. Sie besitzen Knotenpunkte, aus denen sie Sprossen bilden. Das Rhizom wandelt sich ständig, stirbt an einer Stelle ab und wächst zur gleichen Zeit an einer anderen weiter. Es steht für ein hierarchiefreies vernetztes Denken und Schreiben. Es ist ein „nicht zentriertes, nicht hierarchisches […] System" (Deleuze/Guattari 1972, 35).

[2] Die Theaterwissenschaftlerin Ulrike Haß beschreibt das Rhizomatische am Chor mit seiner Vielgestalt und der Vernetztheit der einzelnen Spieler*innen (vgl. Haß 2021, 14).

Das Buch beginnt mit einem *Prologos*, eine Art Exposition mit einleitenden Worten, noch bevor der Chor auftritt, und es schließt mit dem Auszug des Chores, dem *Exodos*. Zwischen diesen beiden theatralen Angelpunkten spannen sich die Themenfelder. *Wege des Chorischen* werden aufgezeigt, *Bausteine des Chores* beschrieben, *Arbeitsfelder des Chorischen* umrissen.

Teil 1: Wege

Das Chorische wird als theatrales Prinzip vorgestellt, ebenso die damit verbundenen methodisch-didaktische Fragen. Der Chor wird als variable Stammzelle zahlreicher theatraler Formen beschrieben. Es wird nach weit zurückliegenden Wurzeln chorisch-kollektiver sozialer Praktiken im Zusammenhang mit dem Chorischen gefragt. In einem Gespräch mit Anton Bierl (Universität Basel) gehe ich Fragen nach der Frühzeit des Chorischen nach. Eingestreut in den ersten Teil werden drei zentrale Fragen der Praxis untersucht: die Frage nach dem *Was?* (Rahmenbedingungen), nach dem *Wer?* (Zielgruppen) und nach dem *Wie?* (Gestaltung). Wo treffen Herkunftsspekulationen auf unsere Gegenwart und heutige Theaterpraxis? Es folgen Gedanken zu Versammlungsformen wie Masse, Meute und Schwarm im Kontext des Chorischen. Zuletzt wird nach drei Wirkungsräumen des Chorischen gefragt: dem pädagogischen, politischen und ästhetischen Raum. Mit der Regisseurin und Chorexpertin Marta Górnicka unterhalte ich mich über politische und ästhetische Fragen zum Chor. Das *Manifest einer chorischen Ästhetik* beschließt den ersten Teil.

Teil 2: Bausteine

Die *Bausteine* der chorischen Theaterarbeit sind: Körper, Wahrnehmung, Raum, Atem, Stimme, Rhythmus, Sprache, Spiel, Szene und Feedback/Rückmeldung. Diese *Bausteine* sind jene Elemente, aus denen sich die praktische chorische Arbeit zusammensetzt. Über hundert Übungen bilden dieses chorische Arbeitsarchiv. Jedem *Baustein* werden fachliche Überlegungen vorangestellt. Die Übungen der einzelnen *Bausteine* sind untereinander vernetzt und verweisen aufeinander. So besteht die Möglichkeit, modular zu arbeiten, zu variieren und eigene Übungsreihen zusammenzustellen.

Teil 3: Felder

Drei *Felder des Chorischen* werden vorgestellt und von drei Fachgesprächen flankiert: Die chorische Arbeit im *Lehrstück* von Brecht (Gespräch mit Reiner Steinweg), der Chor im *Theater der Unterdrückten* von Augusto Boal (Gespräch mit Michael Wrentschur) und der kollektive Ansatz des *ästhetischen Forschens* (imaginiertes Gespräch mit dem Experimentalmusiker John Cage).

Teil 4: Werkstatt Chor

In der Chorwerkstatt geben konkrete Praxismodule Impulse für die eigene Arbeit. Das Modul *Textwerkstatt* ist im Buch abgedruckt. Weitere Module sind *Ästhetisch-kollektives Forschen, Szenische Arbeitsblätter, Der digitale Chor, Stimm- und Sprachspiele für Kinder.* Sie stehen als Download zur Verfügung.

Die Orientierung im Buch: Karte und Kompass

Für eine Orientierung beim Lesen, Proben und Arbeiten sind manche Texte bestimmten Kategorien zugeordnet. Die einzelnen Kategorien stammen aus der Welt des Theaters und werden hier vorgestellt. Diese Kategorien sind als Fragmente mit Anschlussmöglichkeit zu verstehen: Sie bilden Bruchstellen, an die eigene Erfahrungen oder Gedanken ansetzen können.

„Vor-, Zwischen- und Nachspiel": Persönliche Geschichten

In den laufenden Text streue ich persönliche Momente, Erlebnisse und Fallbeispiele aus der eigenen Praxis ein. Im Lauf der Jahre haben sich viele Geschichten gesammelt, die mit dem Chorischen im weitesten Sinne zusammenhängen: persönliche Erinnerungen, Ereignisse, Notate, Tagebuchaufzeichnungen.

„Kommentar“: Kritischer Denkimpuls

Zu bestimmten Themen werden weiterführende Gedanken entwickelt. Sie möchten Impulse für neue und eigene Denkwege sein. Offene Fragen animieren zum Assoziieren: „Die Arbeitsform der Kommentierung liegt näher bei der Idee des Sammelns als bei der Idee des Gestaltens. […] Das Formprinzip des Kommentars war immer schon Arbeitsform der poetischen Kritik" (Kluge 2021, 8).

„Fund“: Entdeckungen zum Weiterlesen

Hier gibt es den ein oder anderen Hinweis zu vertiefender Literatur, Medienmaterial oder einem beispielhaften Projekt: Material zum Forschen und Nachdenken.

Für wen ist dieses Buch?

Dieses Buch richtet sich an alle Kolleg*innen der theatralen Praxis und Lehre, die praktisch mit einem Theaterchor arbeiten möchten, also Theaterpädagog*innen, Dozent*innen, Regisseur*innen, Dramaturg*innen und Pädagog*innen. In Gesprächen mit Kolleg*innen der unterschiedlichsten Fachrichtungen und Praxisfelder wurde mir schnell klar, dass an das Chorische unterschiedliche Erwartungen und Vorstellungen geknüpft sind: ensemblebildende Impulse, die Gestaltung gruppendynamischer Prozesse mit Expert*innen des Alltags, performative Choreografien im Dialog mit Text, Körper und Raum, der Chor als Kommentator einer Geschichte, chorische Textarbeit, die künstlerisch und politisch kritische Thematisierung des Kollektivbegriffs.

Ich unterscheide im vorliegenden Buch nicht zwischen einzelnen beruflichen Kategorien wie Regie oder Theaterpädagogik. Die einzelne Übung verändert ihre Ausrichtung, Wirkung, Dauer und Zielrichtung je nach dem vorgegebenen oder gewählten Rahmen. Die Leitung (Spielleitung, Regie, Lehrkraft) verwandelt, passt an; sie ändert, modifiziert, variiert, erfindet. Arbeitsfelder überschneiden sich immer mehr: Regisseur*innen unterrichten und Theaterpädagog*innen inszenieren. Theoretische Überlegungen und Perspektiven möchten Mut für die Praxis und Lust auf das eigene Ausprobieren machen. Die Übungen stellen einen Pool an Anwendungsmöglichkeiten dar. Sie werden lebendig durch die eigene Anverwandlung. Die beschriebenen Praxisbeispiele sind als Impulse für eigene Ideen gemeint. Die Frage ist nicht, wie unterscheide ich im chorischen Ansatz Regiearbeit und pädagogische Arbeit voneinander, sondern eher, was haben in der chorischen Arbeit eine Schulklasse, ein Schauspielensemble und ein professioneller Opernchor gemeinsam? Welches Prinzip steht hinter der Anwendung bei einzelnen Zielgruppen oder in den unterschiedlichen Arbeitsfeldern?

Ein lebendiger Dialog

Wie kann ich Gruppen zum chorischen Spiel einladen? Wie kann ein Chor die höchstmögliche Autonomie erlangen? Wie sieht eine dynamische Spielleiter*innenhaltung in der chorischen Arbeit aus? Die Sammlung von Praxisimpulsen ist vernetzt mit theoretischen Bausteinen, Hintergründen und Geschichten. Das alles soll hin- und zurückführen zur eigenen reflektierten Praxis. Mit dem vorliegenden Buch ist die Hoffnung verbunden, dass jene, die zum ersten Mal mit dem chorischen Prinzip in Kontakt kommen, einen Leitfaden für den Einstieg an die Hand bekommen. Aber auch, dass erfahrene Kolleg*innen neue Aspekte, Hintergründe und Übungen kennenlernen. Ich möchte mit den Leser*innen in einen Dialog treten, um gemeinsam Fragen an das chorische Prinzip zu stellen:

„Findet die Stellen in einem Buch, mit denen ihr etwas anfangen könnt." (Deleuze/Guattari 1977, 40)

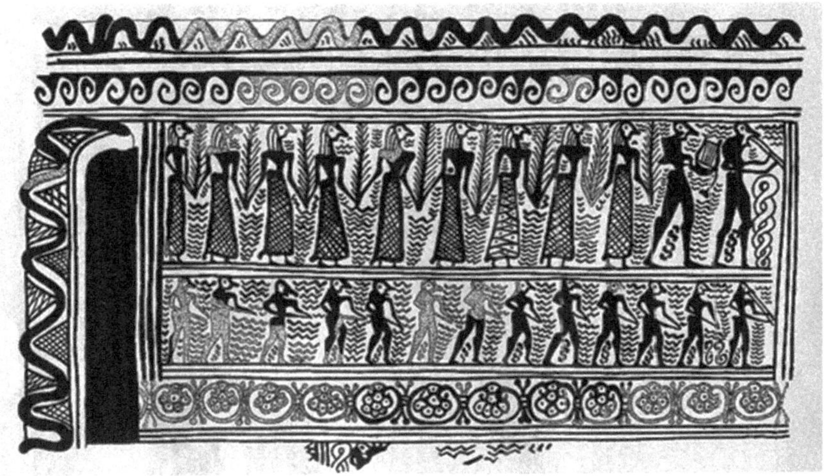

Abbildung 2: Rekonstruktion einer Zeichnung auf einem Krug (Hydrien-Fragment), Fundort Ägina, 8. Jahrhundert vor Chr. Zu sehen sind zwei Reigenformationen. Oben: Neun bekleidete Frauen mit Zweigen, angeführt von einem nackten Auleten und Phorminxspieler mit Plektron. Unten: zwölf nackte Männer, angeführt von einem Auleten (Quelle: siehe Abbildungsverzeichnis)

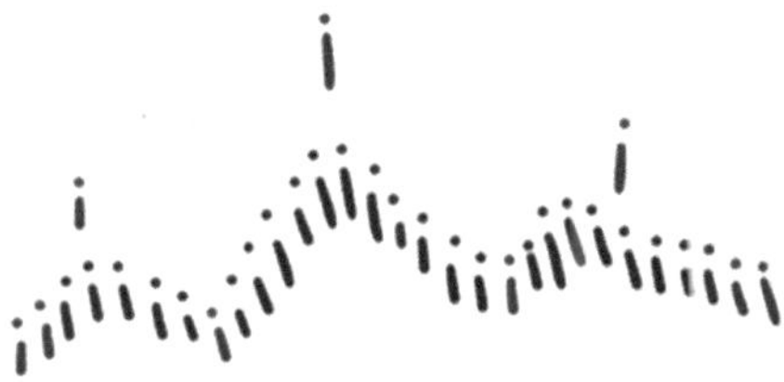

Abbildung 3: Tanzende Linie

Wege zum Chor

„Tempoanziehen Tempodehnen"

(Einar Schleef)

Methodik und Didaktik des Chorischen

> „Der Chor wird in seiner individualitätsstiftenden, der Einzelne in seiner gemeinschaftsbildenden Kraft sichtbar.“ (Kurzenberger 2009c, 74)

Es geht in der chorischen Arbeit, wie ich sie verstehe, noch vor jedem ästhetischen Ansatz um die theatrale Auseinandersetzung des Individuums mit sich selbst als Teil einer handelnden Gruppe. Daraus eine eigene Ästhetik zu entwickeln, ist die Herausforderung und Chance des chorischen Prinzips. Wir sind in chorischen Settings nicht zu jedem Zeitpunkt eine stabile Einheit, sondern werden gespiegelt, kommentiert, verändert, variiert: „Jede Aktion löst Reaktionen [...] aus, und alle Handlungen und Gesten sind vernetzt mit dem chorischen Ensemble" (Sommer 2011, 35). Im Chor können wir nicht immer eine klare Grenze ziehen zwischen Agieren und Reagieren, zwischen Geben und Aufnehmen eines Impulses. Von wem ist welche Geste, wer hatte diese oder jene szenische Idee? Der demokratische Umgang mit dem jeweils eigenen kreativen Eigentum prägt das Chorische: „Jede Idee ist im Grunde eine instabile, sich verändernde Schnittstelle zwischen mir selbst und all dem, was mir begegnet" (Odell 2021, 198).

Das Chorische rein methodisch zu begreifen, macht für mich wenig Sinn. Es werden in diesem Buch konkrete Verfahrensweisen für die Praxis vorgestellt, aber sie werden nicht, wie Mira Sack es formuliert, „von situationsspezifischen Unreinheiten befreit" (Sack 2019, 6). Es geht um eine Haltung in einer bestimmten Situation vor einer bestimmten Zielgruppe in einem bestimmten Setting. Methodik und Didaktik sind im Chorischen nicht zu trennen. In künstlerischen und pädagogischen Prozessen wie der Erarbeitung eines Chores sind Vorbereitung, Lernzielvorgabe, Probenergebnis, Prozess, Moment, Ereignis und Erfahrung Bausteine, die sich mit einer getrennten Sichtweise methodischer und didaktischer Strategien nicht scharf fassen lassen. Ich beziehe mich hier auf den Begriff des *Theatralen Lernens* bei Hans-Joachim Wiese, Michaela Günther und Bernd Ruping (vgl. Wiese et al.2006). In ihm treffen soziale und ästhetische Dimensionen des Lernens aufeinander (vgl. Wiese et al. 2006, 48). Die individuelle Spielerfahrung wird in solchen „theatralen Lernprozessen zur sich kollektiv ereignenden Schwellenerfahrung" (a.a.O., 49). Mein Gegenüber im Chor ist für meine eigene Erfahrung notwendig und entscheidend, ja mehr als das: die eigene Gestaltungsfähigkeit ist untrennbar vernetzt mit der Gruppe: „Die anderen nehmen teil an dem ästhetisch-gestalteten Prozess des Einzelnen und sind dessen konstituierende Voraussetzung" (Wiese et al. 2006, 50). Bei einem Ansatz, der nicht auf ein fest umrissenes Lernziel ausgerichtet ist, fallen Methodik und Didaktik zusammen.

> „Ihre Trennung würde [...] Inhalte in ein strategisch instrumentelles Verhältnis setzen und so den Freiraum der sozialen ästhetischen Produktion [...] von vornherein einengen, statt ihn zu öffnen" (Wiese et al. 2006, 63).

Das Individuum wird befragt

Wenn ich im Zusammenhang mit chorischen Arbeitsformen von Didaktik spreche, beziehe ich mich auf einen bildungstheoretischen Kontext. Zentral ist hier die dialogische und dynamische Begegnung zwischen Lehrgegenstand und Lernendem: „Die ursprüngliche Bedeutung des Wortes *didáskein* umfasst die aktive wie die passive Lernbewegung. Lernen und Unterrichten sind ebenso gemeint wie der Vorgang des Lehrens oder Unterrichtetwerdens" (Sack 2011, 37). Im Chor ist jedes individualisierte Lernereignis gekoppelt an die Gruppe. Die Begegnung mit dem Lehrgegenstand findet über die Begegnung einzelner Körper, über die Choreografie und die Sprache statt.

Zwei Erfahrungsräume hält das Chorische für Teilnehmende bereit: die Erfahrung der *Kontingenz* und der *Differenz*. Die Vernetzung in ambivalente gesellschaftliche Dynamiken macht unsere gewohnten Bezugspunkte beweglich und ungewiss. Ein *Nichts ist sicher* bestimmt immer mehr unseren Alltag und unsere soziale Wirklichkeit.

Es ist die Erfahrung der *Kontingenz*, dass die Welt um uns herum, so wie sie sich uns darstellt, auch ganz anders sein könnte: Handlungsweisen, Begründungszusammenhänge, Ereignisse und deren Erklärungsmodelle sind immer auch anders möglich. Warum ist das für eine Methodik und Didaktik des Chorischen wichtig? Der Chor befragt das Individuum in seinem Verhältnis zum Kollektiv und zur Welt, in der dieses Kollektiv lebt. Ist nun dieses Individuum in seiner sozialen Verfasstheit schon in Spannung und Ungewissheit, kann die chorische theatrale Arbeit diese Unsicherheit zunächst verstärken. Auf der anderen Seite ist es die *Differenzerfahrung*, die im Chor einen Ausgleich darstellt: Ich erkenne meine eigene Persönlichkeit im Dialog mit meinem chorischen Gegenüber. Wenn die Spieler*innen im Chor körperlich interagieren und sich in ihrer jeweiligen Unterschiedlichkeit wahrnehmen, bildet sich im Dialog Individualität heraus.

Dynamische Didaktik des Chorischen

Natürlich meint Didaktik auch die Vorüberlegungen zu Probenprozessen, die Zusammenstellung von Übungsabläufen, das Legen von Spuren und Pfaden für die Gruppe mit vorgeschlagenen Übungsreihen. Aber eine solche Didaktik wird für chorische partizipative Prozesse immer eine offene, liquide, dynamische und im einzelnen Moment veränderbare bleiben. Sie hat am Ende die Eigenständigkeit und Selbststeuerung des Chores zum Ziel, eine „kritik- und handlungsorientierte Selbstermächtigung" (Ostertag in: Primavesi 2014, 260). Eine solche Didaktik ist untrennbar verknüpft mit den methodischen Schritten, die in der Arbeit gegangen werden. Sie entwickelt und verändert sich mit ihnen: „Didaktisch relevant ist entsprechend nicht nur, wie wir unser Handeln ausrichten, sondern insbesondere ob und in welcher Form wir mit den unvorhergesehenen Ereignissen [...] umgehen" (Sack 2019, 7). Chorisches Arbeiten als Haltung vereint demokratische Probenentscheidungen, Textverteilung, Wechsel der Spielleitung, und immer wieder das Teilen der Gruppe für das getrennte Beobachten, Tun und Reflektieren. Das gemeinsame Entdecken, das Erfahren und Reflektieren von chorischen Settings in sicheren Räumen stehen im Zentrum. Die Hierarchie in der chorischen Arbeit ist flach. Das Verhältnis zwischen Lehrenden und Lernenden wird als gleichberechtigt verstanden, und es geht auch darum, in diesem Verhältnis immer wieder Machtfragen zu stellen. Und auch wenn in der chorischen Arbeit diese Machtfragen nicht gegenstandlos werden, so werden sie auf jeden Fall thematisiert und im Ergebnis theatralisiert.

Eines steht fest: Im Chor ist man beim Greifen nach Utopien nicht allein. Und so kann das chorische Prinzip zu einem Dialog- und Möglichkeitsraum für Selbstwirksamkeit und theatraler Ermächtigung werden. Solche Räume leben von *tryouts,* der Lust am Scheitern und der Freude an neuen Erfahrungen: fragend, suchend, sammelnd, ordnend und staunend. Womit wir mitten in der Haltung des *ästhetischen Forschens* wären.

→ Feld 3: Der Chor der Staunenden – Ästhetisches Forschen im Kollektiv (274)

Der Chor als theatrale Stammzelle

„Sichtbares, Hörbares, das Frei-
werdende Zeltwort:
Mitsammen."
(Celan 1996, I, 257)

Der Chor ist liquid. Er ist ein sich ständig wandelndes und transformierendes Wesen, das alle, die mit ihm in Kontakt treten, verändert: theatral, politisch und sozial. Im Chor eingeschlossen schlummert das Potential zu sehr unterschiedlichen Entwicklungen: er ist eine Art Stammzelle theatraler Möglichkeiten. Stammzellen sind in der Biologie Zellen, die das, was sie werden können, noch als dynamisches Potential in sich tragen. Sie halten eine Vielzahl von Entwicklungsmöglichkeiten zu unterschiedlichen Geweben bereit.[3] Sie sind Wandler, *shifter.* Unterschiedliche Einflüsse und Impulse beeinflussen ihre Entwicklung.

Was bedeutet diese Metapher für die Theaterpraxis? Aus chorischen Stammzellen können sich in der Theaterarbeit, bei den Proben, und in bestimmten Formaten auch in der Aufführungssituation, unzählige ästhetische Formen entwickeln: Bewegungsmuster, Sprachschichtungen oder szenische Formate. Aus dem Chorischen können der individuelle Gestus und körperliche Ausdrucksformen der Gruppe entstehen: Stimme und Sprache bilden sich aus kollektivem Klang und Laut. Rhythmus und Choreografie werden zur Erzählung

[3] Präzise müsste man in diesem Zusammenhang von pluripotenten embryonalen Stammzellen sprechen (Pluripotenz, lat.: Vielvermögen). Aus solchen Stammzellen kann sich jedes menschliche Gewebe entwickeln.

individueller Körper in einem Kollektiv. Alle diese Möglichkeiten sind in der Stammzelle des Chores enthalten. Jede chorische Übung und jedes Chorsetting hat szenisches oder performatives Potential: Aus einer Aufwärmübung kann eine Situation der kollektiven Wahrnehmung werden, aus einem Raumlauf kann sich eine komplexe Szene entwickeln. Chorische Formate bieten uns Fundamente für die theatrale Arbeit, die sich nach allen Seiten hin ausbauen lassen. Sie sind multifunktionale Einheiten. Sie sind kollektivbildend – und Kollektive bilden Protagonist*innen. Aber muss das so sein?

Der Chor als Protagonist

> „Ich weiß nicht, brauchen wir das gängige Motiv von Held:innen? Ich finde, es geht um etwas Kollektives." (Gudarzi 2022, 39)

Das Chorische beschäftigt sich immer wieder mit der Entstehung von Protagonist*innen aus dem Kollektiv. Dieses Entstehen des *Ichs* aus dem *Wir* bleibt ein chorischer Grundvorgang. Aber der Schritt heraus aus einem Chorgefüge ist keine Einbahnstraße. Es ist keine wirkliche Trennung. Man bleibt der Gemeinschaft verbunden, vielleicht gerade durch das Heraustreten: „Theater ist entstanden, als aus dem Kreis des Chores heraus Protagonisten traten. Der Wunsch, den Kreis wieder zu schließen, ist aber geblieben" (Tragelehn nach Kuberg, 2021, 32). Protagonist*innen bleiben Teil des Kollektivs. Und vielleicht kann in der chorischen Arbeit diese Perspektive noch erweitert werden: Könnte nicht die protagonistische Figur, die Trägerin der Handlung, des Konflikts und der Lösung, mit dem Chor besetzt werden? Brauchen wir nicht eigentlich mehr Kollektive und weniger Protagost*innen? Aber welche Kollektive wären das? Spricht man vom theatralen Chor als Kollektiv, ist es oft eine Interessensgemeinschaft, die sich bildet.

> „Prinzipiell werden sich verschiedene Personen eines Stückes dann zu einem Chor zusammenschließen, wenn bestimmten gemeinsamen Interessen (darunter auch vermeintlichen) Ausdruck verliehen werden soll. Die einzelne Person kann dann in sehr verschiedenen Chören stehen, d.h. mit immer anderen Personen zusammen […]." (Brecht 1993a, 675f)

Der Chor ist in seiner Vielgestalt kein bestimmtes Kollektiv. Er ist nicht nur Gruppe, Meute, Schwarm, Haufen, Rudel, Herde oder Masse. Er stellt diese Kollektive dar. Er zeigt ihre Chancen und Gefahren und lässt uns körperlich spüren, was sie bewirken können. Er bildet Sprachen aus für diese Kollektive. Interessensgemeinschaften entstehen oft auf Zeit. Tiere fliehen vor dem Feuer gemeinsam: Brennt es im Wald, dann laufen Jäger und Beute nebeneinanderher. Und vielleicht werden die Küstenbewohner*innen vor den ansteigenden Meeresspiegeln irgendwann auch ins Landesinnere strömen. Der Chor ist keine Lösung, er ist ein Echoraum für unsere Erfahrung.

Kritische Kollektive, verstreute Kollektive

Der Begriff des Kollektivs bildet selbst eine dynamische Versammlung von Zuschreibungen. Ein Kollektiv, verstreut, suchend, zerfallend oder sich versammelnd, von sich wissend oder nicht, ist etwas aus unterschiedlichen Teilen Zusammengesetztes:

> „Das Wort ‚Kollektiv' lässt sich vom lateinischen *colligere* ableiten, das sich wiederum aus den Bestandteilen *con+legere* zusammensetzt und also so viel wie ‚auflesen', ‚zusammenlesen', ‚aufsammeln' bedeutet. Der Chor als Kollektiv wäre damit selbst ein ‚Zusammengelesenes' [...]." (Kuberg 2021, 45)

Dieses „zusammengelesene" Kollektiv muss nicht aus menschlichen Individuen bestehen. Gruppen, Meuten, Schwärme, Haufen, Rudel, Herde, Massen finden sich auch bei Tieren und anderen Lebewesen. Allen gemeinsam ist: Es sind kollektive Formate, die ein bestimmtes Interesse bündeln. Oft ist es ein gemeinsames Ziel, ein Impuls von außen oder eine sich selbst gegebene Aufgabe (Jagd, Flucht, Angriff, Tanz).

Mit Kollektiven ist die Erwartung verbunden, gemeinsam wirksamer zu handeln. Betrachten wir nun menschliche Kollektive, dann ist auch bei ihnen damit die Hoffnung verbunden, die Selbstwirksamkeit des Einzelnen zu steigern. Damit einher geht oft der (utopische) Wunsch nach Ordnung, Kontrolle und Erneuerung. Dem Kollektiv wird eine Kraft zugesprochen, die der Einzelne nicht hat, oder einzelne Verstreute nicht haben. Bernd Ruping formuliert den Begriff des Kollektivs im Kontext der Lehrstückarbeit: „Das Kollektiv hätte die wichtige Funktion, (neue) Versuchsanordnungen zu konstruieren, ihre (öffentliche) Nutzbarkeit zu organisieren, zu kontrollieren und zu revidieren, was der Neuerung bedarf" (Ruping 1984, 245). Das gilt es aus heutiger Sicht - gerade für die chorische Theaterarbeit - kritisch gegenzulesen. Es gibt nicht *das* Kollektiv. Genauso wenig, wie es *den* Chor geben kann. Wir sollten auf die Suche nach kollektiven Formaten gehen, die das Kollektiv als Repräsentation einer Gruppe nicht mehr zwingend suchen. Kollektive lassen sich als Versammlungen denken, die sich wieder zerstreuen können. Nicht die Betonung auf das gemeinsame rituelle Handeln ist dann wichtig, sondern die spielerische Versammlung Einzelner, die sich jederzeit wieder zerstreuen können, ja, die sich nicht einmal kennen müssen. Die antike *Agora* war ein Ort der Versammlung. Auch das ist eine kollektive Tradition.

→ *„Der Chor war immer da."* - Ein Gespräch mit Anton Bierl (40)

Fund: „Die Kunst des Kollektiven" (Kai van Eikels)

Kai van Eickels kritische Auseinandersetzung mit dem Begriff des Kollektivs im Kontext von Politik, Ökonomie und Performance löst den Begriff von ideologisch aufgeladenen Kontexten wie Gemeinschaft, gemeinsamem Handeln, Außer-sich-Geraten, Aufhebung der Trennung zwischen Individuen und deren Verschmelzung: „Ich muss mich nicht entscheiden, ob ich im Kollektiv oder allein handle; ich kann entscheiden, welche Wendungen ich kollektiven Dynamiken mit meinem Handeln geben will" (van Eikels 2013, 11). Neue Kategorien werden ins Spiel gebracht: Verteilung, Zerstreuung, Trennung und die Versammlung verstreuter Einzelner: „Es ist uns damit vergönnt, aus jenem Sprachspiel auszusteigen, das in der Form eine Opposition vom Typ ‚Individuum vs. Kollektiv' *Ansprüche* gegeneinander hält, sie spekulative Kämpfe ausfechten lässt, diplomatisch abwägt oder ökonomisch verrechnet" (van Eikels 2013, 11).

Neue Kollektive

Wir sind von Kollektiven umgeben. Unsere pflanzlichen, tierischen und diversen Mitbewohner*innen unseres Planeten sind nicht bloß Metaphern, wie z.B. der *Schwarm* oder das *Rhizom*. Wir können tatsächlich mit Pilzen und ihrem Myzel kollaborieren - sozial, politisch und künstlerisch. Was wäre, wenn der Mensch angesichts der Klimakatastrophen aus seiner Rolle als Protagonist zurückzutritt in einen *Chor der Lebewesen und Dinge,* die auf diesem Planeten leben? Wie sähen eine solche Ästhetik, Pädagogik und Politik der kollektiven Stimmen aus? Wie würden sich Stimmen und Choreografien der unterschiedlichen Kreaturen, belebt und unbelebt, bilden? Gäbe es dann Stimmen der Steine, Choreografien des Himmels, Chöre der Pilze, Tänze der Fische? Wie wäre es, diesen Elementen eine Sprache zur Verfügung stellen, sie in Bewegung zu bringen, sie zu gestalten und gestalten zu lassen? Was wäre, wenn der Chor nicht mehr menschliche Protagonist*innen gebiert, ausstößt, befragt und kommentiert, sondern selbst als Schwarm zum Protagonisten der Handlung wird? Das Suchen nach Verbindungssträngen über die Gattungsgrenzen hinweg bildet die Voraussetzung für neue Chöre der Verflechtung, der Zusammenarbeit und der Kommunikation.

Wir können von Pilzen und deren Kollaborationen lernen, auch künstlerisch. Grenzen verflüssigen sich. Es scheint so, „dass es zwischen Pflanzen und Pilzen geteilte Körper gibt, bei denen unklar ist, wo das eine anfängt und das andere endet" (Wenner 2022, 18). Stefanie Wenner, Professorin für Angewandte Theaterwissenschaft und Künstlerin, beschäftigt sich in ihrer Forschung seit einigen Jahren damit, „was das Theater und seine Institutionen von Pilzen lernen können" (Wenner 2018, 18). So kehren in ökologischen und biologischen Systemen Begrifflichkeiten des Chorischen wieder: Resonanz, gegenseitige Wahrnehmung, Kollaboration und gemeinsam abgestimmtes Handeln im Kollektiv. Neue Resonanzen schaffen neue Verbindungen. Wir teilen nicht nur Eindrücke, sondern auch Sauerstoff. Einen solchen gattungsübergreifenden Chor kann man „als Kollektiv-Körper [...] verstehen, der sich nicht über individuelle Grenzen und Ressourcen schert, sondern sich um den gemeinsamen Prozess von Leben und Vergehen sorgt" (Wenner 2022, 19). Dieser Prozess der permanenten Veränderung bedeutet im künstlerisch-kreativen Kontext Transformation. Es ist ein kreativer Stoffwechselprozess, der mehr ist als Wachsen und größer werden: er umfasst ebenso „Kompostieren und Rekreieren" (Wenner 2022, 19). Neue Chöre kompostieren überkommene Konzepte und Ideen. Es gärt im Kollektiv. Es riecht nach Transformation. Der Chor verdaut protagonistische Narrative.

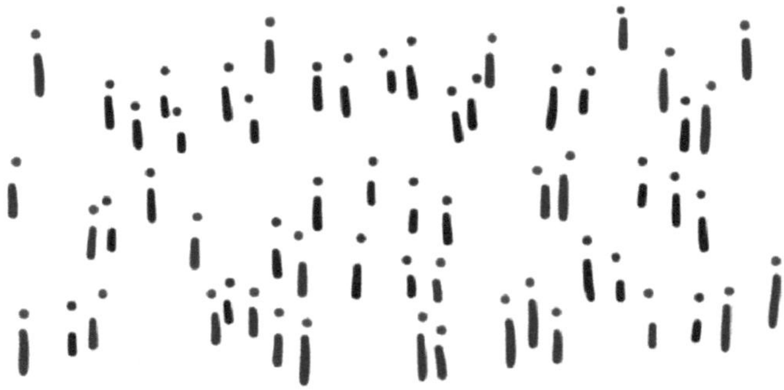

Abbildung 4: Kollektiv

Chor der Kreaturen (critters)

„Die Devise lautet: Mit-Werden statt Werden." (Haraway 2018, 23)

Wer bildet diese neuen und kritischen Kollektive, die zu Chören werden können? Wer kommt zur Sprache? Es sind Versammlungen von Erdbewohner*innen, die mehr Kreaturen umfassen als nur den *homo sapiens*. Es sind Chöre des Kreatürlichen selbst. Donna Haraway verwendet für ein solches Kollektiv den Begriff *critters*: damit werden alle Lebensformen umfasst und auf Augenhöhe, in Dialog und im Austausch mit uns Menschen beschrieben. *Critter* ist für die Philosophin Donna J. Haraway ein umfassender Sammelbegriff für Lebewesen:

„[Ich] verwende […] *critter* großzügig: für Mikroben, Pflanzen, Tiere, Menschen, Nicht-Menschen […]" (Haraway 2018, 231).

Warum ist hier im Zusammenhang mit chorischen theatralen Methoden von Pilzen, Rhizomen, Mikroben und anderen biologischen Kollektiven die Rede? Die Prinzipien dieser Kollektive können Inspirationen für eigene Wege der Kreativität sein. Aus der Beobachtung dieser Rhizome und kollektiven Lebewesen können Impulse für eigene künstlerische Strategien erwachsen. Damit werden auch diese Lebensformen Thema der künstlerischen Auseinandersetzung und agieren als Partner*innen und Akteur*innen unserer künstlerischen Arbeit. Ökologische und kreative Kooperationen gehen in einer solchen Perspektive weit über menschliche Komplizenschaften hinaus. Wie bringt man diese neuen Kollektive und Chöre ins theatrale Handeln? Welche Sprache fordern sie oder eignen sie sich an? Wie ergänzen diese Impulse die praktische chorische Arbeit? Das Konzept des *Theaters des Anthropozän* eröffnet hierfür spannende Wege und kann für die chorische Theaterarbeit neue Strategien aufzeigen.

Fund: „Apparatus Berlin"

Zu diesem Thema der kreativen, theatralen und kollektiven Vernetzung der Arten lohnt es sich, die Website von *Apparatus Berlin* zu besuchen.

> „apparatus intra-agiert mit menschlichen und nicht menschlichen Körpern, mit Raum als Körper, mit Texten, Maschinen, Steinen, Philosophie, Theater und anderen Institutionen, mit Künstler*innen, Bewegungen, Choreographie und anderen Objekten auf der Suche nach zentrifugalen Kräften und utopischen Potenzialen."[4]

Der Chor als eine kollektive Recherche- und Darstellungsform kann ein solches utopisches Potenzial sein.

[4] http://www.apparatus-berlin.de/home/apparatus (Aufruf 22.2.2023)

Der Chor im Theater des Anthropozän

Das von Frank Raddatz und Antja Boetius konzipierte *Theater des Anthropozän* vernetzt biologische, global-ökologische und künstlerische Strategien und Denkfiguren, entwickelt sie weiter und sucht in künstlerischen Handlungsweisen nachhaltige und verantwortungsvolle Haltungen zu erproben: ein Weltentwurf dieser Art „verknotet Dystopisches und Utopisches […]" (Raddatz 2020, 12). Es geht um die Verwirklichung künstlerischer, nachhaltiger und interdisziplinärer Projekte zu Klimawandel, Artenschwund und Ressourcen.[5] In einem solchen Theater stehen die Kollektive im Vordergrund: Heere ausgestorbener Tiere, das leise Knacken des Planktons in der Nacht, die Choreografie der Sternschnuppen, Rufe ungeborener Geister aus der Zukunft (vgl. Radatz 2020, 13). In diesem Theater ist nicht mehr der Mensch der Darsteller. Thomas Oberender beschreibt eine Aufführung von *The Light Forrest* von Mette Ingvartsen: „Diese Landschaften aus Licht, Sound, Schaum und Wind zeigten Materialien, die ständig ihren Zustand wechselten, als pulsierendes Glühen und weiches Fließen. […] Ein Theater ohne auftretende Menschen" (Oberender 2022, 10). Ist der Chor also eine Sprache des *Theaters des Anthropozän*? Der Chor formuliert ein Recht, fordert es ein, bringt es zur Sprache. Er gestaltet Übergänge. Heute leiht der Chor seine Stimme Gaia.

Fund: „Staging Gaia"

In dem von den Berliner Festspielen 2020 publizierten Gespräch *Staging Gaia* zwischen Bruno Latour, Thomas Oberender und Frédérique Aït-Touati wird unser Planet als *Gaia* bezeichnet, als ein kollektives Lebewesen und eine Vielheit: „Sie ist kein Objekt in der alten Tradition von Galilei, sondern ein Netzwerk von ständig verbundenen, sich überlappenden Akteur*innen."[6]

---

[5] Das *Theater des Anthropozän* stellt nicht, wie der Begriff vermuten lassen könnte, den Menschen ins Zentrum des Interesses, sondern er steht im Zentrum der Verantwortung für den Planeten.

[6] www.berlinerfestspiele.de/de/immersion/programm/2020/down-to-earth/staging-gaia.html (Aufruf 22.2.2023)

Chorisch-kollektive Gestaltungsformen können in diesem Denken einen Raum zur Verfügung stellen, in dem Dinge neu verhandelt werden. Er bietet keine Eindeutigkeit, ganz gleich, ob ästhetisch, sozial oder politisch. Chorische Praktiken verfolgen eine Richtung ins Offene. Sie lassen Überschneidungen von Aufgaben, Lösungen und Strategien zu. Wer immer auch der Adressat unserer theatralen Anstrengungen ist, ob „Verbraucher, Bürger, menschliche oder nichtmenschliche Erdbewohner" (Raddatz 2021, 25), es geht um die Frage, „wie sich das Verhältnis des Sozialen zum planetarischen Habitat gestalten lässt […]" (ebd.). Konzepte wie das *Theater des Anthropozän* geben den Chören der Zukunft eine Bühne. Und vielleicht ist das Chorische eine geeignete Sprache, die Anliegen von *critter*-Chören mit unseren zu verbinden und zu formulieren. Neue Narrative warten auf kollektive Erzähler*innen. Das Chorische als Bewältigungsstrategie wird dann wichtig, wenn Fragen an uns Einzelne zeitgemäßer von den Kollektiven beantwortet werden. Wir wenden uns ihnen zu, aber sie waren immer da.

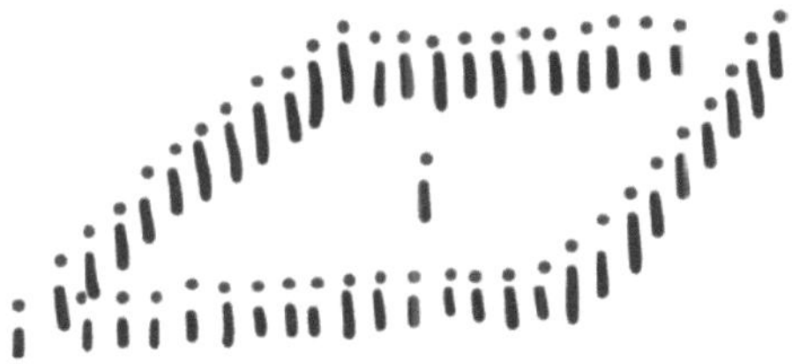

Abbildung 5: Agora

Wilde Ursprünge[7]

„Tief ist der Brunnen der Vergangenheit. Sollte man ihn nicht unergründlich nennen?" (Mann 1994, 9)

Die Geschichte des Chores ist beschrieben worden. Wenn ich weiter zurückschauen möchte als bis zur griechischen Antike, dann ist mir bewusst, dass ich mich auf unsicherem Boden bewege. Es gibt keinen Ursprung des Chores, die eine Quelle, die erste Tradition, die erste Erzählung. Ich möchte, wenn man es überhaupt historisch sehen möchte, einigen Gedanken zu einer möglichen Vorgeschichte des chorischen Prinzips nachgehen. Eine Vorgeschichte, davon bin ich allerdings überzeugt, die mit uns zu tun hat – auf jeder einzelnen chorischen Probe. Interessant für Theaterarbeiter*innen heute ist doch: Welche Elemente einer solchen Urgeschichte finde ich in meiner eigenen chorischen Arbeit wieder? Bei nonverbalen Wahrnehmungs- und Achtsamkeitsübungen, bei Bewegungsabfolgen, die wiederholt und ritualisiert werden, im Spiel mit vorsprachlichen Lauten, beim gemeinsamen Zurücknehmen und Steigern von Lautstärke und Bewegung: in diesen Momenten wird eine Energie mobilisiert, die nur die Gruppe erzeugen kann. Und die in eine Vergangenheit zurückweist, in der Gruppe und Kollektiv prägend für den Menschen waren. Der Chor ist mehrdeutig, auch was seine Herkunft betrifft. Stellen wir unseren Fokus also auf eine Zeit ein, die weit zurück liegt. Lesen wir Fragmente, die uns noch heute betreffen. Springen wir in den Brunnen. Wo kommen wir an?

Entscheidend ist für mich immer der Bezug zu politischen, pädagogischen und ästhetischen Fragestellungen, die uns heute noch beschäftigen: die Kraft der Gruppe und die Angst vor ihrer Macht, das Ausüben und Abgeben von Kontrolle, die kollektive Verarbeitung von Eindrücken und die kollektive Gestaltung von Herausforderungen. Das alles geht weit darüber hinaus, nach der Entstehung des

[7] Ich entlehne den Begriff „wilde Ursprünge" beim Religionswissenschaftler Walter Burkert: *Wilder Ursprung* ist der Titel eines Sammelbandes (Burkert 1991). Weiterführend hierzu vor allem: Bierl 2010

Chores in der griechischen Antike zu fragen. Denn diese Frage ist nicht abschließend zu beantworten. Die Theaterwissenschaftlerin Ulrike Haß formuliert die Uneindeutigkeit bei der Herkunftsfrage des Chores: „Bei seinem Erscheinen in den antiken Tragödien zählt der Chor mehrere, versprengte Herkünfte, und vor diesen […] gar nichts mehr, was aber nichts heißen will bei einem Phänomen, das wesentlich Rhythmus von Stimme und Geste war oder ist" (Haß 2012, 13). Was mag jenseits dieser „versprengten Herkünfte" liegen? Eines scheint sicher: Der Chor in seinen Ursprüngen ist mehr als Theater. Er ist auch, was die griechische Tragödie betrifft, nicht im Theater oder als Theatermittel entstanden: „Der Chor ist älter als die Tragödie und kommt aus der Landschaft" (Haß 2012, 19). Chorische Formen sind als Format soziale Vergewisserung in theatraler Form, lange bevor sie auf einer Bühne stattfinden. „Landschaft" bedeutet hier auch frei vom Bezug einer städtischen Gemeinschaft zu sein. Feste, Riten und kollektive Akte der Gemeinschaft werden zu chorischen Formen der Bewegung, der Laute, der Sprache, der Darstellung und stellen so wichtige soziale Handlungsmuster dar.

Fund: „Die Philosophie des Traums" (Christoph Türcke)

Wer hier weiterlesen will, dem empfehle ich *Die Philosophie des Traums* von Christoph Türcke. Er wirft eine philosophische Perspektive auf die Frage, wie sich menschliches Bewusstsein entwickelt haben mag – da und dort sicherlich spekulativ – aber inspirierend und spannend zu lesen: „Die Altsteinzeit ist in uns. Sie geht uns nichts an, solange sie lediglich den beruhigten Untergrund bildet, auf dem alle weitere Entwicklung unserer Spezies verläuft. Sie geht uns existentiell an, sobald dieser Untergrund aufgerührt wird" (Türcke 2011, 11). Ein weit ausholender Blick in die Vergangenheit, in der sich handelnde Kollektive zusammenschließen und auf den Weg zu dem machen, was wir dann später den modernen Menschen nennen.

Theatral-soziale Praktiken im Paläolithikum

Die chorische Arbeit berührt Schichten, die uns als Menschen schon lange begleiten. Diese Schichten werden in der chorischen Theaterarbeit lebendig. Denken wir uns die Menschen der Altsteinzeit als handelnde Kollektive. Noch bevor sich Rituale entwickeln, die kollektiven Handlungen dynamische, aber wiederholbare performative Formen geben, mag es im Vorfeld kollektive Bewältigungsstrategien gegeben haben, um gemeinsam Eindrücke zu verarbeiten:

> „Das ist zunächst schwerlich mehr gewesen als ein rohes und diffuses Echo elementarer Naturgewalten: etwa daß ein Hominidenkollektiv, wenn es durch Lärm schockiert war, wieder lärmte, [...] oder wilde Tiere über es hergefallen waren, eigens noch einmal über schwache, wehrlose, verletzte Glieder seiner selbst herfiel." (Türcke 2011, 61)

Aus solchen Handlungen wird sich später das Opfer als kollektive, chorisch-rituelle Wiederholung entwickelt haben.[8] Welche Handlungen auch vollzogen wurden, gemeinsames Werfen von Steinen (oder stellvertretend dafür Getreide), Tanzen, Stampfen, Jauchzen, Rufen und Schreiens - es ist in diesem Prozess das kollektive Handeln, also „der chorische Punkt der Höhepunkt, auf den die ganze Zeremonie zuläuft" (Türcke 2011, 174). Aber es ist nicht nur das Opfer, das am Anfang kollektiver menschlicher Handlungen steht. Spiel, Tanz und Feste zum Wechsel der Jahreszeiten und dem Feiern der Fruchtbarkeit, Rituale zu Altersübertritten und zur Initiation - sie alle sind nicht weniger wichtig. Sie alle haben etwas gemeinsam: Diese kollektiven Strategien wollen Erfahrungen einleiten, bearbeiten, umgestalten, transformieren.

Das ist am Anfang mehr soziale als ästhetische Praxis. Und das ist auch die Brücke zu einer heutigen theatral-chorischen Arbeit: auch auf der chorischen Probe sucht das Kollektiv gemeinsam mögliche Handlungsstrategien. Das Individuum steht im Zentrum, paradoxerweise gerade deshalb, weil es nicht allein agiert. Diese Tatsache verweist auf seine Herkunft: Das *Wir* kam vor dem *Ich*. Ausdruck ist am Anfang der Ausdruck einer Gruppe (von Individuen). Und bevor sich

[8] Wer hier weiterlesen will: Walter Burkert *Homo necans* (Burkert 1997, 1-95).

ästhetische Kategorien bilden, verarbeiteten diese kollektiven Handlungen soziale, heilende, stellvertretende, impulsverarbeitende, schamanische und pädagogisch-interaktive Motive. Es waren angewandte „prototheatrale" Formate.[9] Neben Dionysos ist auch der Gott der Heilkunst ein Pate des Theaters: „Asclepius was as instrumental in establishing theatre as a major aspect of social life as was Dionysos" (Montelle 2007, 19). Und die Wirkungsräume des Spiels, wie z.B. Intervention, Integration, Wettkampf, Entgrenzung und Transformation (vgl. Seitz 2022, 9) sind eine ebenso wichtige Wurzel für theatrale chorische Vorgänge wie es mythologische Narrative und deren Darstellung durch Kollektive sind. Die Anwendung dieser Formate im sozialen Kontext ist älter als das Theater als Kunstform. Ist Theaterpädagogik älter als das Theater?

Kollektives Handeln I: Opfer und Jagd

> „Der Chor muss oft auch grausam sein und hässlich, und das Auge in Auge mit dem Publikum." (Klett 2020, 25)

Unser modernes humanistisches Weltbild hat sich in der Menschheitsgeschichte über viele Abzweigungen und Nebenwege herausgebildet. Das, was wir heute als Kulturleistung betrachten, das Kontrollieren von Triebimpulsen und die Transformation unterschiedlicher Formen von Gewalt in sprachliche Äußerungen und eine wertschätzende Kommunikation, das hat eine lange Entwicklung hinter sich. Wir sind als Menschen soziale Wesen. Aber wie und warum finden Kollektive zusammen und bilden soziale Einheiten? *Eine* zentrale Motivation beim Bilden von frühmenschlichen Gemeinschaften scheint im Opfern bestanden zu haben.[10] Durch gemeinsames Opfern entsteht Kommunikation, denn eng aufeinander abgestimmte Handlungen in der Gruppe sind notwendig, um die Abläufe wiederholbar zu machen und zu sichern. Im Zentrum steht das Bedürfnis nach der Vergesellschaftung von Vorgängen und das Herausbilden von Komplizenschaften. Es kommt so zur Verarbeitung von Erlebtem im Ritual – mit Gesang, Tanz und Rhythmus. Das Opfer selbst ist mit der Jagd eng

[9] Vgl. Montelle 2007, 2.

[10] Vgl. Bierl 2010, Burkert 1997, Girard 2012 und Türcke 2011.

verbunden. Jagen heißt Töten, und auch das wird kollektiv verarbeitet. Beiden gemeinsam sind „Wiederholung und theatrale Übertreibung" (Burkert 1997, 32). Sie dienen der Selbstversicherung der Gruppe, denn „Ritus schafft und bestätigt in erster Linie den sozialen Kontakt" (ebd.).

Kollektives Handeln II: Fest, Spiel, Paideia

„In der Frühphase scheint ein Drama ein heiteres Spiel oder eine kleine lustige Darbietung gewesen zu sein." (Bierl 2006, 112)

Das Fest mit Umzug, Tanz, Spiel und Gesang verwandelt den Alltag, steigert ihn, will ihn transformieren. Alle Sinne werden angesprochen. Der Chor steht dabei als ganzheitliche kollektive Ausdrucksform im Zentrum: „Die Chöre vereinigen Musik, Sprache, Gesang und Tanz in synästhetischer Form" (Bierl 2014, 222). Gerade im Kontext des antiken griechischen Dramas gilt, was Anton Bierl über das Dionysische im Kontext des sozialen Gefüges in der antiken *Polis*[11] formuliert: „Das Dionysische ist [...] nicht nur Chiffre für Gewalt, Ektase, [...] Opfer und Brutalität. Sondern beinhaltet auch positive Werte, insbesondere die Einheit der Polis in Gemeinschaft stiftender Festfreude" (Bierl 2010, 25).

Blickt man auf die Anfänge dramatischer und damit chorischer Gestaltung in Griechenland, dann steht dieser Aspekt sogar im Zentrum: Feste haben einen Bezug zur Gemeinschaft, die sie stiften. Die sich herausbildenden Werte werden weitergegeben. Auch dazu dienen kollektive Handlungen. Übergänge werden gestaltet: von der Kindheit zur Pubertät, vom Leben zum Tod. Chorische Strukturen dienen als Plattform des Übertritts und der Schwellenerfahrungen.[12] Sie sind soziale Praxis: „Chortanz (choreia) hat im Griechischen durchweg mit Erziehung (paideia), der Einführung in die Werte und Normen einer Gesellschaft zu tun" (Bierl 2006, 114). Das Individuum erlebt sich körperlich im gemeinsamen Spiel, der Bewegung und der

[11] „Polis hat je nach Kontext topografische, personale und politisch-rechtliche Konnotationen: [...] urbane Siedlung, [...] Staatsgebiet [...], [...] Gemeinwesen eines Bürgerverbandes [...]" (Welwei 2001, 22).

[12] Siehe Bierl 2014, 222f.

Entgrenzung. Später werden diese Transformationen zu wiederholbaren Formen gerinnen. Formen helfen Übergänge zu gestalten. Die ästhetischen Formate des Chores haben einen sinnstiftenden Kern.

„Paleoperformance": soziale Praxis in der Höhle

„The earliest known performance spaces are the caves […]."
(Schechner nach Montelle 2007, 1)

Es ist ein langer Weg von den opfernden Kollektiven hin zu ritualisierten Formen der Vergemeinschaftung. Als Ort für solche Entwicklungen werden geschützte Räume aufgesucht. Fundstücke und Spuren in Höhlen geben Auskunft darüber, dass die frühen Menschengruppen solche *safe spaces* aufgesucht haben, um dort ihre Rituale zu begehen. Höhlen bilden ein „cultural reservoir" (Montelle 2007, 13), in dem sich theatrale Formen entwickeln konnten[13]: „These social practices were performances instrumental in establishing the social consensus […]" (Montelle 2007, 12). Theatralität begegnet uns in der Steinzeit als angewandte soziale Technik, als *Paleoperformance*[14]. Die beschriebenen Phänomene betreffen nicht nur den griechischen Kulturkreis. Gruppentänze waren im Alten Orient weit verbreitet (vgl. Burkert 1997, 18). Aber die besondere Entwicklung in Griechenland prägt unsere Vorstellung vom Chor bis heute. Die Verbindung einer Festkultur auf „ländlich weit verstreuten Tanzplätzen" (Haß 2020, 8) mit dörflicher und später städtischen sozialen Strukturen ist der entscheidende Schritt hin zu komplexen theatralen chorischen Formen. *Chorós* ist im Griechischen ein multiperspektivischer Sammelbegriff (vgl. Donath 2018, 131ff.). Er ist nicht auf eine einzige Bedeutung zu reduzieren. Er kann „Reigentanz, Tänzerschar, Tanzplatz, Sängerchor" (Zaminer 1997, 1141) sein. *Chorós* kann die Beschreibung einer Tätigkeit sein (Singen, Tanzen), kann den Ort meinen, wo diese Tätigkeit stattfindet, oder die Gruppe, die diese Tätigkeit an diesem

[13] Zum interessanten Zusammenhang von *cave* (engl. Höhle) und *cavea* (lat. Auditorium oder einfach Theater) siehe Motelle 2007, 3.

[14] Yann-Pierre Montelle beschreibt mit *Paleoperformance* die nicht auf Europa beschränkte Entstehung von Theatralität vor mehr als 20.000 Jahren: „This emergence was a worldwide phenomenon. […] Pleistocene use of caves […] can be found in the Americas, Australia, China, India, Central Asia and the Middle East" (Montelle 2007, 4).

Ort vollzieht. Bei der Körperarbeit im Raum, bei Übungen zur Resonanz, in gemeinsamen rhythmischen Übungen mit Stimme und Sprache schließt eine heutige chorische Arbeit an diese prototheatralen Vorgänge an.

„Der Chor war immer da." – Ein Gespräch mit Anton Bierl

Prof. Dr. Anton F. H. Bierl ist Ordinarius für Gräzistik an der Universität Basel und Vorsteher des Fachbereichs am Departement für Altertumswissenschaften. Er hat zahlreiche Veröffentlichungen zu Theorie, Geschichte und Praxis der antiken griechischen Chorkultur verfasst.[15]

HVS: Herr Prof. Bierl, ich stelle jene Frage, von der man, wie Sie es formuliert haben, als Wissenschaftler heute besser die Finger lässt: Wie weit kann man zurückgehen beim Verfolgen chorischer Strukturen in der mediterranen antiken Kultur? Landet man notwendig bei Opfer und Gewalt, wie der Religionswissenschaftler Walter Burkert schreibt?[16]

AB: Die ganze Sache ist sehr schwer zu beantworten. Wir verlassen schnell den gesicherten Boden. Man kann da nur spekulieren. Mich hat Walter Burkert immer sehr angeregt, ich habe ihn ja noch persönlich gekannt. Er ist aber nur ein Baustein in einem komplexen Gefüge. Sein Blick ist sehr auf Begriffe wie Schuld, Sühne, Gewalt und Opfer fixiert. Das ist wahrscheinlich zu einseitig. Ich bin dafür, die ganze Bandbreite bei der Herkunft chorisch-kollektiver Formate zu sehen: das Fest, das Spiel, den Tanz. Aristoteles ist bei all dem immer noch unsere Hauptquelle, wenn wir etwas vom Ursprung wissen wollen. Er schreibt in seiner *Poetik*, dass das Chorische der Ausgangspunkt

---

[15] Das Gespräch fand am 4.1.2023 via Zoom statt und wurde in Absprache mit Anton Bierl verschriftlicht.

[16] Wer zu Walter Burkert weiterlesen möchte: *Homo necans. Interpretationen altgriechischer Opferriten und Mythen* (Burkert 1997) und Bierl, Anton: *Walter Burkert - ein Religionswissenschaftler als Inspirationsquelle für eine moderne Gräzistik und kulturwissenschaftlich geprägte Literaturwissenschaft* (Bierl 2010).

war: das chorische Lied zu Ehren des Dionysos.[17] Dieser *Dithyrambos* war ursprünglich ein rein chorisches Lied. Langsam entwickelt sich dann ein *Hypokrites*, also ein Antworter, der sich dem Chor gegenüber positioniert. Damit entsteht Dialog.

HVS: Und diese Elemente fließen dann ein in die beiden späteren dramatischen Formen der *Tragödie* und der *Komödie*?

AB: Ja, ursprünglich waren das bei der Tragödie spielerische kleine *stories* und *plots*, mit humoristischem Inhalt. Das heitere und ausgelassene Spiel unter freiem Himmel ist also eine wichtige Wurzel für die späteren theatralen Formen.

HVS: Der Chor agiert im klassischen griechischen Theater in der sogenannten *Orchestra* und ist getrennt von der *Skene*, einem erhöhten Ort hinter der *Orchestra*. Er zieht oft vor den Schauspielern ein, und wenn er ausgezogen ist, ist das Spiel vorbei.

AB: Ursprünglich fand das gesamte darstellerische chorische Spiel in der *Orchestra* statt, einem heiligen umkränzten Raum für das Chorkollektiv. Die örtliche Trennung zwischen Schauspielern und Chor kam dann später in hellenistischer Zeit und erfolgte mit dem allmählichen Ausbau des Dionysostheaters. Nach dem katastrophalen Zusammenbruch der Zuschauertribünen aus Holz (*ikria*) um ca. 500 v. Chr. ging man von der *Agora* an den Südabhang der Akropolis. Zunächst saß das Publikum nur auf den Grashängen und blickte auf die *Orchestra*. Der Theaterbau, den wir heute dort sehen, stammt erst aus dem 4. Jhd. v. Chr., wahrscheinlich errichtet unter Lykurg (338-326 v. Chr.). Dies entspricht der vierten Bauphase, vorher gab es erste Bauten in der vorperikleischen Zeit und dann den Ausbau zum Theater unter Perikles. Die *skene* ist also auch im klassischen Spiel noch nicht durch extreme Erhöhung wirklich vollkommen vom Chor getrennt, sondern die Schauspieler agieren laufend auch in der *Orchestra*.

---

[17] Siehe Aristoteles 1982, 14f. (bes. 1449a9-24). Vgl. auch Bierl 2001, 11-104.

HVS: Die *Orchestra* ist also der Ausgangspunkt des chorischen Spiels, aus dem heraus sich die einzelnen Protagonisten entwickeln. Hier knüpft mein praxeologischer Ansatz an: aus dem Chor alles Theatrale entstehen zu lassen und den Chor als umfassendes theatrales Format zu betrachten.

AB: Das wenige, was wir wissen, sagt uns, der ursprüngliche Spielort in der *Polis* war die *Agora*. Sie ist der heilige Versammlungsort, steht in Verbindung mit dem Totenkult, mit Wettkämpfen und Gerichten. Sie ist im Zentrum der *Polis*. Dort fanden ursprünglich diese kleinen heiteren chorischen Spiele statt. Später erst ist man dann z.B. in Athen an den Hang der Akropolis gegangen. Das war eine Veranstaltung der Gemeinschaft als Teil des öffentlichen Lebens. Das passt gut zum Chorischen, denn das Chorische hat immer mit dem Kollektiv zu tun. Offensichtlich ist seit der minoischen Zeit diese Kultur des Singens und Tanzens in der Gruppe für die griechische Kultur, letztlich für den ganzen mediterranen, vorderorientalischen Kulturkreis, zentral: ich nenne das *Chorkultur*. Alles, was man öffentlich veranstaltete, machte man gerne im Kollektiv: Tanzen, Feiern, Bestatten - alles rituelle Handlungen. Das tut man verbunden mit musikalischen Formen. Die Wurzeln dieser *Chorkultur* liegen in vorgeschichtlicher Zeit. Der Chor war immer da.

HVS: Was Sie *Chorkultur* nennen, ist für mich ein anderes Wort für das chorische Prinzip, das auch immer einen sozialen Aspekt beinhaltet.

AB: Bestimmt, denn wo hat man sich denn sozialisiert? In Chören. Es wurde gesungen und getanzt, und man hat dabei gewissermaßen die ganze Kultur körperlich in allen Medien, über Mythen und Riten kennengelernt. Das war *Paideia*. Der Chor ist ein Kollektiv, das aus der Bürgerschaft kommt und in ihrem Zentrum steht.[18] Eine Hauptfunktion des Chores war die Ausbildung von jungen Leuten. Das betraf

---

[18] Wichtig zu erwähnen ist hierzu, dass im Athen des 5. Jahrhunderts mit „Bürgern" nur männliche Mitglieder der *Polis* gemeint waren; nur sie konnten bei Gerichten und Volksversammlungen aktiv mitwirken.

nicht nur männliche Polisbewohner. Von Alkman und Pindar sind sog. *Partheneia* (Jungfrauenlieder) überliefert. Mehr wissen wir von der Ausbildung junger Mädchen im Kontext einer Chorkultur durch Sappho.[19] Die jungen Männer haben diesen Dienst als Ersatz für einen Wehrdienst geleistet.

HVS: Das ist in gewissem Sinn ein antikes soziales Jahr.

AB: Ja, das kann man so sagen. Alle Mitwirkenden am Theaterprozess wurden aus den sozialen Arbeitsprozessen herausgelöst, und das hat die *Polis* bezahlt. Zählt man alle Choreuten zusammen, dann waren das übers Jahr ca. tausendfünfhundert Leute, die Athen als eine für unsere Begriffe mittelgroße Stadt von ca. zwanzigtausend Einwohnern, aber nur ca. vierzigtausend Vollbürgern, für das Theaterspielen abgestellt hat. Wenn man das mal durch die Generationen durchlaufen lässt, dann hat nach ca. fünfundzwanzig Jahren fast die ganze *Polis* der Vollbürger einmal Theatererfahrung gemacht. Fast jeder Bürger – im Theaterwettbewerb treten nur Männer auf, Bürgerinnen mit politischer Teilhabe gab es nicht – hatte irgendwann einmal in einem Chor mitgearbeitet.[20] Das hatte eine starke soziale Verbindung zur Folge. All das ist natürlich konkreter als weit zurückreichende Spekulationen über die frühen Menschenkollektive in der Steinzeit. Wobei es auch dort sicher solche kollektiven Formen gegeben haben mag.

HVS: Beide Seiten, die gesicherte und die spekulative, treffen sich für mich im Begriff des Kollektivs. Das Kollektiv, das sich in Chören formiert, ist gesellschaftsgestaltend und sozial festigend seit vorgeschichtlicher Zeit.

---

[19] Siehe das ausführliche Nachwort in *Sappho: Lieder: Griechisch/Deutsch*, hrsg. und übersetzt sowie mit Anmerkungen und Nachwort versehen von Anton Bierl, Stuttgart 2021, bes. 422-424.

[20] Junge Frauen betätigten sich ausschließlich in rituellen Chören, nicht im Theater. „Fragmente aus der chorlyrischen Tradition […] belegen die Hauptrolle, die jungen Mädchen und Frauen in der Entstehungszeit von Chören zukam" (Haß 2020, 12). Chorische Tänze waren jedoch ein generelles Instrument der Erziehung: „Knaben- und Mädchenchöre dienten der Einübung von Disziplin und Gruppenzugehörigkeit sowie der Vermittlung des Mythos" (Kuberg 2021, 26).

AB: Singen und Tanzen in Formationen, musikalisch begleitet von *Aulos* und *Lyra*, das gab es weit vor dem Theater. Das sich bei der Hand nehmen war z.B. so eine typische Formation. Der Chortanz stand als soziale Praxis im Zentrum der antiken *Polis*, einer Bürgerschaft.

HVS: Theater und Spiel im Chor waren in gewissem Sinn *soziales und theatrales Lernen*.

AB: Es wurden über das Theaterspiel komplexere aktuelle Problemlagen, die die *Polis* bewegten, in kultureller Distanzierung – in der Tragödie im Heroenmythos, in der Komödie in der Verzerrung einer verkehrten Welt nach unten – behandelt, die auf diese Weise in der Volksversammlung nicht verhandelt werden konnten, da man hier nur mit Ja oder Nein stimmen konnte. Und genau deshalb „braucht" die *Polis* die Tragödie und die Komödie.

→ Abbildung eines griechischen Tanz-Reigens (19)

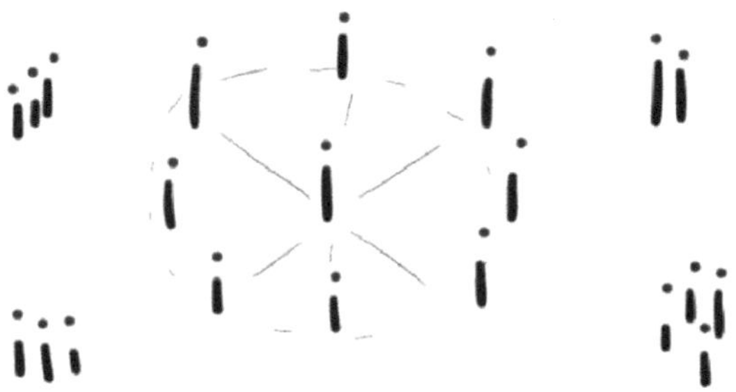

Abbildung 6: Kollektives Labor

Der „kollektiv-mythologische Wärmestrom“

„In der Performance fusionieren Ritual – choreia ist die reinste Form davon – und Mythos in synästhetischer Weise.“ (Bierl 2014, 222)

Was bringt dieses Vorwissen für die chorische Arbeit heute? Wo begegnen wir Resten dieser zurückliegenden Erfahrungen im eigenen chorischen Theaterspiel? Die Beschäftigung mit Ritual, Opfer und Gewalt im Zusammenhang mit der griechischen Tragödie hat Theatermacher*innen immer wieder inspiriert.[21] Der „kollektiv-mythologische Wärmestrom“ (Wiese et al. 2006, 57) als theaterpädagogischer Begriff bildet hier eine Anschlussmöglichkeit: er beschreibt eine icherweiternde Spielerfahrung jenseits rein kognitiver Wahrnehmung.

Warum *kollektiv*? Dieser Strom bedarf der Gruppe. Er ist allein nicht erfahrbar (vgl. Wiese et a. 2006, 49), sondern das eigene Handeln wird gespiegelt durch die Gruppe. Es sind theatralisierte soziale Erfahrungen.

Warum *mythologisch*? Der Mythos hat die Funktion, „Unverständliches verstehbar zu machen, um Handeln zu ermöglichen“ (Wiese et al. 2006, 51). Der Mythos in seiner eigenen Bildsprache und assoziativen Ordnung der Dinge ist laut Wiese et al. in „nachmythischen Zeiten“ (a.a.O., 52), zumindest für Europa seit der Aufklärung, durch kognitive Weltkonzepte ersetzt worden. Er ist abgewandert, könnte man sagen, und mehr und mehr „in eine besondere Nähe zur Kunst geraten, die […] seine wichtigsten Funktionen übernommen hat“ (ebd.).

Warum *wärmend*? Es ist mit dem Begriff einer „kollektiven Wärme“ keine esoterisch anmutende Gruppenenergie gemeint. Es wird mit diesem Begriff die Wirkung eines sozialen Annäherungsprozesses umschrieben, ein In-Kontakt-Treten über kollektive theatrale Vorgänge. Die Teilnehmenden spüren die Präsenz der Gruppe. Es ist eine Bindungsenergie gemeint, die sich durch rituelle Wiederholungen von Tätigkeiten verstärkt. Über diese Wiederholungen kann auch eine Selbstvergewisserung der Gruppe stattfinden: „Die wärmende

---

[21] Wer hier weiterlesen will, den erinnere ich an den Essay von Jan Kott *Gott-Essen* (Kott 1991, 198ff.). Auch die Theaterarbeiten von Theodoros Terzopoulos stehen in dieser Tradition (Vgl. Terzopoulos 2016).

Kollektivität des sozialen Körpers war mythologisch im Ritual gesichert" (Wiese et al. 2006, 53). Das Ritual ist eine Brücke zwischen den beschriebenen prototheatralen Handlungen und einer heutigen Theaterarbeit: Im Chor werden ritualisierte gestische Handlungen durch die Gruppe verstärkt: „[...] Spiegelübungen und [...] Impulsketten der theatralen Arbeit wirken nicht nur magisch und ritualisiert - sie sind es auch. Die Spieler agieren in ihren Ausdrucksformen und nicht in einem instrumentellen Sinn durch sie" (a.a.O. 53). Es ist ein dynamisches Spiel mit der Kontrolle der eigenen Wahrnehmung. Das Loslassen der Selbstbeobachtung ermöglicht es, sich auf den Spielmoment und ereignishafte Erfahrungen mit anderen einzulassen. Das braucht geschützte und begrenzte Räume. Die Spieler*innen im Chor bilden zugleich Zentrum und Grenze eines solchen Raumes. Gerade in dieser Begrenzung liegt eine Chance. Spieler*innen im Chor können sich als Teil von etwas, als zugleich entgrenzt und begrenzt, erfahren. „In diesem Sinne sind theatrale Lernprozesse mythologisch-kollektiv durchströmt" (Wiese et al. 2006, 54).

Es handelt sich hier um keine retrospektive Utopie, kein Zurück zu einem Kult, denn „[d]as Theater hat lange gebraucht, seine Herkunft aus dem Kult abzustreifen und muss nicht zurückkehren" (Tragelehn nach Kuberg, 2021, 32). Es geht also nicht um einen theatralen Ansatz einer Rückführung ins scheinbar Ursprüngliche, sondern um die Anschlussfähigkeit unserer ritualisierten Spielerfahrungen. Und so münden frühe kollektive menschliche Handlungsmuster in die chorische Arbeitsweise von heute. Die „kollektiv-mythologische Wärme", die Spieler*innen im Chor durchströmt, hängt meiner Ansicht nach mit den ursprünglichen chorisch-kollektiven Tätigkeiten zusammen. Wir schließen an Erfahrungsfelder an, die wir als aufgeklärte Individuen verlernt haben und auch verlernen wollten. Der Weg des modernen Menschen ließ ihn den Chor verlassen. Der Chor bietet uns die Möglichkeit, einen Sprung zurück nach vorne zu machen. Es geht um die Chance, unsere Erfahrungen gestaltend zu sozialisieren, ein Prozess, der ohne die Gruppe nicht möglich ist: „Private Erfahrungen werden im theatralen Spiel als kollektiv-ästhetischer Prozess auf interaktive Weise sozialisiert" (Wiese at al 2006, 57). Das chorische Prinzip ist in seinem Ursprung zwar wild, aber auch – mit den Worten Heiner Müllers - ein „Laboratorium sozialer Phantasie" (Müller nach Primavesi 2014, 18).

Fund: „Der Mann ohne Eigenschaften (Robert Musil)

In Robert Musils weitläufigem Roman-Fragment wird mit feiner Zeichnung die Entstehung einer schwarmhaften Masse beschrieben. Sie wird aus zwei Blickwinkeln betrachtet. Wir sind zuerst mitten im Schwarm:

„Und Walter ordnete sich, Vermutungen austauschend und Dinge redend, die wenig zu ihm paßten, den anderen ein, die sich aus abbröckelnden Gruppen Wartender und halbschlüssig Weitergehenden zu einem Zug formten, der sich gegen den vermuteten Schauplatz bewegte und ohne bestimmte Absicht zusehends an Dichte und innerer Kraft gewann. Aber noch hatten alle diese Empfindungen etwas von Kaninchen, die um den Bau huschen und in jedem Augenblick bereit sind, darin zu verschwinden, als sich von der Spitze des ungeordneten Zugs, die man nicht sehen konnte, bis zu seinem Ende eine bestimmte Erregung fortpflanzte." (Musil 1992, 626)

Dann dreht sich die Perspektive und wir stehen außerhalb:

„Ulrich war ans Fenster getreten, als der Zug aufzog. An den Straßenrändern schritten Schutzleute mit und stoben Unbeteiligte wie eine Wolke aus dem Weg, die der geschlossene Marschschritt aufwirbelte. Weiterhin stand da und dort schon eingekeiltes Fuhrwerk fest, um das der gebieterische Strom in unabsehbaren schwarzen Wellen floß, auf denen man den [sic!] aufgelösten Gischt der hellen Gesichter tanzen fühlte. Als die Spitze der Marschierenden des Palais ansichtig wurde, schien es, daß irgend ein Befehl die Schritte mäßige, eine Stauwelle lief nach hinten, die anrückenden Reihen keilten sich ineinander, und es entstand ein Bild, das einen Augenblick lang an einen Muskel erinnerte, der sich vor dem Schlag verdickt." (Musil 1992, 629)

Diese lebendige Masse wird körperlich, fleischlich, gestisch beschrieben. Sie tritt den beiden Figuren, dem Protagonisten und dem Antagonisten des Romans, als ein rätselhaftes und eigenständiges Wesen gegenüber.

Massen, Meuten und Schwärme

> „Der einzelne Mensch selbst hat das Gefühl, daß er in der Masse die Grenzen seiner Person überschreitet." (Canetti 2014, 19)

Massen haben Macht. Welche Richtung die Masse nimmt, wohin und vor wem sie flüchtet, wen sie angreift oder gegen wen sie sich wendet, entscheidet über ihren Charakter und auch darüber, wie wir uns zu ihr verhalten. Richtet sie sich gegen Einzelne, um sie zu verfolgen, erregt sie sich für Einzelne, um sie anzufeuern? Steht sie auf gegen ein Regime im Namen der Freiheit? Wessen Freiheit? Diese Fragen betreffen theatrale Settings ebenso wie realpolitische Szenarien. Liest man Elias Canettis Essay *Masse und Macht* (Canetti 2014) mit der chorischen und praxeologischen Brille, dann fällt einem, neben den offensichtlichen Bezügen zu gruppendynamischen und massenbildenden Phänomenen, vor allem eines auf: Alle Begriffe, die Elias Canetti für Ansammlungen von Menschen verwendet, sind mit einem Gestus der Bewegung verbunden: auf etwas hin oder von etwas weg.[22] Diese Massen, Horden, Rudel und Meuten jubeln, hetzen, jagen, konzentrieren sich auf ein Ziel, schließen sich zusammen, folgen einer Führung. Die Masse selbst wird nicht unbedingt durch ihre Größe charakterisiert. Sie ist ein Prinzip. Sie ist eine Ansammlung von Menschen, schafft Nähe zwischen ihnen. Sie will wachsen und sich entladen. In ihr herrscht Gleichheit (vgl. Canetti 2014, 30). Es stellt sich also weniger die Frage, ab wie vielen Personen eine Gruppe zur Masse wird, sondern, ob diese Gruppe etwas Massenhaftes an sich hat. Gerade die Entladung, also das Loswerden aufgestauter Energien, erzeugt das Gefühl der Gleichheit: „In der Entladung werden die Trennungen abgeworfen und alle fühlen sich gleich. In dieser Dichte, da kaum Platz zwischen ihnen ist, da sich Körper an Körper preßt, ist einer dem anderen so nahe wie sich selbst" (Canetti 2014, 17). Wirft man den nun chorisch fokussierten Blick von der Bühne auf die Realpolitik, dann können politische Gruppierungen Massen und diese Massen Chöre werden. Der Chor in seiner Widerständigkeit und Anziehungskraft,

---

[22] Elias Canetti (1905-1994), Schriftsteller und Essayist. 1984 erhielt Elias Canetti den Literaturnobelpreis.

seinem Versammeln, Anwachsen, Rufen, Skandieren oder Schweigen wird zur sozialen Plattform des Protestes.

→ Der Chor als Protestformat (77)

Theatermeuten

Dem theatralen Chor am nächsten in ihrer Dynamik ist bei Canetti die *Meute.* Auch sie ist ein Prinzip. Die Meute bildet sich durch einen gemeinsamen Zweck, eine Funktion, eine Richtung. „Die Meute besteht aus einer Gruppe erregter Menschen, die sich nichts heftiger wünschen als mehr zu sein" (Canetti 2014, 109). Sie kann nicht wachsen, sie ist begrenzt, „aber diese wenigen kennen einander genau" (Canetti 2014, 110). Sie spielen in allem, was sie tun, dass sie mehr sind, als sie sind. Sie vergrößern sich durch die Behauptung. Dieser Verwandlungswunsch, dieser darstellerische Kern der Meute verbindet sie sehr stark mit dem Chor.

Der theatrale Chor kann sich zu unterschiedlichen Gruppierungen versammeln: er kann Meute, Rudel, Menge, Pulk, Mob oder Masse darstellen, eben, weil er keines von diesen Dingen allein ist. Er ist deshalb so geeignet dafür, weil er das Prinzip zu all diesen Formen in sich trägt: das handelnde und sozialisierte Individuum in Spannung zu einer Gruppe. Der Chor ist eine Theatermeute. Meute und Gruppe sind menschliche Konstellationen. Rudel und Herde verweisen auf das Tierreich. Beide entstehen durch ein kollektivbildendes gemeinsames Interesse. Das ist dem Theatermacher Brecht nicht entgangen: „Zur Überwindung von Schwierigkeiten bilden sich in der Natur Kollektive (Schwalben beim Nachdemsüdenfliegen, Wölfe bei Hungerzügen […]" (Brecht nach Steinweg 1976b, 96). In der Natur gibt es aber auch Massenphänomene. Sie übersteigen das Format von Meute und Rudel – und bieten für das chorische Spiel wertvolle Impulse.

Massensymbole

Der Chor kann in seiner diversen Nichteigentlichkeit, seiner Eigenschaft als polymorphes Wesen (vgl. Beese 1979, 52) nicht nur menschliche Meuten, Mengen und Massen darstellen. Elias Canetti nennt diese Phänomene „Massensymbole“ (Canetti 1992, 86). Sie stellen für ihn Elemente des Massenhaften dar, die in der Natur vorkommen: Regen, Feuer, Meer, Wald, Fluss, Sand, Wind, Steinhaufen, das Kornfeld (Canetti 2014, 86 ff.). „Massensymbole“ stellen in der Natur auftretende Massenphänomene dar. Was haben diese Naturmassen mit chorischen Darstellungsformen zu tun? Der Chor hat das Potential, sie zu verkörpern, sich ihnen spielerisch anzunähern. Das unberechenbare Wandern der Dünen, das Rauschen des Windes, das Fließen des Flusses, das Schieben des Stroms, der schnelle Richtungswechsel des Feuers (vgl. Canetti 1982, 99 ff.). Um das alles zu gestalten mit Atem, Stimme und Bewegung - dazu begibt sich der Chor auf eine Phantasiereise.

→ Übung: „Natürliche Massen“ (200)

Zwischenspiel: „Unverfügbar synchron“ (Wien 1996)

Der Kurs nennt sich *Körpertraining für Bühnenberufe*. Es geht um Öffnung und Präsenz, um Impulsarbeit. In einer Improvisationseinheit entwickelt jeder von uns jungen Schauspieler*innen zuerst seine eigenen Moves zur Musik. Jede*r darf eine gewisse Zeit lang führen, die anderen folgen. Ich folge heute nur und verlasse mich ganz auf meine Beobachtung. Die Gruppe bewegt sich als Einheit. Dann wird das Führen verlassen, jede*r soll sich frei bewegen und seine eigenen Bewegungen variieren. Plötzlich bemerke ich: wir sind synchron. Wir haben uns gerade für einen unverfügbaren Moment lang alle, wie ein Körper, synchron bewegt.

Die Logik des Schwarms

> „Wir sind viele, kleine, flinke, silbrige Fische. Wir sind noch nicht genug, wir brauchen noch ein paar freiwillige Fische, bitte schwimmt mit uns mit."
> (Gunsilius, Kowalski 2021, 117)

Sucht man nach aktuellen Denkfiguren, die das Chorische in Theorie und Praxis bereichern können, trifft man auf den Schwarm. Der autark agierende Chor ist verwandt mit dem Schwarm. Die einzelnen Schwarmmitglieder bewegen sich als eine Einheit aus Individuen mit dem Ziel, als Kollektiv selbstgesteuert zu agieren. Wenn wir von Schwärmen reden, meinen wir meist selbstorganisierende Gruppen von Tieren, die sich in Bewegung und in Tätigkeit befinden: Fische, Ameisen, Vögel. „Ein Schwarm ist eine Aggregation von Tieren, die sich kollektiv bewegen" (Hamann 2019, 24). Ein Schwarm besteht aus einer großen Anzahl von Mitgliedern, sogenannten „Agenten" (vgl. Hamann 2019, 5). Er hat meist kein steuerndes Zentrum und agiert aus sich selbst heraus: „Die Logik des Schwarms ist eine Logik der Selbstorganisation und der Selbststeuerung" (Horn 2009, 10). Synchronizität und Abstimmung von Bewegungsmustern entstehen dezentral. Schwärme schaffen *Konnektivität* mittels *Kollektivität* (vgl. Thacker 2009, 67). Der Schwarm ist immer in Bewegung und wandelt sich ständig. Das einzelne Schwarmmitglied agiert auf zwei Ebenen gleichzeitig: Es gibt die Ebene des einzelnen Individuums (lokale Ebene) und die Ebene des ganzen Schwarms (globale Ebene).

Attraktoren im Schwarm

Schwärme steuern sich durch positive oder negative Verstärkung von bestimmten Rhythmen, Verhaltensweisen und Bewegungen. Diese positiven Verstärkungen nennt man *Rückkoppelungen* oder *Feedback.*

> „Positives Feedback (oder positive Rückkopplung) ist ein Konzept, mit dem man Prozesse verstärken kann. Genauer sollte man von einer positiven Feedback-Schleife sprechen. Die Veränderungen eines Elements A bewirkt die Vermehrung des Elements B, was dann wiederum positiv auf Element A zurückwirkt. Positives Feedback folgt also dem Motto „wo viel ist, wird mehr sein" bzw. „wo wenig ist, wird weniger sein […]." (Hamann 2019, 27)

Ein gutes Beispiel für positive Rückkopplung ist das Entstehen eines bestimmten Klatschrhythmus innerhalb eines Publikums: Alle klatschen, plötzlich entsteht ein Rhythmus, der mehr und mehr um sich greift, ohne dass irgendjemand es bewusst steuert. Was ist passiert? Kleine Einheiten (Attraktoren) bilden sich, die andere mitziehen: eine Person klatscht lauter, die Nebenperson passt sich an, eine dritte ebenso – und sie beeinflussen ihr nächstes Umfeld. Es kann mehrere solcher Attraktoren gleichzeitig geben. Ob sich etwas durchsetzt und wie, bleibt offen. Sind die einzelnen Attraktoren stark genug, konkurrieren sie miteinander oder löschen sich gegenseitig aus. Der Schwarm handelt als ein dynamisches System (vgl. Schlippe et al. 209, 41). Die Selbstorganisation von Schwärmen funktioniert vor allem „über die An- und Abwesenheit von positivem Feedback [...]. Schwärme ‚probieren herum', bis sie eine sinnvolle Lösung gefunden haben [...]" (Horn 2009, 12).

→ Übung: „Rhythmusmagnet (Attraktoren I)" (162)
→ Übung: „Herzklopfen (Attraktoren II)" (162)

Theatrale Schwärme

Wie kann das beobachtete Schwarmverhalten von Tieren für die Theaterarbeit genutzt werden? Beim Menschen kennt man schwarmartiges Verhalten aus Alltagssituationen: Vorhersehbare „intersubjektive" (Klein 2013/2012, 3) Bewegungen der Körper in Choreografien unserer Alltagswelt, wie z.B. im Fußgängerverkehr, oder in Gefahren- oder Paniksituationen (vgl. Hamann 2019, 19). Schwärme in theatralen und künstlerischen Kontexten meinen eine ganz bestimmte Art des Interagierens von Gruppen, das kollektive Verarbeiten und Gestalten von Impulsen, die entweder aus der Gruppe selbst oder von außen kommen. Betritt man mit der Metapher des Schwärmens nun das ästhetische Gestaltungsfeld, begegnet man dem Begriff der *Resonanz.*

→ Dialog, Begegnung und Resonanz im Chor (58)

Am Beispiel des *Flockings,* dem Schwarmverhalten von Vögeln, kann man sehr gut zeigen, was es bedeuten kann, als Schwarm theatral zu agieren. *Flocking* ist, wie das Schwarmverhalten der Fische, zwar dreidimensional, kann aber trotzdem für kollektive chorische Bewegungsformen als Vorbild herangezogen werden. Drei einfache Regeln bestimmen das *Flocking:* Angleichen, Zusammenbleiben und Abstand halten (vgl. Hamann 2019, 51). Relevant für die Bewegung des einzelnen Individuums ist die Nachbarschaftsbeziehung zu den es umgebenden anderen Schwarmmitgliedern. Der einzelne Vogel (oder das einzelne Chormitglied) kann nicht den ganzen Schwarm wahrnehmen, dafür ist dieser zu groß. Er orientiert sich an den Nachbarvögeln. Bei Staren sind das z.B. in der Regel sechs Exemplare (vgl. Hamann 2019, 51). Es gibt ein paar Parameter, die Schwarmverhalten generell bestimmen:

- Das Orientieren an seinen jeweiligen Schwarmnachbarn und der Versuch, „sich in die Richtung des benachbarten Tieres zu bewegen" (Gunsilius, Kowalski 2021, 149)
- Das Zusammenbleiben und der kollektiven Bewegung folgen
- Das Abstandhalten und Vermeiden von Zusammenstößen

Kollektives Schwärmen als ästhetische Kategorie kannte schon das antike griechische Theater: eine zentrale chorische Tanz- und Gesangsform war das *Schwarmlied* (*komos*). Es wird mit der Zeit namensgebend für die literarische Gattung der Komödie.[23] Der chorische Schwarm ist eine performative Struktur, ein autarkes theatrales Steuerungssystem. Schwärme können forschen, abstimmen und die chorische Aufmerksamkeit trainieren. Schwarmverhalten ist also chorische Praxis und Schwärmen kann ein ästhetisches Mittel der Gestaltung sein. Wie sieht chorisches Schwärmen aus?

[23] „Die Alte Komödie bezieht als ‚Lied des komos' (kom-odia) davon ihren Namen" (Bierl 2006, 114).

→ Chor und Wahrnehmung: Übungsteil (136)
→ Kollektive Abstimmungsformate (228)

Wirkungsräume und Praxisfragen

Wie wirkt und was bewirkt das Chorische? Ich möchte den Begriff der *Wirkung* nach zwei Richtungen hin verstanden wissen. Zum einen nach innen: damit sind jene Einflüsse und Impulse gemeint, denen die einzelnen Mitglieder im Chor untereinander im Prozess ausgesetzt sind. In manchen Momenten ist die Spielleitung/Regie in diesen Prozess einbezogen. Zum anderen nach außen: das meint die Ausstrahlung und den Effekt auf die Zusehenden. Diese nach innen und außen beschriebene Wirkung kann mehrschichtig sein: sie kann sich auf die ästhetische Wirkung des Chores beziehen, auf Wirkungen, die einen persönlichkeitserweiternden Charakter haben, und auf Wirkungen der gesellschaftlichen Sphäre. Womit auch die drei *Wirkungsfelder* der chorischen Arbeit benannt sind: Ästhetik, Pädagogik und Gesellschaft. Alle drei sind untrennbar miteinander verbunden. Sie überschneiden sich, jedes der drei Felder ist ohne die anderen nicht praktizierbar. *Paideia*[24], *Aisthesis*[25] und *Politeia*[26] umschreiben im Altgriechischen das Gemeinte breiter als Pädagogik, Ästhetik und Politik.

Paideia schließt mehr ein als Pädagogik, Erziehung oder Bildung. Sie kann Methodik, Heranführung an Ereignisse und Begleitung bei Schwellenerfahrungen sein. *Aisthesis* umfasst Wahrnehmung ebenso wie die ästhetische Erfahrung und künstlerische Verfahren. Und *Politeia* meint mehr als Politik: Sie ist, wenn man so will, das Politische als Bezugsrahmen: Öffentlichkeit, Bürgerschaft, Recht, Ordnung, die

---

[24] *Paideia* (griech.) ist der zentrale griechische Bildungsbegriff. Er bezeichnet „sowohl den Prozeß des Erziehens und Bildens als auch das Ergebnis, die Bildung, und als solche den unverlierbaren Besitz des erwachsenen Menschen" (Christes 2000, 150).

[25] *Aisthesis* (griech.): „Sinneswahrnehmung Empfindung, Anschauung, Sinneswerkzeug, Sinn" (Gemoll 1985, 20).

[26] *Politeia* (griech.) „[…] kann entweder das Bürgerrecht eines oder mehrerer Bürger bezeichnen […] oder den Zustand und die Beschaffenheit eines Staates […]" (Rhodes 2001, 26).

politischen Umstände. Sie ist das, was der Chor bestätigt oder sprengt, was er befragt oder vertritt.

In diesen drei Feldern liegen die Möglichkeiten, Chancen, Herausforderungen und Widerstände der chorischen Arbeit. Das Dreieck *Paideia – Aisthesis – Politeia* ist eine leitende Skizze für den chorischen Prozess. Der pädagogische Wirkungsraum thematisiert die Prozesse zwischen *Ich* und *Wir*. Im politischen Wirkungsraum spiegelt und verhandelt der Chor gesellschaftliche Positionen. Der ästhetische Wirkungsraum erschließt die Formensprache des Chorischen. Alle drei zusammen bilden den dynamischen Hintergrund, vor dem gearbeitet wird. Denn der Körper ist so politisch, wie die Stimme ästhetisch oder die Arbeit mit dem Raum pädagogisch werden kann.

Jedem Wirkungsraum ist eine Praxisfrage zugeordnet: *Paideia* – „Wer?“ (Zielgruppen), *Politeia* – „Was?“ (Rahmenbedingungen) und *Aisthesis* – „Wie?“ (Gestaltung).

Wirkungsraum I: Paideia

> „Wenn ihr etwas tut, solltet ihr euch vollständig verbrennen, wie gutes Feuer, das keine Spuren hinterlässt." (Suzuki 2002, 70)

Wie entsteht ein theatrales Ich? Und wie beeinflusst das uns umgebende spielende Wir unsere theatrale Individualität? Es geht im Chor um die Erfahrungen des *Ich* in einem *Wir*.

Protagonist*innen im Chor

Der Protagonist im antiken griechischen Theater kommt aus dem Chor.[27] Und der Chor definiert sich stark über sein Verhältnis zur einer protagonistischen Figur: „Die gegenseitige Abhängigkeit von Einzelspieler und Chor auf der Szene machen die Besonderheit, die Schwierigkeiten und Chancen des chorischen Theaters aus […]. Jeder kann jederzeit zum Protagonisten werden und sich wieder in den Chor zurückziehen“ (Sommer 2011, 29).
Aus dem Probentagebuch[28]: Ella tritt aus dem Chor heraus und wendet sich zum Kollektiv. Sie ist jetzt eine Einzelne. Der Chor wird zu

[27] Zum Thema *Chor und Protagonist*in* siehe auch Sommer 2011, 28 ff.
[28] Die Namen wurden geändert.

einem *kollektiven Du*, einem Gegenüber, einer *Du-Projektionsfläche*. Ella spricht den Chor an. Der Chor reagiert. Jetzt tritt aus diesem *kollektiven Du* ein Spieler, Dennis, ein zweites Ich, der Antagonist. Protagonistin und Antagonist verhandeln einen Konflikt: es stehen einander zwei *Ichs* gegenüber, jedes dem anderen ein ausdifferenziertes und individualisiertes *Du*. Beide stehen, so könnte man sagen, im Schatten des *Wir*, aus dem sie getreten sind. Ella und Dennis agieren vor dem Chor, ihrem ersten Zuschauer: ihrer eigenen Herkunft.

Es geht in der chorischen Arbeit um das Zulassen des Chorischen in einem selbst: Wie viele Stimmen habe ich in mir? Den Bezugsrahmen chorischen Spiels bilde ich gemeinsam mit meinem Gegenüber. Die Konfrontation mit dem zeitweisen Gefühl der Auflösung der eigenen Individualität ist verwirrend: Ich erlebe mich in der Gruppe als gespiegelt, vervielfacht, verändert, überzeichnet. Die Kontrolle über die Interpretation meiner individuellen Impulse, Bewegungen und Gesten wird mir teilweise entzogen. Wir betreten als chorisches Kollektiv alle zusammen ein offenes Feld: Hier warten nicht nur erweiternde chorische Erfahrungen, sondern vielleicht auch Unsicherheit, Verwirrung, Ohnmacht und Orientierungsverlust. Es bilden sich Fragezeichen hinter dem bisher scheinbar so klar abgegrenzten „Ich“.

> „Das besonders Tragische an einem Geist, der sich selbst als etwas Separates, zu Verteidigendes und ‚Effizienzfähiges‘ betrachtet, ist […], dass er sich auf einen kompletten Trugschluss hinsichtlich der Konstitution des Selbst als etwas von anderen und der Welt Entkoppeltem gründet.“ (Odell 2021, 194)

Grundsätzlich steht das chorische Prinzip also dafür, die eigene Kreativität, den eigenen individuellen Gestaltungswillen, seine Präsenz und Kraft, aus der Gruppe heraus zu entwickeln. Der Chor wird zum Forum und zur Plattform der Verhandlung von Themen des Einzelnen mit der Gruppe. Letztlich geht es um eine Abgabe von Kontrolle. Aber dieses Abgeben von Kontrolle hält eine neue Freiheit bereit.

Kommentar: „Der Fall Antigone"[29]

Die Geburt der Protagonistin aus dem Chor: im Fall von Antigone ist das ein Reflektieren über den Vorgang des Verstoßens und Verstoßenwerdens. Es ist eine Bewegung aus der Gruppe, die eigentlich zur Gruppe zurückwill. Der Chor repräsentiert das menschliche Urbedürfnis, mit und in der Gruppe ein Anliegen zu teilen, zu verhandeln, zu lösen, in einem vertrauten Gespräch, einem Streit, einer Auseinandersetzung. Daraus wir außerhalb des Chores Anklage, Angriff und Abwehr. Opfer, Tötung und Bestattung werden mit dem Kollektiv verhandelt: Die Nichtbefolgung eines kollektiven Verbotes führt zum Ausschluss aus dem Kollektiv. Das Nicht-dazu-Gehören gebiert in diesem Fall Antigones Haltung und Individualität – in Abgrenzung zu einem Kollektiv, dessen sprechender und warnender Teil der Chor ist. Antigone zeigt die Dynamik der Geburt der Protagonistin durch Gruppenausschluss. Die einzelne Person bringt sich und das Kollektiv durch ihr Verhalten in die Krise. Veränderung, Loslösung und Teil der Gruppe sein: das sind chorische Grunderfahrungen. Wir finden hier in der Auseinandersetzung mit dem Kollektiv und dem Chor eine Dynamik widergespiegelt, die jeder aus der eigenen Persönlichkeitsentwicklung kennt. Die Dynamik zwischen Anpassung und Freiheit, zwischen Autonomie und Geborgenheit. Bin ich ein Einzelner, bin ich es immer in Spannung zur Gruppe. Bin ich ein Teil der Gruppe, handle ich in Spannung, ein*e Einzelne*r werden und vielleicht bleiben zu wollen. Der Neurobiologe Gerald Hüther formuliert diese Widersprüchlichkeit so: „[Wir] suchen […] nach Neuem mit ebenso großer Begeisterung, wie wir auch nach Geborgenheit und Nähe suchen, die uns jemand schenkt. Wir haben also ein angeborenes Erkundungsbedürfnis und ein ebenso starkes Bindungsbedürfnis […]" (Hüther 2017, 52). Der Chor macht auf theatraler Ebene diesen Prozess wiederholbar. Er kann animieren, „Neues" auszuprobieren, und lässt uns dabei gleichzeitig die „Geborgenheit" der Gruppe spüren.

[29] Es gibt zahlreiche dramatische Ausformulierungen dieses Mythos, von Sophokles über Brecht, Anouilh und Orff bis zu Darja Stocker.

Dialog, Begegnung und Resonanz im Chor

Die Chorgruppe bildet einen Resonanzraum. In diesem Raum warten Erfahrungen auf uns, die nur in der Begegnung mit anderen entstehen können: die Beobachtung, Nachahmung und Nachempfindung, der Austausch nonverbaler, paraverbaler und sprachlicher Gesten, das gemeinsame, dialogische und tänzerische Bewegen im Raum, das stimmliche Tönen. Es ist die Erfahrung, dass ich mit anderen gemeinsam etwas erzeuge, das in der Mitte zwischen uns allen steht. Etwas, das von keinem explizit ausgeht, aber alle braucht, um sich entwickeln zu können: Resonanz.

Was meint Resonanz, gerade und besonders in Bezug auf das Chorische? Sie ist zuerst vor allem eine akustische Erscheinung: *resonare* bedeutet widerhallen. Es geht um Schwingungen und Frequenzen zwischen „schwingungsfähigen Körpern" (Rosa 2019a, 282). Im Fall des chorischen Theaters sind das die Spieler*innen. Sie sind unabhängige, aber in Beziehung stehende Körper. Und nur wenn jeder seine eigene Schwingung behält, und diese durch den anderen angeregt wird, also das Eigene mit dem Gegenüber in neuer Weise zusammenklingt, kann Resonanz spürbar werden: „Resonanz ist keine Echo-, sondern eine Antwortbeziehung; sie setzt voraus, dass beide Seiten mit eigener Stimme sprechen" (Rosa 2019a, 298). So bedeutet in Resonanzbeziehungen zu stehen auch, Kontrolle abzugeben und sich verwundbar zu machen, d.h. offen zu sein für das, was der Soziologe und Politikwissenschaftler Hartmut Rosa das „Unverfügbare" nennt (Rosa 2019a, 295), das nicht Plan- oder Berechenbare, das, was mir nicht auf Befehl, Ansage oder Knopfdruck zur Verfügung steht.

Gerade in strukturierten, z.B. zeitlich vorgegebenen kreativ-künstlerischen Prozessen, wie es Theaterproben sein können, ist die „Unverfügbarkeit" eines besonderen Moments etwas, was wir uns alle wünschen, aber die Bedingungen dafür nur schwer aushalten: das Abgeben der Kontrolle, das Offensein für das, was jetzt gerade passiert, das Beobachten. Das ist für die Spieler*innen im Chor entscheidend, aber ebenso wichtig für die Spielleitung. Chorische Regie kann aus so einer Haltung heraus bedeuten, klare Handlungsanweisungen zu geben, Impulse zu setzen, aber in Resonanz mit der Gruppe herauszufinden, was mit diesen Impulsen auf der Probe passiert: Was zeigt sich jetzt gerade? Worauf reagiere ich? Was ist unser nächster gemeinsamer Schritt?

→ Praxisfrage 3: Wie? (Gestaltung) (96)
→ Was bedeutet chorisches Inszenieren? (99)

Es geht bei Resonanz um lebendige „Antwortbeziehungen" (Rosa 2019a, 298). Aber wie erfahre ich Resonanz? Wie spüre ich dieses Zusammenschwingen? Jeder von uns kennt es z.B. über Erfahrungen des Atems: „Das sympathetische Anhalten des Atems (etwa wenn der Seiltänzer abzustürzen droht) ist dabei selbst Ausdruck eines (sozialen) Resonanzgeschehens" (Rosa 2019a, 94).

→ Zwischenspiel „Atemecho" (154)

Gemeinsames Einatmen, als Gruppe den Atem anhalten, das langsame und geführte synchrone Ausatmen, aber auch der gemeinsame Gebrauch der Stimme, das alles sind Möglichkeitsräume für Resonanz. Wenn eine Gruppe gemeinsam tönt, lautiert und im Weiteren auch singt, sind gerade auf dieser nonverbalen Ebene zahlreiche Resonanzerfahrungen möglich: „Nirgendwo sonst lässt sich dies so unmittelbar erfahren wie beim gemeinsamen Singen, und vermutlich liegt eben hierin die anhaltende Attraktivität des Chorsingens" (Rosa 2019a, 111). Das gilt nicht nur für singende Chöre. Auch im unartikulierten chorischen Lautieren und Tönen, dem Spiel mit der Stimme, der chorischen Tierarbeit, in der gemeinsamen freien Bewegung, beim rhythmischen Spielen oder im Tanz hat die Chorgruppe die Möglichkeit, Resonanzräume entstehen zu lassen. Es entsteht ein interaktives Resonanzlernen (vgl. Hüther 2017, 59). Dass wir diese Erfahrungen machen, sie verinnerlichen und verarbeiten können, ermöglichen uns neuronale Netzwerke in unserem Gehirn, die sogenannten *Spiegelneurone*.[30] Sie ermöglichen uns nachzuempfinden, was wir an anderen wahrnehmen. Wir sind als Menschen spiegelnde Wesen. Das bedeutet nicht, dass unser Handeln dadurch neuronal festgelegt wird: „Neuronale Resonanzen determinieren in keiner Weise menschliche

[30] Hierzu ausführlich Bauer 2005, 85ff.

Kognitionen und vor allem nicht das daraus hervorgehende Handeln" (Rosa 2019a, 255). Wir empfinden und vollziehen innerlich Handlungen nach, die wir im Außen beobachten. Der Chor vervielfacht und verstärkt diese Spiegelungen.

Der Chor als Spiegel: das Mediopassiv

> „Kein Einzelner verfügt somit über das Geschehen, sondern alle gehen erst aus der Handlung und dem Geschehen hervor." (Elberfeld 2011, 220)

Das Spielen und das Spiegeln in chorischer Resonanz bedeuten, sich auf das Gegenüber einzulassen in einer Weise, die das eigene theatrale Handeln beeinflusst. Es bedeutet aus einem Zustand heraus zu agieren, der weder rein aktiv noch rein passiv ist. Geben und Nehmen verschmelzen. Der Impuls schwebt zwischen Senden und Empfangen, denn der Impuls selbst entsteht erst aus der Aufnahme eines vorausgehenden Impulses: Er ist mehr Antwort als Aussage. Sender und Empfänger erzeugen ein ihre Beziehung definierendes Schwingungsverhältnis: das sogenannte *Mediopassiv*. Das *Mediopassiv* geht auf den grammatikalischen Begriff *Medium* zurück: er beschreibt (z.B. in der altgriechischen Sprache) einen Übergang von Aktiv und Passiv und rückt so „das Geschehen in den Vordergrund" (Elbersfeld 2011, 211). Ein Beispiel in der deutschen Sprache wäre annähernd: *Es regnet.* Das Handeln im Chor könnte vielleicht heißen: *Es chort.*[31]

Am Beispiel des Paartanzens ist das gut zu verdeutlichen. Der Tanz entsteht erst durch das Tanzen. Er ist, wenn man so will, im Raum zwischen den beiden Tanzpartner*innen verortet. Jede*r der beiden ist gestaltende*r Empfänger*in. Das *Mediopassiv* könnte also genauso gut *Medioaktiv* heißen. Und was zu zweit funktioniert, kann auch, verstärkt durch die Vielzahl an Zwischenräumen, auch in Gruppentänzen und chorischen Bewegungsfolgen stattfinden. Gerade die Anwesenheit der Gruppe ermöglicht solche „sozialen Spiegelungen":

---

[31] Im Rahmen der *Gespräche über den Zustand der Welt* der Europa-Universität Flensburg, *Folge 15: Resonanz und Mediopassiv – Die Sehnsucht nach Berührtwerden* (2019) geht der Soziologe Hartmut Rosa ausführlich auf den Begriff des *Mediopassiv* ein: https://www.youtube.com/watch?v=CMmOB0Y9ZXU (Aufruf 23.3.2023).

„Die ästhetisch-theatralen Erfahrungen […] bilden sich erst dadurch, dass sie in einem gemeinsamen Lernprozess der Gruppe eine Resonanz finden – jeder individuelle Ausdruck spiegelt sich in der Sozietät des Ensembles und wäre ohne diese soziale Spiegelung gar nicht möglich." (Wiese et al. 2006, 499)

Es ist eine paradoxe Erfahrung, im Chor gleichzeitig Impulsgeber*in und -empfänger*in zu sein, zu spiegeln und gespiegelt zu werden. Es bedeutet, sich dynamisch-spielerisch zwischen Geben und Nehmen, Senden und Empfangen, Aktiv und Passiv zu bewegen. Das bedeutet Handeln im *Flow*.[32] „Flow, zu Deutsch: fließen, strömen, umschreibt einen ganzheitlichen emotionalen Zustand, der Außenwelt, Handlung und innere Befindlichkeit optimal integriert" (Sachser 2010, 71). Die *Flowerfahrung* ist grundsätzlich eine Verbindung von mehreren sich gegenseitig bedingenden Komponenten (vgl. Sachser 2010, 72): Die gestellten Anforderungen müssen bewältigbar sein, es braucht klare Regeln und Ziele, man handelt in einem Gefühl der Leichtigkeit und gleichzeitg einer inneren nachvollziehbaren Logik. *Flow* ist mit einer veränderten Zeitwahrnehmung verbunden durch ein starkes Momentbewusstsein: „[E]in Zustand der Selbstvergessenheit bei gleichzeitig gesteigerter Wahrnehmung innerer und äußerer Vorgänge stellt sich ein" (Sachser 2010, 72).

Flow selbst ist unverfügbar. Es kann lediglich der Rahmen geschaffen werden, innerhalb dessen er entstehen kann. Für den Bereich des Theaterspielens wurde eine Variation des *Flow* beschrieben: *Theaterspielflow*[33]. Betrachtet man die Merkmale, die von Dietmar Sachser für diesen als charakteristisch beschrieben werden, fallen vor allem zwei Gegensatzpaare auf: Gebundenheit/Freiheit und Grenzerfahrung/Ich-Erweiterung (vgl. Sachser 2010, 77). Gebunden und frei zugleich ist man im Chor: durch die individuelle Position und die eigene spielerische Aufgabe im Dialog mit der gemeinsamen chorischen Spielaufgabe. In dieser Form und in dieser Spannung liegen dann die Möglichkeiten der eigenen Freiheit. Die „Grenzerfahrung" der

[32] Der Begriff des *Flow* geht auf die Untersuchungen des Psychologen Mihaly Csikszentmihalyi zurück: *Die außergewöhnliche Erfahrung im Alltag. Die Psychologie des flow-Erlebnisses* (Csikszentmihalyi et al., Stuttgart 1995).

[33] Sachser, Dietmar: *Theaterspielflow. Über die Freude als Basis schöpferischen Theaterschaffens*, Berlin 2009

eigenen Individualität im Zusammenspiel mit der Gruppe ermöglicht „Ich-Erweiterungen", die nur gemeinsam mit anderen möglich sind. Es stellt sich die Frage, ob das chorische Theater *Theaterspielflow* in einer besonderen Weise ermöglicht, weil sich im Chor der unverfügbare *Theaterspielflow* bei mehreren Spieler*innen einstellen kann. In der Reflexion über den Prozess kann ein Austausch über das in der gleichen Situation, vielleicht sogar im gleichen Moment, Erlebte stattfinden.

2007 habe ich mit einer Gruppe von Jugendlichen zwischen fünfzehn und siebzehn Jahren am Theater der Jugend in Wien Franz Kafkas Text *Ein Bericht für eine Akademie* (Kafka 1987) als chorisches Theaterprojekt erarbeitet: über ein halbes Jahr vor und neben der Text- und Figurengestaltung stand Tierarbeit und Training sozialer Hierarchien in der Affenhorde auf dem Programm. Je mehr wir zu Abläufen gelangten, desto öfter stellte sich *Flow* ein. Die tierische Energie trug dazu bei. Die einzelnen Affenfiguren waren trotz chorischer Gruppenaufmerksamkeit individualisiert, mit starken persönlichen Merkmalen: jede Affenfigur hatte eine Persönlichkeit. Verbindend waren die chorischen Spielmomente: gemeinsames Lautieren und stimmliches Echo der Gruppe, ständige körperliche Spannung durch Bewegung. Am Höhepunkt des Abends entwickelte sich Schritt für Schritt mit wachsender Erregung der Affengruppe ein sprachliches, chorisch-synchrones Unisono. Die Gruppe gelangte von Probe zu Probe öfter in *Theaterspielflow*: im Reflexionsgespräch berichteten die Jugendlichen davon, sich frei und gleichzeitg hochkonzentriert empfunden zu haben. Die Gleichzeitigkeit der Aufgaben erhöhte die Konzentration, den Fokus: die Körperlichkeit des Affen behalten, die Gruppe im Auge zu haben, den eigenen Text und die Spielsituation behalten. Ernst und Spiel, Konzentration und Leichtigkeit, die Bewältigbarkeit der gestellten Aufgaben. Das alles prägte diese Produktion (vgl. Sommer 2008, 118f.).

→ Zwischenspiel „Affen!" (118)

Theaterspielflow im Chor bedeutet auch das Aufrechterhalten einer mehrfach geteilten Konzentration zwischen Schauspieler*in und Figur und der chorischen Rundumwahrnehmung, gekoppelt mit der eigenen individuellen Spielaufgabe. Die Vermutung liegt nahe, dass chorisches Theater dieses individuelle Empfinden mit gruppendynamischen Aspekten verknüpft. Und das könnte in bestimmten Fällen zur Verstärkung von *Theaterspielflow* führen.

Kommentar: *Flow* – Synchronizität oder Differenzierung?

„In Aktivierungsphasen, an denen die ganze Gruppe beteiligt ist, kann die für Theaterspielflow unabdingbare Subjektorientierung nur über eine entsprechende Binnendifferenzierung erreicht werden" (Sachser 2012, 86). Ein Beispiel für eine solche Individualisierung eines Theatertrainings für Gruppen liefert Eugenio Barba, der ein zuerst kollektiv orientiertes Übungssetting in ein binnendifferenziertes umformuliert:

> „Das Training war kollektiv: Jeder machte die gleichen Übungen mit der gleichen Geschwindigkeit und in der gleichen Weise. Mit der Zeit wurde uns klar, dass der Rhythmus von Person zu Person verschieden ist. Einige haben einen schnellen vitalen Rhythmus, andere einen langsamen. Wir fingen an, von organischem Rhythmus zu sprechen, und damit meinten wir Variationen […]. Von da an basierte das Training auf diesem Rhythmus; es wurde persönlich, individuell." (Barba nach Sachser 2012, 87)

Wie minimal kann die „Binnendifferenzierung" werden, um *Theaterspielflow* noch zu ermöglichen? Der Regisseur Theodoros Terzopoulos lässt Übungen mit langer Laufzeit und vielen Wiederholungen synchron durchführen, um individuelle körperliche Muster aufzulösen: „Im Verlauf der Übung beschleunigt sich der gemeinsame Rhythmus der Gruppe" (Terzopoulos 2016, 45). Hier sind es gerade der gleiche Rhythmus, die gleichen Gesten und die Synchronizität der Gruppe, in denen Terzopoulos Trance- und Entgrenzungspotential für ein intensives Spiel sieht. Aber sind nicht auch in solchen synchronen Passagen „Binnendifferenzierungen" verborgen? *Theaterspielflow* im Chor müsste dann in „synchron-ähnlichen", aber immer leicht individualisierten Tätigkeiten stattfinden, auch wenn diese Individualisierungen minimal sind und als synchron wahrgenommen werden. Synchronizität oder *Theaterspielflow* – oder beides?

Das Problem des *Wir*

„Wir und: ich und du
Das ist nicht dasselbe.
Wir erringen den Sieg
Und du besiegst mich."
(Brecht 1967, 806)

Ein *Wir* ist immer schwierig zu formulieren: „*Wir*" zu sagen und sich zu einer Gruppe zu bekennen. Jedes *Wir* schließt ja nicht nur ein, sondern grenzt auch ab. Wie wird ein Kollektiv ein vielschichtiges Gegenüber? Das *Du* und das *Ich* finden nicht automatisch zu einem *Wir* zusammen. Lange bevor wir ein Gefühl für ein eigenes *Ich* haben, machen wir die *Du-Erfahrung* (vgl. Hüther 2017, 26f.). Und über dieses *Du* hinausgehend umgibt das Kind ein *Wir* aller Erwachsenen, die es begleiten. Das Kind hat also „ein sehr starkes Wir-Gefühl, lange bevor es ‚Ich' zu denken und zu sagen vermag" (Hüther 2017, 27). Viele Interessen stehen einander gegenüber, wenn es zu einem *Wir* kommen soll. Liegt im Widerspruch die Hoffnung, oder im Einklang? Wo liegt die Grenze zwischen Mehrstimmigkeit und Dissonanz in der Gruppe? Wir und wir, das ist nicht dasselbe. Ein Wir hat auch immer eine Bezüglichkeit. Wir sagen „Wir" in bestimmten Kontexten, auch wenn ich mich gleichzeitig von denselben Menschen in einem anderen Bezug abgrenze. Ich bin z.B. Umweltschützer*in, bin aber kein*e Aktivist*in. Die Abgrenzung ergibt sich aus dem Kontext.

> „Jede Setzung eines ‚Wir', soviel haben poststrukturalistische, dekonstruktivistische, queere, postkoloniale und andere differenztheoretische Theorietraditionen ein ums andere Mal in aller wünschenswerten Deutlichkeit demonstriert, ist stets problematisch. [...] Auf der anderen Seite: Es geht auch nicht ohne Formationsbegriffe." (Rosa 2019b, 35)

Der Weg von diesem *Wir-Gefühl* zu einem komplexen *Wir-Bewusstsein* ist allerdings lang – und er geht auch über die Abgrenzung. Der Chor berührt also als Theaterform und Prozess Themen unserer individuellen Entwicklung, ermächtigt uns aber gleichzeitig, diese Dinge bewusst und reflektiert zu gestalten: Wo entsteht z.B. ein gemeinsamer körperlicher Ausdruck auf der Probe und wird dann erst zur individuellen Geste entwickelt? Und umgekehrt: Wo verändert sich durch

Spiegelübungen mein eigener Ausdruck und schafft mehr und mehr einen gemeinsamen chorischen Gestus? Wo entsteht durch eine Haltung des Chores eine Abgrenzung gegenüber anderen? Will ich diese Abgrenzung theatral nutzen? Bildet diese Abgrenzung das gestische Profil des Chores? Thematisiere ich mit dem Chor, dass Abgrenzung nicht automatisch zu Ausgrenzung und Abwertung führen muss? Das alles sind Themen und Fragen der Praxis, die sich an die Diskussion um das *Ich* aus dem *Wir* anschließen können. Und so steht der autarke und nicht von außen gesteuerte Chor auch für eine kollektive gesellschaftliche Utopie, die weit über die konkrete chorische Theaterarbeit hinausweist in eine Richtung hin zu gesellschaftlicher Verantwortung: Der Chor ist ein theatrales Format für „ein gegenseitiges Einvernehmen zwischen Individuen, die denselben Dingen und auch einander höchste Aufmerksamkeit widmen" (Odell 2021, 123). Diese „Aufmerksamkeit" ist somit gleichzeitig eine soziale. Ein Chor ist immer politisch.

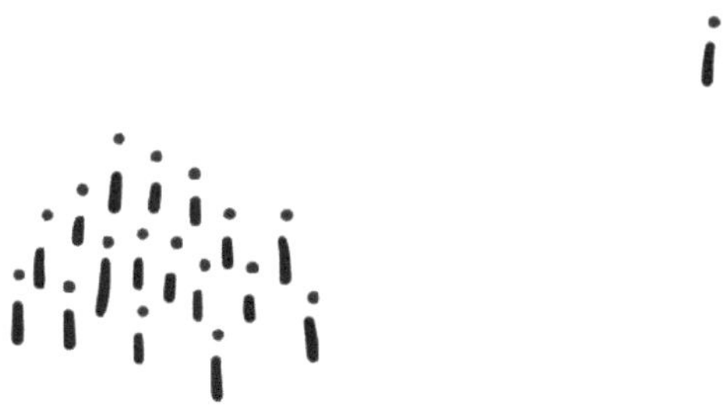

Abbildung 7: Antigone

Praxisfrage 1: Wer? (Zielgruppen)

Wie wird mit den unterschiedlichen Zielgruppen chorisch gearbeitet? Auf was ist zu achten? Welche Übung kann ich einer Gruppe in welcher Phase vorschlagen? In den meisten Fällen sind es nicht die einzelnen Übungen, die mehr für Kinder oder Erwachsene geeignet scheinen. Entscheidungen auf Proben und in Prozessen werden nicht für, sondern mit den Menschen getroffen. Gefragt ist die Anpassungsleistung der Spielleitung/Regie an die Situation. Zielgruppen begegnen uns immer öfter heterogen und hybrid: generationsübergreifende und inklusive Gruppen, Profis und Amateur*innen, unterschiedliche soziale, biographische und schulische Erfahrungen prägen die Expert*innen ihres eigenen Alltags. Jede konkrete Zielgruppe stellt uns vor eigene Herausforderungen und zeigt uns besondere Fähigkeiten, konfrontiert uns auch mit ganz unterschiedlichen Erwartungen an das Chorische. Ein paar frei erinnerte Beispiele aus meiner Praxis:

- „Alle machen, was ich mache? Geil!" (Auszubildender, 17)
- „Wie, wir alle in der Klasse machen das gleichzeitig, echt jetzt! Wie öd!" (Schüler*in, 13)
- „Das schaff ich nicht! Das ist ja wie Synchronturnen!" (Schauspieler*in, 23)
- „Und wie mach ich das dann am Montag bei meinen Schüler*innen?" (Lehrer*in, 42)
- „Geht das auch mit Kleinkindern?" (Kindergartenpädagog*in, 24).

Generell ist das Chorische nicht auf eine bestimmte Zielgruppe beschränkt. Kleinkinder können spielerisch *Tierübungen* und das *Follow the Leader-Prinzip* ausprobieren, aber ebenso mit kurzen Texten experimentieren. Und Erwachsene erfahren den Chor vielleicht als Spielwiese eigener Ich-Entwürfe, aber lieben es oft ebenso, wie ein Heringsschwarm durch den Raum zu flitzen. Entscheidend ist der Fokus auf den Stärken, Möglichkeiten und Herausforderungen, die das Chorische in diesem Moment und für diese Gruppe bereithält. Die folgenden Gedanken zu den einzelnen Zielgruppen möchten *Fragmente mit*

Anschluss sein, d.h. Impulse, an die mit den eigenen Erfahrungen und Arbeitsweisen angeknüpft werden kann.

Chorisches Arbeiten mit Kindern

„Wow, das sind wir!"

Mit Kindern chorisch zu arbeiten, bedeutet, das sensible Gleichgewicht zu halten zwischen animierendem Spiel und unterstützender Form. Chorische Formate können dem kreativen Chaos einen Rahmen geben, ohne Kontrolle auszuüben. Vor allem: Nicht pushen und nicht zu viel trainieren, sondern mit chorischen Übungen den Raum erkunden, den eigenen Körper mit anderen zusammen spiegelnd erleben, die eigene Stimme im Zusammenklang mit den anderen erfahren, Experimente mit Geräuschen machen, mit unterschiedlichen Tiergruppen chorische Phantasiereisen unternehmen. Jeder darf mal führen in *Follow the Leader*-Spielen. Hilfreich können hier verborgene Strukturen sein. Bei Aufführungen bietet der Chor in vielen Momenten Schutz vor der Überforderung, vor dem Anspruch, allein im Fokus zu stehen, und er ist gleichzeitig ein Energie-Booster für die nächste Szene. Es empfiehlt sich, auf der Probe die Gruppe immer wieder zu teilen, um sich gegenseitig zusehen zu können und die Wirkung des Chores zu spüren. Dann springt der Funke schnell über: „Wow! Das sind wir?"

→ Baustein VIII: Chor und Spiel (196)
→ Verborgene Strukturen (98)

Jugendliche im Chor

„Müssen wir schon wieder machen, was wir wollen?"

Jugendliche im Chor sind Menschen in tendenziell starken Übergängen zwischen alten Gewissheiten und neuen, fordernden, aber spannenden Unsicherheiten. Dinge werden aufgegeben, ohne dafür schon wirklich Ersatz gefunden zu haben. Die Gruppe stärkt, gibt den Kurs an und nervt zugleich. Kollektive verlocken und stoßen ab gleichzeitig: *Ich bin doch auch allein jemand. Aber wo sind die anderen, die mir genau das bestätigen?* Der Chor als theatrale Probengemeinschaft bietet unzählige Variablen von möglichen *Ichs* an. Er ist ein Spiegelkabinett von Körper-, Gender- und Verhaltensmustern: So wirke ich? Das sind meine *habits*? Wie viele Einzelne sind wir hier? Werden wir viele? Ich kann im Chor meine vertrauten Muster beiseitelegen und neue annehmen, für eine einzige Probe. Oder eben auch nicht: Ich kann mich vervielfacht beobachten, wie ich gespiegelt, verstärkt und bestätigt werde. Der Chor ist auch eine Plattform für die Verhandlung von Gruppendruck.

→ Übung: „Gruppendruck II (Antigone-Challenge II)“ (222)

Wieviel Kraft kostet es, mich allein gegen die anderen zu stellen, selbst auf einer Probe? Oder kostet es mich mehr Überwindung, einmal nicht im Mittelpunkt zu stehen und dafür in der Gruppe zu bleiben und zu unterstützen? Der Chor bietet die Möglichkeit, einerseits die eigene Anpassungsleistung auf die Probe zu stellen, als auch sich allein vorzuwagen und die Gruppe hinter sich zu lassen. Es ist eine ständige Pendelbewegung zwischen dem Sich-Verbergen-Können und Sich-Zeigen-Wollen. Die Kraft des Chores kommt aus der Kraft des Körpers, der aber bereit sein muss, in diese Kraft zu gehen. Brisante Fragen tauchen auf: Wie drücke ich mich aus vor und mit den anderen? Wie klingt meine Stimme? Mag ich ihren Klang? Ist es leichter, wenn alle sprechen?

In der chorischen Arbeit kann man die Challenge und die Lust am nächsten Level entdecken – ohne in die Optimierungsfalle zu laufen! Es ist spannend, Formen zu trainieren, Aufgaben zu steigern, die Gruppe selbst Choreografien und Bewegungsmuster entwickeln zu lassen. Wiederholung und Training vertiefen die theatralen Vorgänge, aber immer aus der eigenen Initiative heraus. Das kann motivieren, wenn die Gruppe dabei niemanden ausschließt und den Weg gemeinsam geht. Vielleicht ist es aber manchmal auch einfach eine Erholung, im Chor zu sein: sich nicht als Einzelne*r entwerfen und mit anderen vergleichen zu müssen, an einer Front, an die wir uns selbst gestellt haben. Vielleicht eine Auszeit im Schwarm vom Druck, sich beweisen zu müssen?

Individualist*innen-Chor I: Schauspielstudierende

„Wo bin denn *ich* in dem Ganzen?"

Es gibt, bei allen Unterschieden der Theater- und Schauspielpädagogik, in beiden Disziplinen zahlreiche Überschneidungen. Gerade im Übungsbereich lassen sich die Prozesse nicht scharf trennen, besonders bei der Arbeit mit dem Chor. Das chorische Arbeiten in der Schauspielpädagogik hat seine Schwerpunkte in der Grundlagenbildung, wo es um Wahrnehmung, Kennenlernen in der Gruppe, Nähe, Distanz, den Körper als Ausdrucksfläche und die Energie zwischen den Spieler*innen geht. Aber nicht nur das. Das Chorische in der Schauspielausbildung kann für das individuelle solistisches Spiel ein wertvoller Impuls sein. In der Ausbildung kann die chorische Erfahrung vom eigenen Optimierungsdruck und dem gegenseitigen Vergleichen ablenken und die kollektive Leistung in theatralen Prozessen stärker in den Vordergrund rücken. Das meint nicht nur das chorische Sprechen. Die eigene Ausdrucksfähigkeit wächst am Ensemble und der Chorgruppe. Man lernt an den anderen. Es entsteht eine kollektive Kreativität (vgl. Kurzenberger 2009d, 198).

Individualist*innen-Chor II: Schauspieler*innen

„Wie jetzt, Übungen? Wie in der Schauspielschule?"

Wie entsteht aus einer Gruppe von Individualist*innen ein Chor? Wie spreche ich Einladungen zum chorischen Theaterspiel aus an darstellende Künstler*innen, die meistens gelernt haben, als Solist*innen zu handeln und zu strahlen – und die auch als Solist*innen strahlen wollen? In der Ausbildung laden wir Menschen ein, über das Chorische ihren eigenen individuellen Ausdruck zu erweitern. Mit Schauspieler*innen *nach* ihrer Ausbildung scheint es umgekehrt zu sein: sie sollen jetzt als einzelne Künstlerpersönlichkeiten in den Chor zurücktreten. Professionelle Schauspieler*innen sind manchmal skeptisch, wenn ihnen der Chor als Theatermittel begegnet Denn oft bedeutet das die mühevolle Verteilung des Textes auf das gesamte Ensemble, Absprachen, wer wann wo führt oder anatmet. Das alles wird dann geübt, bis zu einer gewissen professionellen Perfektion. Ein chorischer

Flow entsteht dabei selten. Es wird wohl auf das ästhetische Mittel des Chores und auf seine Wirkung gesetzt, aber oft vergessen, dass die rein äußerlich erfüllten Parameter der chorischen Arbeit allein noch zu keiner Chorenergie führen.

Aber auch mit professionellen Schauspieler*innen kann chorisches Training Spaß machen und Lust auf mehr wecken. Chorisches Theater mit Profis heißt nicht automatisch Texteinteilen und Sprechen. Die Lust am Chorischen entsteht beim Proben: Im Chor spielen kann auch bedeuten mitzuentscheiden, selbst Impulse zu setzen und weiterzugeben, um dann im gemeinsamen Flow zu spielen. Es kann auch als eine Entlastung erfahren werden, die spielentscheidenden Impulse nicht immer als Solist*in sichtbar setzen zu müssen, sondern sich gegenseitig zu vertrauen. Im Abgeben der Kontrolle liegt neue spielerische Freiheit verborgen.

Individualist*innen-Chor III: Opernchor

„Teilen Sie sich bitte in der Mitte!"

Mit dem Opernchor begegnet dem*der Regisseur*in ein professionelles Theaterkollektiv, das auch als ein solches gedacht ist. Im Opernchor zu sein bedeutet als Gruppe zu spielen und zu singen. Als Solosänger*in ausgebildet, findet man sich in einem singenden Kollektiv wieder – und bildet einen Schwarm von Solist*innen. Trotzdem bleibt der Wunsch bestehen, als Einzelperson gesehen und wahrgenommen zu werden. Das ist im Theateralltag nicht immer leicht zu verbinden. Die tägliche Probenpraxis eines Opernchores bedeutet oft knapp kalkulierte Probenzeiten, wenig Raum für szenische Entwicklung mit dem Kollektiv, kontextabhängig oft eine zu lange Trennung von szenischen und musikalischen Proben. Die Erwartungen an die Regie sind klare Ansagen, Vorbereitung und transparente Kommunikation. Und die Erwartungen der Regie an die Mitarbeitenden heißen Präzision, schnelles Umsetzen von Vorschlägen und Änderungen, eine hohe Aufmerksamkeit, Motivation und Konzentration. In diesen Erwartungen schlummern Konflikte und sie brechen aus, wenn die Erwartungen nicht erfüllt werden.

Wie gehe ich auf einer Probe in Kontakt mit dem Kollektiv Opernchor? Ich möchte, dass die Spieler*innen im Chor offen für meine Ideen und Anweisungen sind. Hier ist Fingerspitzengefühl und Einfühlung in die jeweilige Situation und vor allem Kommunikation gefragt. Es sind zuerst innere Umformulierungen hilfreich: Es wird nicht mit dem Chor geprobt, sondern mit diesen und jenen Spieler*innen des OpernChores. Generell gilt es immer zu unterscheiden zwischen dem Arbeitskollektiv Chor und dem theatralen Chorkollektiv, das im jeweiligen Stück spielt. Das letztere muss immer wieder neu gefunden werden. Der Opernchor wird zwar an sich schon als Chor wahrgenommen, aber in jeder Inszenierung müsste ja auch erst einmal der Chor in diesem konkreten szenischen und inhaltlichen Setting gebildet werden. Wen oder was verkörpert der Chor im Stück? In Bezug auf wen oder was bildet sich das theatrale Chorkollektiv? Gibt es eine gemeinsame Geschichte, einen bestimmten Habitus, Konkurrenzverhältnisse, Interessensgruppierungen? Mit dem *Arbeitskollektiv Chor* muss eine Kommunikation aufgebaut werden. Denn eine Gruppe von Personen hört anders zu als Solist*innen. Das liegt nicht an einer geringeren Aufmerksamkeit, aber ein Pulk von fünfundzwanzig Leuten auf der Bühne ist schon allein wegen der hohen Anzahl an Körpern, die gleichzeitg in einem Raum sind, nicht so fokussiert wie drei einzelne Spielerinnen, die an der Rampe stehen und zuhören. Die Regie muss also den Fokus auf sich ziehen und gleichzeitig in Kontakt zu einem vielfältigen Gegenüber treten.

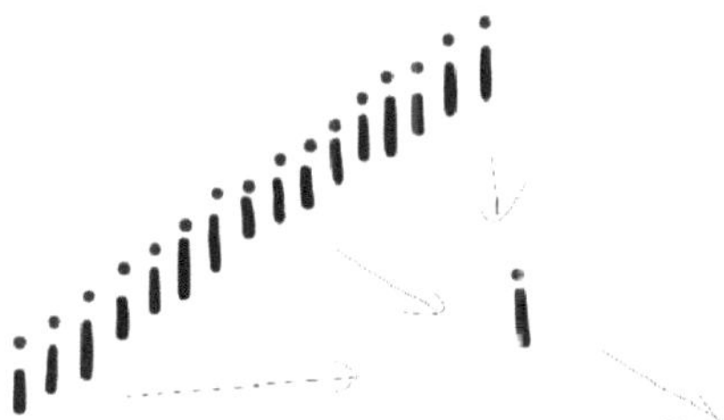

Abbildung 8: Front

Checkliste: Dos and Don'ts der Chorregie

Hier ein paar frei herausgegriffene Beispiele für eine gelungene Kommunikation mit einem Opernchorkollektiv.

- **Do:** Körpersprache und Blickkontakt hilft. An die Rampe oder auf die Bühne kommen, in und vor der Gruppe stehen und mit den Menschen arbeiten.

- **Don't:** Es empfiehlt sich, nicht ausschließlich vom Regiepult aus Anweisungen aus dem Dunkel zu geben.

- **Do:** Persönliche Ansprache mit Namen oder Stimmgruppen.

- **Don't:** Keine anonyme Gruppenansprache wie etwa: *„Alle bitte ein bisschen mehr Ausdruck!"*

- **Do:** Wertschätzende Wahrnehmung aller Einzelnen mit direktem Augenkontakt!

- **Don't:** Kein Scheibenwischerblick über die Gruppe hinweg, denn niemand fühlt sich angesprochen.

- **Do:** Klare Anweisungen an einzelne Personen, klare konstruktive Feedbacks.

- **Don't:** *„Jetzt kommen mal bitte fünf nach vorne!"* (Wer soll sich angesprochen fühlen?) – *„Teilen Sie sich bitte in der Mitte!"* (Wer? Jeder Einzelne?) – *„Das war sehr schön von allen gerade!"*

- **Do:** Die Angebote der Chor-Spieler*innen wahrnehmen und rückmelden, dass man sie wahrgenommen hat. Auch die Rückmeldungen aus der Chorgruppe ernst nehmen (Sicht zum Dirigenten, Hören des Orchesters, zeitgleiche Aufgaben lösen).

Unklare Ansagen führen bei einem Kollektiv zu unterschiedlichen Lösungen. Jedes Chormitglied rettet sich auf der Bühne anders. Manche ziehen sich aus Unsicherheit in den Bühnenhintergrund zurück. Andere wiederum treten die Flucht nach vorne an und sprengen mit ihren Individuallösungen den situativen Rahmen. Hier stimmt die Motivation, aber nicht das Ziel. Und dann gibt es jene, die ihr Spiel mehr oder weniger vollständig einstellen: Alle Motivation ist verschwunden, weil sich das Gefühl verfestigt hat, dass der eigene Impuls schon auf den Proben nicht wahrgenommen wird. Alles zusammen führt zu einem unklaren Bild und zu sich widersprechenden szenischen Lösungen. Da hilft dann ein „Kommen sie doch alle mehr nach vorne, hier ist doch so viel Platz!" auch nicht. Dazu fällt mir eine Chor-Anekdote ein: Der Regisseur gibt die Anweisung „Jetzt kommen bitte alle in einer Polonaise rein!" Der Chor im Off bewegt sich nicht. Der Regisseur fragt ratlos die Assistenz. „Warum bewegt sich denn keiner?" Er ruft jetzt aus dem Dunkel des Parketts: „Wer fängt denn jetzt an?" Eine Stimme aus Off trocken: „Der ist heute krank."

Es liegt nicht immer an der Motivation des Chores, sondern an der Kommunikation zwischen Regie und den einzelnen Chormitgliedern. Oft haben Regisseure Respekt vor der Arbeit mit dem Chor. Woher kommt das? Warum hat ein Regisseur oft große Lust und viel Phantasie mit Solist*innen zu arbeiten und oft keine Ideen, wie er Gruppen inszenieren soll? Die Situation ist herausfordernd: Man steht regieführend dem Chor als einzelne Person gegenüber, man ist hier nicht zuhause, der Chor schon. Viele Dinge spielen eine Rolle, von der die Gastregie keine Ahnung haben kann. Waren z.B. die Erfahrungen mit der letzten Regie geprägt von unklarer Kommunikation, dann kommt der Chor mit einer Portion Skepsis auf die nächste Konzeptionsprobe und erwartet sich klare Ansagen. Wurde der Chor in der Schlussphase der Proben noch schnell als singendes Bühnenbild und Teil der Dekoration eingefügt, wünscht sich die Mehrheit in der Gruppe wahrscheinlich mehr Beteiligung am Prozess. Würde sich also die Regie von vornherein auf eine persönliche Beziehung mit den einzelnen Mitgliedern des Chores einlassen, würde es schneller gehen. In einer Kritik einer Aufführung des Chorensembles *Choreos* ist das Ziel erreicht:

„Sie bilden einen eigenen bewegten Klangkörper. Sie atmen gemeinsam, ihre Sinne sind geschärft fürs Kollektiv und die Partner neben sich. Gemeinsamkeit, Homogenität im Gesang und Bewegung machen diese Darbietung aus. Hier funktionieren Gesang und Bewegung nur als Ganzes." (Urbanek 2019, 15)

Das Chorische lehren: Multiplikator*innen

„Und wie mache ich das dann am Montag mit meiner Gruppe?"

In der theaterpädagogischen Ausbildung hat das Chorische als theatrale Methode seinen festen Platz: es hält einerseits für die zukünftigen Theaterpädagog*innen wichtige Werkzeuge und Möglichkeitsräume des theatralen Lernens bereit[34], andererseits vielfältige Gestaltungs- und Inszenierungsmöglichkeiten für ganz unterschiedliche Zielgruppen.[35]

Das Chorische Prinzip und seine theoretischen Hintergründe, Techniken, Übungsverläufe, Anwendungsmöglichkeiten, Chancen und Herausforderungen zu lehren und zu vermitteln bedeutet auch, Impulsgeber*in von zukünftigen Chor(ver)führer*innen zu sein. Mit Multiplikator*innen das chorische Prinzip zu erarbeiten hat zum Ziel, sie zu ermächtigen, zukünftig selbst Wege zum Chor zu zeigen. Es bedeutet Ermächtigung zur Ermächtigung. Die Herausforderung beim theaterpädagogischen Unterricht generell ist ja, vorbereitete und geplante Lehr- und Lernprozesse als offene Möglichkeitsräume zu gestalten. Es gilt, die Waage zu halten zwischen Aktivierung, praxisnahem Fachwissen, eigenem Erleben und Reflexion. Die Gruppe soll einerseits in begrenzter und sehr verdichteter Zeit ein Chor werden, andererseits sollen die einzelnen Teilnehmer*innen nicht nur lernen, wie ein Chor entsteht, sondern auch, wie sie selbst den Rahmen dafür schaffen können.[36] Im besten Fall findet in den chorischen Modulen

---

[34] Siehe Seite 19ff.

[35] Ich konnte die Curricula theaterpädagogische Institute viele Jahre als Mitglied der Bildungskommission und später dann als Prüfer des Bundesverbands Theaterpädagogik e.V. begleiten.

[36] Ich verwende in der theaterpädagogischen Lehre gerne das Bild des Brühwürfels: Ich vermittle sehr verdichtet und in geraffter Zeit viele Inhalte, die mit einer konkreten

der theaterpädagogischen Ausbildung in Momenten chorisches Theater statt. Das Präsentieren und Weitergeben von Methoden und Tools füllt zwar den berühmten Werkzeugkasten, aber wenn keine theatralen Erlebnisse mit diesen Werkzeugen verknüpft sind, bleibt die Ausrüstung später oft ungenützt. Oft werde ich in Fortbildungen darauf angesprochen, dass das Chorische im Workshop zu erleben eines sei, ein anderes aber, sich selbst zuzutrauen, mit einem Chor zu arbeiten. Deshalb sollte der Transfer bereits in der Lehreinheit stattfinden: im Wechsel von eigener Erfahrung im Chor, der Erfahrung der Choranleitung und deren Reflexion.

In der Chorarbeit ist mehr als in anderen Lehrsettings der Zeitfaktor zu bedenken. Es wird immer die ganze Gruppe als Einheit in den einzelnen Prozessen betrachtet. Alle Schritte werden als Gruppe gegangen. Die einzelnen Teilnehmenden, die sich ja oft mit sehr heterogenen Hintergründen in einem solchen Lehr- und Lernsettings befinden, bringen auch unterschiedliche Vorerfahrungen, Vorlieben und Vorbehalte gegenüber dem Chorischen mit. In der Lehre ist es besonders wichtig, die Gruppe immer wieder zu teilen, damit der eine Teil der Gruppe den anderen in den chorischen Prozessen beobachten und reflektieren kann. Zu Beginn ist es vor allem wichtig, erst einmal eigene Spielerfahrungen im Chor zu machen, ohne einen Perspektivenwechsel zur Leitung. Erst nach der chorischen Selbsterfahrung kommt in einem zweiten Schritt die Wirkung des Chorischen zum Tragen. Jetzt wird die Gruppe geteilt und jede*r erlebt den Chor als theatrales Ereignis von außen. Nun kann die Rolle der chorischen Anleitung eingenommen werden.

In der Rolle der Anleitung oder bei der Entwicklung von chorischen Szenen soll die Erfahrung der Selbstwirksamkeit gemacht werden. Sonst entsteht zwar schnell der Eindruck von der Kraft und Wirkung des Chorischen, gleichzeitig aber überwiegt weiterhin oft der Respekt vor diesem Weg (*Das kann ich so noch nicht!*). Das Chorische lehren bedeutet, die Entgrenzung und Zerstreuung im Kollektiv, aber auch die kritische Reflexion dieser Prozesse zu ermöglichen. Real

---

Zielgruppe sicher mehr Zeit beanspruchen würden. Ich gebe einen Brühwürfel. Eine Suppe mit eigenem Rezept, neuen Zutaten, Abwandlungen und eigenen Varianten machen dann die Studierenden daraus.

ablaufende Prozesse, die man in der Ausbildungssituation selbst erlebt, sind später mit Begeisterung vermittelbar.

Zwischenspiel: „Wer bin ich im Chor" (München 2022)

Im Grundlagenunterricht Schauspiel an der Theaterakademie August Everding steht das Thema *Chorisches Arbeiten* an. Loslassen der Kontrolle fällt schwer. Wer bin ich als Einzelne*r in der Gruppe? Nicht vergleichen fällt schwer. Werde ich gesehen oder verschwinde ich? Ich mache eine Geste, sie wandert durch die Gruppe. Wem gehört diese Geste, wem die Idee? Sind wir unsere Ideen? Werde ich als Teil einer Gruppe stärker oder schwächer? *Wer bin ich im Chor?*

Wirkungsraum II: Politeia

„Welche Wirkungsabsichten verbergen sich hinter dem Einsatz chorischer Mittel?"
(Donath 2018, 11)

Chöre können in politischen Settings Plattformen der kollektiven Äußerung, der Zustimmung, Ablehnung und des Protestes sein. Sie stehen für eine „[…] Kollektividentität sozialer und politischer Bewegungen […]" (van Eikels 2013, 216) und werden wie oben beschrieben zu einem „Laboratorium der sozialen Phantasie" (Müller nach Primavesi 2014, 18). Der Begriff *Politeia* bezeichnet in diesem Zusammenhang nicht nur Dinge wie Staat, Verfassung oder Bürgerecht. Er meint im Grunde eine soziale Einheit: „[…] politeia bezeichne[t] ursprünglich nicht ein individuelles Recht, sondern die Gesamtheit der Bürger […] oder eine autonome Gemeinde" (Eder 1997, 821). Gesellschaftspolitisch sind diese Laboratorien kollektiven und vernetzten Handelns längst eröffnet: Politik ist nicht mehr länger die herausragende Leistung Einzelner, sondern bedeutet das Bilden von Schwärmen, dynamischen Kollektiven und Komplizenschaften: „Neuere Formen des politischen Handelns haben sich herausgebildet, die sich von festen Organisationsweisen traditioneller Politik unterscheiden. Sie sind eher dem Muster von flexiblen Schwärmen nachgebildet" (Koch, Vaßen 2008, 4f.).

Der Chor als Protestformat

Die Protestkultur und der mit ihr verbundene Einsatz chorisch-kollektiver Formate verändern sind im 21. Jahrhundert.[37]

> „Gegenwärtige Proteste organisieren sich immer weniger als dauerhafte Kollektivsubjekte mit einer gemeinsamen politischen Identität. Zwischen den Mitgliedern heutigen Protests fehlen intensive soziale Bindungen […]." (Donath 2018, 16)

Das Chorische ist nicht mehr Ausdruck einer geschlossenen Gemeinschaft. Es ist nicht das gemeinsame Statement oder die laut skandierte, chorisch wiederholte und verstärkte Forderung, sondern die Präsenz des Chor-Körpers und seiner Stimme und Sprache an sich ist das Statement. Und manchmal ist es nicht einmal mehr der Gebrauch der Sprache, sondern das kollektive Schweigen, wie zum Beispiel beim „Stillen Widerstand" am 18. Juli 2010 in Kairo und Alexandria (vgl. Donath 2018, 305f.). Neue Formen der Kollektivität gewinnen Raum, die keinen symbolischen oder identitätsstiftenden Charakter haben. Dazu tragen die mediale Vernetzung und Kommunikation der jeweiligen Kollektive nicht unwesentlich bei: „Protestierende entdecken so in den Vorzügen des Arrangierens, des Abstimmens und Einander-Zuhörens eine ungeheuerliche politische Kraft" (Donath 2018, 20). Und so scheint gerade das Chorische eine geeignete Plattform für die Thematisierung und Theatralisierung des Politischen zu sein, das die gesellschaftlichen Umstände mit der Verfasstheit des Einzelnen zusammendenkt:

> „In diesem Verständnis geht es nicht nur um die Kultivierung von Außenverhältnissen […], sondern es geht – auch und zugleich – um die Ausprägung von eigensinnigen, intensiven menschlichen Innenausstattungen, die äußerliches gesellschaftliches, politisches Handeln fundieren." (Koch, Vaßen 2008, 4)

[37] Zum Thema Chor, Politik und Protest siehe ausführlich *Protestchöre. Zu einer neuen Ästhetik des Widerstands. Stuttgart 21, Arabischer Frühling und Occupy in theaterwissenschaftlicher Perspektive* (Donath 2018).

Der Chor ist politisch, weil er ein Chor ist. Er zeigt uns Verhältnisse, die uns meinen. Er richtet sich nicht nur an uns mit dem, was er sagt. Er zeigt uns die Möglichkeiten kollektiven Handelns und Denkens auf. Er deutet utopisch auf nicht genutzte Handlungsweisen und weist dystopisch auf vergangene und zukünftige Wege in die Katastrophe. Der Chor ist ein Verstärker und eine Verdichtungsmaschine menschlichen Verhaltens. Und so verstärkt er auch die Spiegelung.

Politische Spiegelungen

Wir gleichen über die Spiegelneurone unser Verhalten mit anderen ab und sind untereinander vernetzt durch das gegenseitige Beobachten:

> „Nervenzellennetze, mit denen wir uns selbst als Person wahrnehmen, dienen – in ihrer Eigenschaft als Spiegelsysteme – zugleich dazu, in uns Vorstellungen von anderen Personen zu erzeugen. […] Im System der Spiegelneurone begegnen sich die Vorstellungen, die wir von uns selbst haben, und die Bilder, die wir uns von anderen machen." (Bauer 2005, 88)

Dieses soziale Spiegeln im Chor bedeutet, seine Mitspieler*innen – spiegelnd und gespiegelt – einfühlend zu erfahren. Es bedeutet aber auch die Gefahr einer Beeinflussung, denn das Spiegelsystem reagiert auf die Entsprechungen mit meinem Gegenüber: „Einen Menschen zu erleben geschieht dadurch – man könnte auch sagen: hat zur Folge-, dass etwas in ihm Entsprechendes in uns selbst aktiviert wird" (Bauer 2005, 88). Wir üben also spiegelnd an unseren sozialen Settings. Wir erfahren handelnd andere, wir lernen in Resonanz zu gehen mit Positionen, Handlungsweisen, Emotionen und Gedanken, die nicht die unseren sind. Unser Beobachten verändert uns ebenso wie unser eigenes Handeln.

> „Die Beobachtung eines handelnden anderen aktiviert im Gehirn des Beobachters – im selben Moment – nicht nur die gleichen, sondern teilweise dieselben Netzwerke, die in Aktion träten, wenn der Beobachter selbst die Handlung vollzöge, die soeben vom Beobachteten vollzogen wird." (Bauer 2005, 166)

Der Chor ist ein politischer Körper. Er kann eine Gruppe versammelter Einzelner sein, die verführte, verfolgte oder protestierende Masse.

Er kann auch zur Bedrohung werden. Und er kann zu dem werden, was wir schon immer sein wollten.

Zwischenspiel: „Wir sind da!" (München 2022)

München Hauptbahnhof. Irgendein Fußballspiel steht an, irgendwelche Fans. Irgendein Club. Ich stehe am Bahnsteig. Der ICE fährt ein, hält und schon von Weitem dröhnt der Gesang der Gruppe, die aussteigt. Es haben sich ungefähr hundert Polizeikräfte am Beginn des Bahnsteigs positioniert, um die Fangruppe abzufangen, abzuschirmen von den anderen. Wer sind diese anderen? Wir. Eine unbestimmte Öffentlichkeit an einem bestimmten Ort. In diese Öffentlichkeit dringt die Meute. Man kann die Gruppe noch nicht sehen. Der Gesang kommt näher, wie eine Welle schiebt sie den Klang vor sich her. Dieser Klang heißt nur eins: *Wir kommen!* Ich schaue mich um, auf den Bahnsteigen verteilt stehen viele Menschen, die diesen Aufmarsch verfolgen. Wenige machen Bilder, die meisten stehen da und beobachten aufmerksam das Geschehen. Ich sehe das Gesicht einer alten Frau, kreidebleich, sie sieht starr auf diese Gruppe auf dem gegenüber liegendem Bahnsteig. Dort ist er nun zu sehen: ein alkoholisierter Pulk, der abgeschirmt von den Sicherheitskräften, in unsere Richtung brüllt wie zu einem Publikum. Ich kann die Worte nicht verstehen, nur, was sie mit all dem sagen wollen: *Wir sind da – und wir sind stark!*

Praxisfrage 2: Was? (Rahmenbedingungen)

Wie bereite ich eine chorische Probeneinheit vor? Welche Rahmenbedingungen sind zu bedenken? Was ist planbar und wo können und sollen Variablen auftauchen?

Der Faktor Zeit

Wie viel Zeit habe ich – oder wie viel nehme ich mir? Handelt es sich um eine Schulstunde, einen Workshop, oder um ein längerfristiges

Projekt? Grundregel 1: Je weniger Zeit, desto weniger Text! Grundregel 2: Wenn ich wenig Zeit habe, Zeit nehmen! Grundregel 3: Der einzelnen Übung ihren Raum lassen! Der Faktor Zeit ist eng mit meinen Zielen verknüpft: für eine Schulstunde kann ich z.B. ein Gemeinschaftsgefühl herstellen mit Übungen aus dem Baukasten *Chor und Spiel*.

→ Chor und Spiel: Übungsteil (197)

Ich sollte aber einen Übergang gestalten zu einem gemeinsamen theatral-chorischen Moment (mit oder ohne Text), sonst heißt es schnell: *Wann spielen wir endlich Theater?* Bei längerfristigen Projekten ist wichtig, das Chorische von Beginn an als Element in die Arbeit einzubeziehen. Je mehr Erfahrung mit dem Chorischen eine Gruppe hat, desto mehr Zeit kann man dann einer einzelnen Übung geben und so in die Tiefe gehen. Die Wirkung des Chorischen als Erfahrung kann schnell erzielt werden, die Fülle der chorischen Arbeit stellt sich erst kontinuierlich ein.

Der Faktor Raum

Der Chor ist sich selbst ein Raum und definiert den theatralen Raum. Das bedeutet, dass chorisches Theater in vielen Fällen mit einem sehr reduzierten Bühnenbild auskommt, eben weil die Gruppe selbst, die Präsenz der Körper der Spieler*innen und ihre gestischen Zeichen den Raum formen.[38] Der Chor erforscht den Raum und verwandelt sich mit ihm: wie hoch sind die Wände, welche Materialität bieten sie? Wie ist die Lichtsituation? Hat der Raum Tiefe, oder agiert der Chor auf einem Podium? Die Spielleitung/Regie lädt den Chor dazu ein, auszuschwärmen und die räumlichen Möglichkeiten konkret ausprobieren – und beobachtet das Geschehen.

[38] Das ist selbst bei technisch so aufwendigen Inszenierungen wie z.B. jenen von Ulrich Rasche der Fall: die Bühnenmaschinerie bildet einerseits das optische Zentrum der Inszenierung. Diese Theatermaschine ist aber andererseits eine gigantische und auch monströse Präsentationsplattform für den puren Chor-Körper.

Die Größe des Chores

Für die Größe des Chores gibt es keine feststehende Zahl. Orientiert man sich an der Antike, so hatte der Chor in der Tragödie seit Sophokles fünfzehn, in den Komödien vierundzwanzig Mitglieder.[39] Chorisches Arbeiten ist theoretisch und modellhaft ab drei Personen möglich. Ein Gruppengefühl wird sich aber erst bei mindestens fünf Personen einstellen. Aber da gehen die Meinungen auseinander.

Kommentar: „Herr Lecoq, wie groß ist ein Chor?"

Als eine Anregung zur Größe des Chores hier die Antwort des Schauspielpädagogen und Regisseurs Jacques Lecoq (1921-1999):

„Der Chor besteht aus einer Gruppe von sieben oder fünfzehn Personen. Diese Zahlen sind präzise, denn jeder Zahl wohnt eine eigene Dynamik inne. Eine Person, das ist die Einsamkeit, Zwei, das ist einer und sein Doppelgänger. Drei ist eine Einheit. Vier ist ein statischer Block. Bei fünf wird es allmählich beweglich, aber jeder bleibt eine Einzelperson. Bei sechs sollte man sich nicht aufhalten, das lässt sich durch zwei teilen und ergibt zweimal drei. Sieben ist eine interessante Zahl, aus der sich ein Chorführer herauskristallisieren kann, umgeben von zwei Halbchören zu je drei Personen. Acht ist doppelt massiv. Bei neun beginnt die Menge: eine Truppe von neun Personen zerstreut sich in alle Richtungen. Von zehn bis zwölf bleibt es immer bei einem ungefähren Dutzend. Bei dreizehn entsteht langsam der Chor. Vierzehn ist ‚unverrückbar', es fehlt immer einer. Fünfzehn ist wie beim Rugby die ideale Zahl: ein Chorführer, zwei Halbchöre mit je sieben Personen, die zwei Unterchorführer bestimmen, und wunderbare Bewegungen werden möglich. Danach haben wir die unvermeidliche militärische Invasion." (Lecoq 2000, 182)

[39] Vgl. Baur 1999, 16.

Eine ungerade Zahl an Teilnehmenden ist für Übungen vor allem deshalb günstig, weil dann eine Chorführung mit gleichzeitigen Paarbildungen möglich ist. Die praktische Erfahrung zeigt, je größer der Chor wird, desto schwieriger gestaltet sich die Selbststeuerung. Die Gruppe wird dann leicht in kleinere Gruppen zerfallen, weil die Aufmerksamkeit für die ganze Gruppe nicht mehr möglich ist. Chorisches Arbeiten in Großgruppe ab zwanzig oder mehr Teilnehmenden bedarf mehrerer Chorführer*innen innerhalb der Gruppe, mit klar zugeordneten Untergruppen. Ab einer Größe von ungefähr dreißig Spieler*innen und mehr tritt dann eine Art Massenwirkung ein, wie man es im Theaterbereich aus den Inszenierungen von Einar Schleef kennt.[40] Bei solchen Gruppengrößen bestimmt ein stark choreografischer Ansatz die Arbeit, der durch die große Anzahl an Personen eine dementsprechende Wirkung erzielt. Eine Alternative dazu sind selbststeuernde Schwarmstrukturen.

→ Übung: „Abstimmungsformat III: Schwärmen“ (236)
→ Die Logik des Schwarms (51)

Kostüm

Das Kostüm des Chores ist ein wichtiges theatrales Mittel, das der Aufführung einen spezifischen ästhetischen Wert gibt und im wahrsten Sinn des Wortes Konturen schärft. Kostüme begrenzen den Körper in seiner Bewegung. Sie definieren, erweitern, verändern diese Bewegung und können so wiederum starke Impulse für das chorische Handeln liefern. Der Einfluss des Kostüms auf den Bewegungscharakter der Gruppe kann ein entscheidender Impuls der Arbeit werden: In Röcken schreitet die Gruppe anders als in Shorts. Schwerer Stoff oder enge Kleidung verändert den Gestus. Der Körperkontakt innerhalb der Gruppe beeinflusst Gang und Haltung. Die Bewegungsqualität verändert sich, je nachdem, ob man Stoff oder Haut spürt. Hohe Schuhe verändern Sprache nachhaltiger als manche Interpretation. Und was im individuellen Rollenspiel eine Hilfe für die Darsteller*innen ist, erscheint im chorischen Spiel wie unter dem Brennglas:

[40] Vgl. Kurzenberger 2009b, 89ff.

Ganz gleich, ob es sich um Masken, Schuhe, Kopfbedeckungen oder Mäntel handelt, die sinnliche Wirkung der Materialien auf die Spieler*innen im Chor vervielfacht sich. In der Wirkung verstärken optisch verbindende oder sich wiederholende Kostümelemente den körperlichen Ausdruck, ganz gleich, ob es eine optische Differenzierung gibt, oder Uniformen getragen werden.

Requisiten, Objekte und Material

Mit welchen Dingen hantiert der Chor? Ist es ein großes Objekt, das die Gruppe versucht zu bändigen, haben alle Chormitglieder das gleiche Objekt in Varianten zur Verfügung oder in identischer Form? Spielt der Chor performativ mit Material, dann hat die haptische Qualität dieses Materials einen Einfluss auf den chorischen Sprachgestus: Sand, Erde, Teig, Farben, Papier, Pappe - all diese Materialien bieten für den Chor die Gelegenheit, sich in einer gemeinsamen Tätigkeit im performativen Echtzeithandeln zu erleben. Der Chor verstärkt die Arbeit des Einzelnen mit dem Material: Das kollektive Handeln bedeutet auch eine Vergrößerung und Erweiterung der ästhetischen Mittel. Wie findet der Chor sein Material?

→ Phase 3: Suchen und Sammeln als Chor (281)

Checkliste: Kostüm, Requisite und Material

Am Beispiel des antiken *Elektra-Stoffs* hier ein paar Vorschläge, welche Fragen man sich bei der Wahl zu Kostüm und Material stellen könnte:

- Sind die Farben der Kleidungstücke aller Darstellenden gleich, ähnlich oder sehr unterschiedlich? Wie verändert das die Wirkung auf die Bewegungen der Spielenden im Chor?

- Ergibt sich dadurch, dass alle oder mehrere Spieler*innen eng zusammenstehen, eine besondere optische Bildwirkung?

- Sind Kleidungstücke (z.B. Handschuhe) individuell oder uniform gestaltet? Wie verändert das die Wirkung der Gesten?

- Wie ist die haptische Qualität der Kostüme (Leder, Leinen, Papier)?

- Wie ist die klangliche Qualität (Knarren, Rascheln)?

- Arbeitet der Chor mit vielen unterschiedlichen oder gleichen Beilen Elektras?

- Hat jedes Chormitglied ein Fragment des Beiles und alle Fragmente zusammen ergeben ein großes Beil?

- Sind die Handschuhe des Chores zu wenden und innen rot für den Moment nach dem Mord?

- Welches Grundkostüm verbindet den Chor: Schuhe, Kleid, Hose, Müllsäcke, Papierbahnen?

- Gestaltet der Chor alle Rollen kollektiv, so kann ein Requisit den Rollenwechsel anzeigen: Trägt der ganze Chor eine Sonnenbrille (*Aigisth*) oder eine Krone (*Klytämnestra*)?

Arbeitet der Chor performativ zu zentralen Themen des Elektra-Stoffs, können Materialien wie Erde, Kleidung, Schmuck, Waffen erforscht, bearbeitet und zerstört werden. Kostüme, Objekte und Materialien helfen, einen chorischen Gestus zu finden und das Bewegungsrepertoire und das Körpergefühl zu erweitern: Stöcke, Schuhe, Handschuhe, Papier, Gewichte, Masken – sie alle geben der Bewegung Widerstand. Und an einem Widerstand entlang bilden sich Haltungen.

Inhaltliche Fragen und Arbeitsziele

Bevor die eigentliche Arbeit beginnt, tauchen Fragen auf: Warum will ich mit dieser bestimmten Gruppe chorisch arbeiten? Arbeite ich an einem bestimmten gruppendynamischen Thema (Wahrnehmung der

Gruppe stärken), einem inhaltlichen Thema (Globalisierung, Mobbing, Identität), oder will ich primär einen Text chorisch gestalten (z.B. Balladen)? Je nachdem wird sich die Auswahl der Übungen verändern. Die Entscheidung, welche chorischen Spiele, Settings und Übungen ausgewählt werden, ist eng mit den Rahmenbedingungen und der jeweiligen Erfahrung der Gruppe sowie der Spielleitung/Regie verknüpft. Dabei ist wichtig zu reflektieren, welche Zielvorstellungen getroffen wurden, und vor allem, wer diese formuliert hat: Ich selbst, oder werden sie von außen an mich herangetragen? Das kann dann so klingen: *„Diese Oper hat ganz viele Chorstellen, bereiten Sie sich von Seiten der Regie gut auf den Opernchor vor, das wird eine Herausforderung!"* oder *„Bei diesem Schulprojekt sollen bitte unbedingt alle Kinder aller Jahrgänge mitmachen!"*

Checkliste: Chorische Arbeitsziele

- o Die chorische Arbeit wird bei einem Klassenprojekt eingesetzt, um Sensibilität und Gruppengeist zu fördern.
- o Der Chor wird als Körper- und Präsenztraining in der Probenarbeit genutzt.
- o Die Spielleitung möchte eine Besetzungsproblematik lösen: alle Klassenmitglieder wollen die Titelrolle in *Alice im Wunderland* spielen.
- o Der Chor soll performativ mit Müll als Material selbstständig Bewegungsmuster erarbeiten.
- o Die Gruppe arbeitet ausschließlich chorisch nonverbal, um die Körpersprache zu trainieren.
- o Der Chor arbeitet vorrangig mit Stimme, Lauten und Geräuschen, um den paraverbalen Ausdruck zu trainieren.
- o Die Gruppe gestaltet im Sprachunterricht einen Text in Eigenarbeit chorisch.

- Der Chor ist in einer ansonsten narrativen Inszenierung ein einmalig eingesetztes Mittel, um die Gedanken einer Figur in viele Stimmen aufzuspalten.

- Die geplante chorische Inszenierung des Jugendklubs soll komplett von der Gruppe gestaltet werden mit Partizipation auf allen Ebenen.

- Eine Choreografie mit hochaltrigen Spieler*innen im Rollstuhl soll in einer sozialen Einrichtung für einen Tag der offenen Türe erarbeitet werden.

- Das Chorische soll als Grundlagenunterricht im Schauspiel das Ensemblespiel bereichern und ein Zeigen von Unterrichtsergebnissen rahmen.

In solche Zielvorstellungen sind implizit bestimmte Arbeitsbedingungen für das Gelingen der Umsetzung schon eingeschrieben. Sind mir diese Bedingungen und meine Zielvorstellungen bewusst? Kann ich die Bedingungen beeinflussen? Es kann wichtig sein, innerhalb eines vorgegebenen Rahmens kreativ zu denken. Je nach Arbeitsfeld überlappen sich schon in der Vorbereitung künstlerische, pädagogische und organisatorische Fragen. Ich habe Ziele formuliert, Übungen zusammengestellt und treffe auf die Gruppe.

Wie fange ich an? Welche Wirkung erhoffe ich mir, aus welchem Grund – und wieviel Zeit habe ich dazu? Was geht unter welchen Umständen – und wie lange brauche ich mit der Gruppe dafür? Wo liegt mein Schwerpunkt? Will ich nur Erfahrung evozieren, oder auch mit ästhetischen Formen experimentieren? Hier ein paar grundsätzliche Tipps für die chorische Arbeit: (1) Nicht zu viele Übungen hintereinander machen, lieber manches länger laufen lassen, keine Angst vor Wiederholungen. (2) Etappen für die chorische Arbeit festlegen und Übungen aufeinander aufbauen. (3) Immer wieder die Gruppe teilen, so können die Teilnehmenden die Wirkung des Chores sehen, spüren und einander Feedback geben: „Wenn man andere beobachtet, wird einem oft vieles klar“ (Bogart, Landau 2017, 82).

→ Üben auf der Schwelle (105)

Partizipation im Chor

In der chorischen Arbeit wird das Individuum in seinem Verhältnis zu einem kollektiven Gegenüber befragt. Partizipation reizt die eventuellen hierarchischen Strukturen innerhalb eines Kollektivs aus und stellt die Machtfrage: „WER lässt WEN an WAS partizipieren und welche Auswirkungen hat dies?“ (Gunsilius und Kowalski 2021, 15). Denkt man das chorische Prinzip konsequent weiter, agiert der Chor im Idealfall nicht nur autark auf der Bühne, sondern er entscheidet auch – zumindest ab einem gewissen Punkt – autark über Prozesse in der Probenphase. Und schon sind wir mitten in den Fragen zu gelingender Partizipation. Hannah Kowalski setzt sich intensiv mit Partizipation in Entscheidungsprozessen mit Kindern und Jugendlichen auseinander. Sie beschreibt gruppendynamische Gestaltungs- und Mitbestimmungsprozesse und warnt vor Scheinpartizipation von Seiten der Gruppenleitung:

> „Mitbestimmungs- und Gestaltungsprozesse, deren Ergebnisse nicht wirklichkeitsverändernd wirken, werden als scheinpartizipativ und enttäuschend erlebt.“ (Gunsilius und Kowalski 2021, 15)

Für die chorische Arbeit habe ich eine bestimmte Partizipation im Blick: die theatrale Teilhabe in kollektiven Prozessen. Zwei Elemente sind in einer solchen partizipativen chorischen Arbeit wichtig: künstlerische Mit- und Selbstbestimmung (vgl. Gunsilius und Kowalski 2021, 54).[41] Partizipation ist in konkreten und klar umrissenen Aufgabengebieten sinnvoll. Als generelles Konzept kann es manchmal zu Überforderung führen.[42] Um den Chor zu einer Interessensgemeinschaft wachsen zu lassen, ist Partizipation in Form der Mit- und Selbstbestimmung notwendig. Das ist in der chorischen Probenarbeit eine Herausforderung für alle Beteiligten: Es bedeutet, oft in geteilter

---

[41] Ich verweise auf die neunstufige „Leiter der Partizipation“. Diese Leiter reicht von „Alibi-Teilnahme“ über „Teilhabe“, „Mitwirkung“, „Mitbestimmung“ bis zur „Selbstbestimmung“ und „Selbstverwaltung“ (vgl. Gunsilius und Kowalski 2021, 53f.).

[42] Vgl. hierzu die kritische Betrachtung der Thematik durch Johannes Kup: „So ließe sich etwa danach fragen, wie viel Verantwortung den Schüler*innen in einem Theaterprojekt eigentlich übertragen werden soll und für welche Reife beziehungsweise bis zu welchem Grad das sinnvoll ist“ (Kup 2019, 25).

Gruppe zu proben, um die Prozesse gegenseitig beobachten und reflektieren zu können. Eine gemeinsame Sprache für die Beschreibung der eingesetzten ästhetischen Mittel sollte entwickelt werden, damit über die Wirkung des Chorischen, die erzielten Meilensteine und Erfolge, aber auch über Zweifel und persönliche Erfahrungen mit dem Chor gesprochen werden kann. In der chorischen Praxis wird es oft nicht sofort zu solchen, hoch partizipativen und autarken, sich selbst steuernden Gruppen kommen können. Der Weg hin zu einer solchen chorischen Selbständigkeit vollzieht sich in Etappen. Oft gestaltet sich der Prozess in zwei Schritten: vom geführten und angeleiteten Chor über den Wechsel der Chorführung innerhalb des Chores hin zu einem autarken Schwarm.

Der Chor als Herausforderung

Es gibt in der chorischen Theaterarbeit Momente, die bei einzelnen Teilnehmenden Zweifel auslösen können: Plötzlich entsteht die Befürchtung, sich in der Gruppe vollständig aufzulösen, sich zu verlieren und so der Dynamik des Chores ausgeliefert zu sein. Widerstände entstehen, die Kontrolle an die Gruppe abzugeben. Dann wird die Kraft des Chores nicht als Verstärkung und Ermächtigung, sondern als Überforderung erlebt. Fragen, die ich aus meiner Praxis kenne, tauchen immer wieder auf:

- „Was macht es mit mir, wenn ich auf der Bühne gemeinsam mit anderen im Chor Dinge tue, die ich als Privatperson nicht tun würde?“

- „Wenn sich meine Wahrnehmung warnend meldet, ist es doch gut, darauf zu hören. Aber ist das auch ein Grund, nicht in die Darstellung dieses Vorgangs zu gehen?“

- „Ich spüre als Spieler*in im Chor widersprüchliche Emotionen wie Macht, Stärke, Kraft, Energie - aber auch Verlorenheit und Widerstand, mich dem auszusetzen.“

Hier muss jede dieser Wahrnehmungen und Rückmeldungen ernst genommen werden und Anlass zu Gesprächen sein, transparent, vor und mit der ganzen Gruppe. Auch aus diesem Grund sind in der ersten Phase der chorischen Arbeit Körper-, Stimm-, und Atemübungen so wichtig. Gerade Übungen zu Abstand, Nähe und Distanz helfen den einzelnen Chormitgliedern, sich auf die oft widersprüchlichen Wahrnehmungen einzulassen, und z.B. durch eine chorische Spiegelübung die eigenen Emotionen in ganzkörperliche Gesten umzusetzen und mit der Gruppe zu teilen. Der Chor ist die Plattform, um soziale und damit politische Fragestellungen körperlich zu machen. Der Chor kann, ausgehend von der Krise Einzelner, die Phänomene und Krisen des Kollektivs darstellen. Die Transformation in ästhetische Kategorien baut darauf auf.

Wirkungsraum III: Aisthesis

„Der Chor ist eine vielstimmige Figur, ein Ort der Mehreren und des Mehrfachen."
(Haß 2020, 17)

Der Chor als vielstimmige Figur

Was ist der ästhetische Wert der chorischen Arbeit? Welche künstlerischen Verfahrensweisen und Haltungen sind mit ihr verbunden? Der Chor kann die Problemfelder von Kollektiven theatral beschreiben. Er ästhetisiert soziale Wahrnehmung. Wenn ich wahrnehme, gestalte ich: Wahrnehmen ist Handeln. Ästhetische Konzepte und künstlerische Strategien sind mit der Veränderung, Verfremdung, Erweiterung und Gestaltung von Wahrnehmung eng verknüpft. Der Chor versammelt Komplizen im gleichen ästhetischen Raum. Die Ästhetik des Chores stellt sich als Geflecht von Erfahrung, Körper, Geste, Gesellschaft, Sprache und Raum dar. Der Chor verändert durch seine Vielstimmigkeit Texte, Bewegungen und Tätigkeiten. Er legt Schichten frei durch die Gleichzeitigkeit von Sprache und Bewegung. Er ist ein Spiegelkabinett für jede Form der Zuschreibung. Eine solche Ästhetik ist immer auch politisch. Chorisch zu arbeiten bedeutet, das Ästhetische im Politischen suchen und das Politische im Ästhetischen zeigen. Der Chor bringt Politik als Körper auf die Bühne. Spieler*innen in einem Chor handeln ästhetisch und politisch auf mehreren Ebenen.

Vordergründig innerhalb der konkreten Handlung, z.B. wenn Antigone vom Chor zur Rede gestellt wird. Aber diesen Konflikt, den auf der ästhetischen und textlichen Ebene die Chorgemeinschaft mit Antigone führt, diesen Konflikt verhandelt jede*r Spieler*in im Chor auch mit sich selbst auf einer spielerischen, persönlichen, sozialen und damit auch politischen Ebene.

→ Kommentar: „Der Fall Antigone“ (57)

Der Chor als zerfallende Figur

Der Chor ist immer gefährdet. Er agiert immer in einer Spannung, ist immer kurz vor dem Zerfallen. Er muss sich zusammenhalten. Wenn die Aufmerksamkeit abnimmt, zerbricht das Gefüge. Hier gilt das, was Canetti über die Masse schreibt, auch für den Chor:

> „Denn so plötzlich, wie sie entstanden ist, zerfällt die Masse. In dieser spontanen Form ist sie ein empfindliches Gebilde. Ihre Offenheit, die ihr das Wachstum ermöglicht, ist zugleich ihre Gefahr. Eine Ahnung vom Zerfall, der droht, ist immer in ihr lebendig.“ (Canetti 2014, 14)

Diese Gefahr vor dem Zerfallen der Gruppe kann ein starker ästhetischer Impuls werden. Etwas zusammenzuhalten ist ein ebenso kreativer Prozess wie das Auseinanderfallen. Er zeigt uns erst den Wert einer Vielheit. Und er trägt die Möglichkeit des wieder Zusammensetzens in sich. Besonders deutlich wird das auf der körperlichen und sprachlichen Ebene. Wie groß können die Abstände zwischen den Teilnehmenden in Choreografien oder Bewegungsmustern sein, ohne dass die Gruppe auseinanderbricht? Was passiert mit der Sprache, wenn sie dem Chor abhandenkommt und er sie dann sucht und wiederfindet?

→ Übung: „Sprach-De-/Konstruktion im Chor“ (192)

Zwischen dieser immer gefährdeten und in sich geschlossenen Wir-Gemeinschaft des Chores und ihrem Zerfall steht als alternative künstlerische Strategie die Versammlung und deren Zerstreuung.

Der Chor als sich versammelnde und zerstreuende Figur

Versammeln und *Zerstreuen* haben schon allein sprachlich einen ganz anderen Gestus als *Zusammenhalten* und *Zerfallen*. Beide Begriffe vermeiden sichtlich das Tragische, die Spannung, die Zerreißprobe. Sie sind geprägt von einem spielerischen Zugang und einer Leichtigkeit. Das schließt auch an den ursprünglichen Charakter chorischer Formate in der antiken *Polis* an. „Das abendländische Theater trägt mit der Überblendung von *agora* und *theatron* das halb mythische, halb geschichtliche Erbe der Versammlung" (van Eikels 2013, 13). Künstlerisch-politische Konzepte und Praxen können so im Kollektiv nicht mehr nur eine Plattform für die eigene *message* entdecken: „[Eine solche] künstlerische Praxis [will] nicht mehr dadurch politisch sein [...], dass sie politische Statements abgibt, illustriert oder verkörpert, sondern sich selbst als eine Vision politischen Handelns begreift [...]" (van Eikels 2013, 13). Das Kollektiv und in weiterer Folge der Chor ist dann nicht mehr eine Gruppe, die etwas Gemeinsames repräsentiert. Nicht Nähe, sondern Abstand zeichnet es aus.

> „Es gibt kollektive Formen und Formationen des Handelns [...] ohne Repräsentation des Ganzen als Gruppe [...]. Und es gibt Formen kollektiver Praxis, die den Abstand zwischen einzelnen Handelnden nicht nur achten, sondern deren Dynamik sich gerade der Trennung zwischen ihnen verdankt [...]" (van Eikels 2013, 12)

In Formaten wie *Happening* oder *Flashmob,* formieren sich Einzelne spontan zu *Vielheiten* (und Chören) und gehen wieder auseinander.[43] Ein Beispiel aus der eigenen Praxis ist das hybride kollektive Format „Der Chor als Hör-Innenraum".[44] In diesem Fall bildet sich ein Kollektiv aus Einzelnen, die über eine auditive Verbindung vernetzt sind, aber Einzelne bleiben. Die Teilnehmenden befinden sich nicht am selben Ort und müssen einander nicht kennen. Sie folgen Handlungsanweisungen, die für die ganze Gruppe gelten, machen getrennt individuelle Erfahrungen und teilen diese Erfahrungen dann (im Kollektiv).

---

[43] Zu weiteren Formaten verstreuter Kollektive siehe van Eikels 2013, 199ff.

[44] → Downloadbereich (305), Werkstatt IV „Der digitale Chor". Dort: „Der Chor als Hör-Innenraum" (23).

Das ist aus chorisch-kollektiver Perspektive „eine Praxeologie *der Trennung, der Teilung und der Zerstreuung* […]" (van Eikels 2013, 13). Die Mitwirkenden teilen ihre Erfahrungen mit anderen und bilden ein Erfahrungskollektiv – und bleiben dabei dennoch vereinzelt.

Und so ist Chor eben auch denkbar: Unterschiedliche Körper und Sprachen versammeln sich in gemeinsamer, oft asynchroner Gleichzeitigkeit und verbringen eine von ihnen selbst bestimmte Zeit miteinander und bilden eine Komplizenschaft aus Einzelnen. Dann zerfällt dieser Chor der Spontaneität wieder. Aber die Einzelnen empfinden das keineswegs etwa als Verlust eines Gemeinsinns, sondern als Rückkehr zu sich selbst.

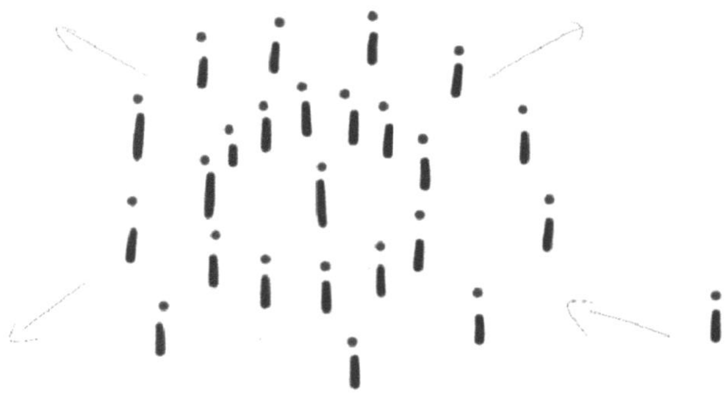

Abbildung 9: Dynamischer Kreis

Kommentar: Wie schwärmt der Chor im Netz?

Digitale Communities, Netz-Peergroups und anonyme Chatgruppen versammeln und zerstreuen sich, bilden Chöre aus gespielten, behaupteten und angenommenen Identitäten. Im digitalen Raum formieren sich *Vielheiten* und Ansammlungen multipler Ich-Entwürfe. Jede*r User*in ist auf der Datenautobahn für sich ein Chor der aufgespaltenen Stimmen. Und das chorische Prinzip? Ist es da nicht verloren ohne den Bezug zu Körper und Präsenz? Nicht unbedingt. Man kann den Fokus auf den Verlust der Körperlichkeit in der digitalen Theaterarbeit legen und das Chorische als eine Möglichkeit für ein Wiedererleben eines kollektiven analogen theatralen Körpererlebnisses betrachten. Das ist sicherlich ein Potential für die chorische Arbeit. Statt digitale und analoge Perspektiven gegeneinander auszuspielen, möchte ich lieber mit einer „chorischen Brille" auf den Bildschirm schauen. Und hier entstehen zunächst auch für mich mehr Fragen als Antworten. Vor dem Bildschirm nimmt man sein Gegenüber als Bild wahr, oder im Fall von interaktiven Spielformaten, bewegen sich als virtuelle Stellvertreter*innen und Selbstentwürfe die Avatare. Aber auch im Netz ist man mit immer dem eigenen Körper unterwegs: Beim Chatten bekommt man Herzklopfen, bei Ego-Shooter-Spielen steigt der Puls. Das Auge rast über die einzelnen Levels. Die Hände schwitzen auf der Tastatur. Und die schon erwähnten Spiegelneurone feuern auch bei Bildern und Challenges auf dem Flatscreen. Sind im Digitalen chorische Erfahrungen möglich? Es geht nicht um die Übersetzung digitaler Wahrnehmungen in einen analogen Chor oder das Darstellen von digitaler Vielstimmigkeit, die entfernt an eine vorgestellte virtuelle Wahrnehmung erinnern soll. Das sind hinkende Modelle. Es geht darum, mit dem Chor *Vielheiten* und *Ichs* theatral auszuprobieren und zu überprüfen – mit digitalen, analogen und hybriden Mitteln. Der Bildschirm-Chor ermöglicht Gleichzeitigkeit auf allen Ebenen mit dem Körper, der Stimme, der Sprache, der Wahrnehmung. Die Frage lautet nicht, wie man das Netz mit dem Chor darstellen und thematisieren kann, sondern, was der Chor vom Netz lernen kann. Er könnte ein Medium dafür sein, die Parallelität und Gleichzeitigkeit, die Überlappung und Überschneidung von eingenommenen, gespielten und vorgegebenen Identitäten und Verhaltensmustern zu theatralisieren. Der Chor ermöglicht uns, zwischen einzelnen Positionen, Perspektiven, Haltungen und Selbstentwürfen zu springen. Will die *Vielheit* einer einzelnen Person dargestellt werden oder die Begegnung vieler Einzelner, die eine *Vielhei*t bilden? Ästhetisches Forschen als digitaler Chor ist ein Spiel mit Identitäten, mit Anonymität, Textflächen, Kacheln und Parallelhandlungen. Es stellt sich die Frage nach dem Verhältnis des Einzelnen zur Gruppe neu, denn die Gruppe gibt es nur auf dem Bildschirm. Es existiert kein körperlich-haptischer Chor, sondern ein Bild des Chores, geworfen auf die gemeinsam geschaffene digitale Projektionsfläche. Dieses Erforschen von analogen und digitalen Körpererfahrungen diesseits und jenseits des Bildschirms ist das Abenteuer. Dass das Chorische auch in die digitalen und hybriden Welten hineinwandern kann, ist ein Zeichen seiner Wandelbarkeit und seiner Funktion als ein *Werkzeug des Übergangs*. Das Chorische verweist auf gesellschaftliche Brüche, auf Krisenzeiten, in denen das Individuum selbst als geschlossene Entität zur Debatte steht. Was bedeutet das für die Praxis? Wie sähe eine digitale Chorwerkstatt aus? Welche Übungen in welcher Abwandlung können funktionieren, wo ergeben sich völlig neue Settings? Der Chor im Netz: das ist der Beginn eines offenen Weges.[45]

→ Downloadbereich Werkstätten II-V(305)

[45] Zur Thematik des digitalen Chores siehe auch: Sommer, Harald Volker (2021): *Digitales Schwärmen im Chor. Möglichkeiten chorischen Arbeitens online.* In: Korrespondenzen. Zeitschrift für Theaterpädagogik, Heft 78, 23-25.

Manifest einer chorischen Ästhetik

Der Chor ist ein Raum und ein Archiv. Er ist rhizomatisch, liquid.

Der Chor bildet ein Netz, in dem sich das Individuum verfängt.

Der Chor ist ein diverses Sprungbrett für jede*n Einzelne*n.

Der Chor handelt divers: er trampelt, schleicht, erstarrt und beschleunigt, verfolgt und behütet, sammelt sich und zerfällt.

Der Chor thematisiert, problematisiert, intensiviert und radikalisiert jede Art von *Wir*.

Der Chor stellt Vielheiten dar: Einzelne, Vereinzelte, Meute, Rotte, Masse, Menge, Schwarm, Wesen, Heer und Haufen (Zellen, Steine, Müll, Kompost), Objekte, Sterne, Bücher, Gedanken.

Der Chor hat eine mächtige Stimme. Der Chor schweigt laut.

Der Chor spricht mit vielen Stimmen: er flüstert, warnt, schreit, weint und schluchzt, er lacht, poltert, hetzt, beruhigt und kommentiert, hört zu, lästert und schweigt. Manchmal gleichzeitig.

Der Chor gibt Mehrheiten und Minderheiten eine Stimme.

Der Chor hat Macht und formuliert Ohnmacht.

Der Chor formiert sich zum Einverständnis und zum Widerstand.

Der Chor spricht nach innen und von innen: Chor der Gedanken, Chor des Gewissens, Chor der Zuschreibungen, Chor der Glaubens-Sätze.

Der Chor kommt von außen: Chor der Ratten, Chor der Hände, Chor der Schwerter, Chor der Roboter.

Der Chor ist eine *Ideenmaschine.*

Praxisfrage 3: Wie? (Gestaltung)

Wie lade ich zum Chorischen ein? Wie wecke ich die Neugierde auf diese Theatermethode? Und nicht zuletzt: Wie stärke ich mein eigenes Zutrauen in mich als chorische Spielleitung?

Die chorische Spielleitung

Die Präsenz und die schrittweise Absenz der Spielleitung in der chorischen Arbeit sind entscheidend für den Prozess hin zu mehr Eigenverantwortung der Gruppe. Wie stark, wie weit und wie lange die Spielleitung die Verantwortung im Probenprozess übernimmt und wann sie die Verantwortung Schritt für Schritt an den Chor abgibt, hängt nicht zuletzt vom Vertrauen in die Gruppe und vor allem von der Haltung der Spielleitung zu partizipatorischer Arbeit und theatralen Ermächtigungsprozessen ab. In der chorischen Arbeit kann die Spielleitung zuerst Teil der chorischen Erfahrung sein, um in einem zweiten Schritt den Chor autark gestalten zu lassen. Fundament einer solchen Spielleiter*innenhaltung für das Chorische ist die maximale Teilhabe aller Spielenden. Der Chor wird nicht von der Spielleitung trainiert, sondern entsteht gemeinsam in einer Forschungsreise. Die Spielleitung ist selbst Teil des Prozesses. Sie bringt niemandem den Chor bei, sondern die Chormitglieder sind aktive „Mit-Gestaltende“ des Prozesses (vgl. Anklam, Meyer, Reyer 2019, 19).[46]

Der angeleitete Chor

In einem solchen Setting gibt die Chorleitung Strukturen vor, macht Spielvorschläge, inszeniert Takt, Rhythmus, körperliches und gestisches Spiel und versteht sich als Impulsgeber*in. Das kann eine hohe Energie bekommen, und ist, besonders in theaterpädagogischen Settings, für die Phase des ersten Einstiegs ins Chorische manchmal von

[46] Die systemische Haltung der Spielleitung korrespondiert mit der hier beschriebenen chorischen Haltung. Zur vertiefenden Lektüre: *Didaktik und Methodik in der Theaterpädagogik. Szenisch-systemisch: Eine Frage der Haltung!?* (Anklam et al. 2018).

Vorteil. Relativ schnell ist auf diese Weise das Chorische von der Gruppe zu spüren. Wird ein Chor von außen geführt, gibt es viele Stufen der Anleitung. Es können einzelne Impulse gegeben werden: Wechsel der Musik, Vorgabe eines Rhythmus, kurze Handlungsanweisungen aus dem Spielfluss heraus. Es kann für die Spielleitung ein Einsteigen in die Übung bedeuten, um selbst mitten im Schwarm zu agieren. Die Spielleitung/Regie agiert und inszeniert innerhalb und außerhalb der Gruppe und wechselt so zwischen Innen- und Außenpersektive. Hier ist viel Animation gefragt. Und es kann die künstlerische Entscheidung getroffen werden, den Chor sichtbar zu führen in einer Art Dirigat. Die Regisseurin Marta Górnicka sucht auf ihre ganz individuelle Weise diesen „kollektiven Körper, der aus Individuen besteht" (Klett 2020, 23).[47]

→*„Recreating a Women´s Voice"* – Ein Gespräch mit Marta Górnicka (108)

Chorführer*innen

Die nächste Phase kann die schrittweise Abgabe der Impulsverantwortung an die Spieler*innen sein. Für einzelne Spielphasen werden Chorführer*innen bestimmt. Diese interne Position sollte unbedingt wechseln. In jeder Szene oder Ablaufphase übernimmt ein*e andere*r Spieler*in die Chorführung. Es wird für die Gruppe spannend sein, mit der Zeit selbst herauszufinden, wann und wie diese Impuls-Staffel übergeben wird. Hier beginnt eine erste chorische Absprache untereinander. Je nach Erfahrung der Gruppe oder der Spielleitung kann auch mit dieser Phase begonnen werden. Hier ist es wichtig, immer wieder eine Hälfte der Gruppe zuschauen zu lassen.

Der autarke Chor

Im autark agierenden Chor erreicht die chorische Partizipation ihr Ziel. Die sich selbst Impulse gebende Chorgruppe agiert als theatraler Schwarm. Der Chor ist in einem permanenten und hochsensiblen Wahrnehmungsaustausch. Diese Art des selbst gesteuerten Spiels

---

[47] Als Chorführerin ist sie Teil des Chores und der Aufführung. Siehe zur Arbeitsweise der Regisseurin Marta Gornicka auch: *Hier wütet der Chor* (Klett 2020).

braucht viel Übung und Geduld. Sie ist sicherlich nicht für alle Settings geeignet und nicht mit allen Zielgruppen möglich. Aber wenn es auch nur einen kurzen Moment lang gelingt, ist das Erfolgserlebnis spürbar. Wollte man eine Haltung der Spielleitung beschreiben, die einen völlig autarken Chor zum Ziel hat, müsste man von einer *Verantwortung und Bereitschaft zum Verschwinden* sprechen. In einem solchen Prozess ist es das Ziel, mit wachsendem Vertrauen sich als Chorleitung überflüssig zu machen.[48]

Verborgene Strukturen

Eine Hilfestellung für den sich selbst steuernden Chor können verborgene Strukturen sein. Verborgene Strukturen arbeiten im Hintergrund.

→ Zyklokinetik© (134)
→ Übung: „Acht Beats, drei Moves (Verborgene Struktur)“ (165)

Es werden dazu mit der Gruppe bestimmte Regeln und Handlungsanweisungen festgelegt, die nach einem klaren und wiederholbaren Prinzip funktionieren und im Spielablauf keinerlei Absprachen benötigen. Für das Publikum, die Beobachter*innen nicht wahrnehmbar, herrscht eine handlungsleitende Struktur, die der Gruppe eine Orientierung gibt. Verborgene Strukturen können eine eigene Dynamik entwickeln. Sie sind sehr einfach in ihrem Aufbau, damit sie nicht zu viel Wahrnehmungsenergie beanspruchen – und eben dadurch unbemerkt bleiben. Die Teilnehmenden können sich, unterstützt von dieser Struktur, ganz auf ihr Spiel konzentrieren. Das Publikum spürt nur die Auswirkung dieses Handlungsrahmens, und sieht nicht den Rahmen selbst. Bei den Spieler*innen bewirkt das Einhalten einer

[48] An dieser Stelle ist ein Verweis auf den Ansatz der Theaterpädagogin und Autorin Maike Plath angebracht. *Das Veto-Prinzip* (vgl. Plath 2023) formuliert ein Konzept der Ermächtigung der Teilnehmenden auf Augenhöhe mit der jeweils anleitenden Person. Das Ziel ist die Übernahme von Verantwortung im Arbeits- und Probenprozess. Das unterstützt, ergänzt und fördert die chorisch-partizipative Arbeitsweise. Vor allem die Möglichkeit einer konstruktiven Verweigerung (Veto) geht mit einem hohen Maß an Verantwortung des jeweiligen Teilnehmenden für den Gruppenprozess einher.

solchen Struktur eine Doppelkonzentration, die eine stärker fokussierte Spielweise zur Folge hat.

Ein Beispiel aus dem Musiktheater: Der Chor wird auf der Probe in szenische Untergruppen geteilt: z.B. Stimmgruppen, oder alle, die im Januar, Februar, März, … geboren sind. Diese Untergruppen sind feste Einheiten, die zusammen agieren, und die sich auf bestimmte Zeichen aus dem großen Chor lösen können, für vorher festgelegte Vorgänge. Diese Zeichen können Momente (Akkorde) oder Zeitbereiche (Takte) darstellen. Eine solche im Verborgenen wirkende Struktur bietet die größtmögliche Partizipation bei einem vorher klar gesetzten Rahmen – mit Entscheidungsbereichen, Möglichkeits- und Handlungsspielräumen für die Spieler*innen im Chor. Je nachdem, wie groß diese Entscheidungskorridore sind, desto mehr Verantwortung liegt bei den einzelnen Chormitgliedern. Der Vorteil für die Regie: Die Handlungen wirken nicht abgezirkelt und durchchoreografiert, sondern im besten Fall spontan. Dieser Ansatz kostet mehr Zeit, lohnt sich aber.

Im autark agierenden Chor fließen die Erfahrungen von Wahrnehmungsübungen, Übungen für Raumbewusstheit, Spiegelverfahren, Partner-Resonanzübungen und Schwarmspiele zusammen. Die Spielenden erfahren eine an andere gekoppelte *Selbstwahrnehmung,* die den Fokus von der *Selbstbeobachtung* ablenkt.

Was bedeutet chorisches Inszenieren?

Das Chorische ist eine postdramatische Theaterform, er kann einen stark epischen Charakter haben.[49] Die Spieler*innen können performativ, ohne identifikatorisches Rollenmuster (ohne *Als ob*), agieren. Der Chor kann sich aber auch an einer Fabel orientieren: erzählend und kommentierend. Er kann eine Interessensgemeinschaft aus einzelnen Individuen bilden.[50] Chorische Regie findet in vielen Settings statt: in theaterpädagogischen Spielklubs, bei Rechercheprojekten an der Hochschule, auf Musical-Sommerwochen, in der Arbeit mit einem professionellen Opernchor oder einem Schauspielensemble eines

[49] Vgl. Lehmann 2001, 233ff.
[50] Vgl. Sommer 2011, 63f.

Staatstheaters. Ich trenne bewusst nicht nach Methoden für einzelne Arbeitsfelder oder Zielgruppen, sondern ich frage nach den Rahmenbedingungen. Alle beschriebenen Übungen sind für alle Arbeitsfelder geeignet, je nach Einschätzung der regieführenden Person. Was für die eine Gruppe eine Anfängerübung darstellt, kann für die andere eine Herausforderung bedeuten. Was hier eine theatrale Ästhetik unterstützt, wirkt dort gekünstelt. Es bleibt also der Verantwortung, Fantasie und Erfahrung der Regisseur*innen und Spielleiter*innen vorbehalten, Spiele, Übungen und vorgeschlagene Settings an die eigenen Rahmenbedingungen anzupassen.

Die Herausforderung für die Regie besteht darin, einen individuell differenzierten Chorkörper entstehen zu lassen. In der Praxis sind die Übergänge zwischen professionellen und nicht professionellen Chormitgliedern fließend. Der Extrachor aus nicht professionellen Sänger*innen ergänzt bei großen Produktionen den Opernchor des Theaters, die Bürgerbühne stellt den Chor aus Amateurtheaterspieler*innen in einer griechischen Tragödie, die am Stadttheater aufgeführt wird. Hier ist es ein Schauspielensemble, das einen hochkomplexen Text von Elfriede Jelinek chorisch gestaltet, dort performen Jugendliche Gedichte in chorischen Formaten. Immer öfter finden sich Regisseur*innen in der Situation wieder, neben den gewohnten Kollektiven am Theater auch mit Expert*innen des Alltags zu arbeiten. Es sind nicht die einzelnen Übungen, die sich im jeweiligen Arbeitsfeld unterscheiden: Ein Raumlauf bleibt ein Raumlauf, ganz gleich, ob ihn eine Jugendgruppe oder ein professioneller Opernchor macht. Das Setting und der Rahmen machen den Unterschied aus. Es gibt Entscheidungen, die im Vorfeld der praktischen Arbeit getroffen werden: Wie möchte ich als Regisseur*in das Chorische nutzen? Ist es ein zentrales ästhetisches Mittel meiner Inszenierung, sind Teile meiner Inszenierung chorisch für einen Teil des Ensembles, ist der Chor ein Kommentator des Geschehens? Gibt es eine chorische Publikumsbeteiligung oder ist der Chor ein Training für das Ensemble in einer Probenphase? Liegt eine rein chorische Inszenierung mit einer eigenen Textfassung vor? In der chorischen Arbeit tragen jede Übung, jedes Spiel und jedes Format den Keim für ästhetische Gestaltung in sich. Insofern ist der Übergang von prozessualem chorischem Arbeiten hin zu wiederholbaren ästhetischen Formen, vor allem in der schauspielerischen Arbeit, oft fließend. Aus einem Text-Spiel kann eine chorische Textstruktur erwachsen. Mit lange durchgeführten und in Schleife geloopten Übungen kann das Chorische in seiner performativen Qualität entdeckt werden. Aus Elementen von chorischer Recherche, *tryouts* und gegenseitigem Präsentieren kann ein spannungsgeladenes chorisches Stationen-Theater entstehen. So können später festgelegte Strukturen aus der kollektiven Gruppendynamik entstehen.

Der Chor als szenische Lupe

Das Chorische als Regiemittel ist grundsätzlich eine Verdeutlichung, oft eine Vergrößerung. Viele Menschen auf der Bühne agieren in einem Setting, einer Situation, manchmal in einer Haltung. Der Chor kann wie eine Lupe funktionieren, wenn eine Gruppe von Menschen plötzlich aus dem schnellen Gehen in *slow motion* wechselt und im Vordergrund eine einzelne Figur agiert. Sie wird gerahmt durch diesen Bewegungswechsel der Gruppe. Die Vergrößerung kann auch durch Spiegelung einer Geste durch den ganzen Chor erzeugt werden. Wichtig dabei ist, dass Vorgänge, die vom Chor vergrößert werden, szenisch oder performativ stimmig motiviert sind. Wenn Dinge für die Chorgruppe unklar sind, vergrößert sich die Unstimmigkeit. Der Chor kann hier die Funktion einer Lupe bekommen, ob etwas szenisch funktioniert oder nicht.

Chorische Konzepte

Hier eine Reihe von Beispielen, wie man den Chor in der szenischen Gestaltung, der Regie- oder Unterrichtsvorbereitung mitdenken kann. Manche Beispiele sind mit einem konkreten Stück oder einer Auftragssituation verbunden.

Beispiel I: Der Chor als Rahmen (Romeo und Julia)

„Two households both alike in dignity / (In fair Verona, where we lay our scene) / From ancient grudge break to new mutiny, / Where civil blood makes civil hands unclean." (Shakespeare 2021, 10).

Das Stück *Romeo und Julia* von William Shakespeare beginnt mit einem Chor, bei Shakespeare eine absolute Ausnahme. Als ich vor vielen Jahren an der *bremer shakespeare company* die Rolle des *Mercutio* gespielt habe, saßen wir zu Beginn an der Bühnenkante, jeder in seinem Rollenkostüm. Wir als Ensemble hoben zu Beginn der Handlung zu dieser großen Erzählung an - als Chor der Spieler*innen. Ich habe diese Idee (Regie: Rainer Iwersen) später weitergedacht und über andere Wege phantasiert: Während des Stücks findet der Chor an wichtigen Handlungsknoten immer wieder zusammen, erwägt, zieht Schlüsse, blickt voraus. Zu den von Shakespeare geschriebenen zwei Chören könnten weitere dazu kommen - mit vom Ensemble geschriebenen Kommentartexten. Am Ende des Stücks blickt der Chor zurück und nach vorn zugleich und verhandelt Handlungsalterativen: Wie hätte das Ganze ausgehen können, wenn…

„But passion lends them power, time means, to meet, / Tempering extremities with extreme sweet." (Shakespeare 2021, 66)

Beispiel II: Das Chorische als Szenenübergang (Clowns!)

Ich entscheide mich mit Kindern (6 bis 10 Jahre) Clowns-Szenen zu entwickeln und möchte, dass zwischen den einzelnen Paarszenen ein lebendiges chorisches Spiel entsteht. Das soll den Kindern immer wieder Energie geben, sie sollen einander spüren und sich als Gruppe unterstützen für den jeweils nächsten Paarauftritt. Die Spielregel lautet: Die letzte Geste, der letzte Laut, das letzte Wort der Szene wird von der ganzen Gruppe, die überraschend und voller Energie aus allen Ecken hervorkommt, gespiegelt, gesteigert und in Bewegung umgesetzt. Zwei kleine Clowns stehen auf der Bühne. Lisa (Clownin Puff) zieht einen großen Luftballon als Hund hinter sich her. Tom (Clown Bob) spielt an seinem Kostüm herum, auf dem lauter kleine Federn angebracht sind. Plötzlich bekommt Clown Bob einen Niesreiz. Er hält es, solange er kann, zurück. Dann passiert es: Hatschi! Einmal, zweimal, dreimal. Das ist das ausgemachte Zeichen: Alle Kinder laufen auf die Bühne und niesen lautstark und voller Freude, während sie auf der Bühne hin- und herlaufen. Dann verläuft sich die Gruppe, Clown Bob und Clownin Puff sind zusammen mit der Gruppe verschwunden. Zwei neue kleine Clowns beginnen ihre Szene.

Beispiel III: Der Chor als körperliche Texterfahrung (Faust)

Ich bin in eine Schule eingeladen, um mit Jugendlichen (13 bis 15 Jahre) den Literaturunterricht theatral zu gestalten. Es geht um *Faust* von Johann Wolfgang Goethe, genauer um die Monologe der zentralen Personen der Handlung: Gretchen, Faust, Mephisto. Jede*r Schüler*in soll eine Textpassage sprechen können. Ich nehme die Themen *Atem, Stimme und Sprach*e wichtig und versuche so, Lust auf diese Sprache zu machen. Ich möchte, dass alle die ausgesuchten Texte kennen und können. Wir beginnen damit, die Monologe auf den Chor zu verteilen und stellen uns dafür in einen Kreis: Schnell ist der Monolog als ganzer Text zu hören, wenn alle in der Reihenfolge ihren Satz sprechen. Wir brauchen für diese Sprache Platz. Wir wechseln den Raum, um eine mehr extrovertierte Spielweise zu fördern und gehen ins Freie. Drei Kreise werden im Schulhof gebildet, für jede Rolle einer. Jede Gruppe hat einen Monologtext als Gruppe zu gestalten. Die Schüler*innen werfen sich wie im Impulskreis die Verse zu. Körper und Sprache verschmelzen spielerisch. Es wird gelacht. Bei Faust. Dann ist alles gut.

Beispiel IV: Der Chor als Zentrum der Inszenierung (Die Bakchen)

Die Operncamps der Wiener Philharmoniker in Zusammenarbeit mit den Salzburger Festspielen sind für das Chorische als zentrale Gestaltungsform wie geschaffen: Mehr als vierzig Kinder oder Jugendliche, die sich in einer Werkstattwoche mit einer Oper beschäftigen, spielen im Orchester, singen im Chor, arbeiten am Bühnenbild und entwickeln Schauspielszenen einer eigenen Fassung des jeweiligen Opernstoffes. Besonders in einem Jahr drängt sich der Chor als Darstellungsform auf: *The Basserids* (*Die Bassariden*) von Hans Werner Henze, eine Bearbeitung und Vertonung der *Bakchen* des Euripides, stehen auf dem Programm. Die Gefolgschaft des Dionysos, der Chor der Bacchantinnen (Bakchen), ist der Protagonist dieser Oper. Die Bühne ist leer. Formationen sind gestaltgebend: Kreis, Quadrat, Linie. Pulks bilden sich, Rhythmen entstehen durch den Wechsel der Schrittmuster. Einzelne Spieler*innen lösen sich aus der Gruppe und durchmessen mit ihren Schritten langsam den Raum. Paare finden und trennen sich. Der Chor reizt die Formen aus, bildet Räume. Er ist ständig in Bewegung, sucht und verändert sich, zerfällt und verstreut sich wieder.

Besonders die emotionalen Elemente dieser Musik werden tänzerisch umgesetzt. Der Chor läuft, wütet, stampft, singt und jubelt.[51]

→ Zwischenspiel „Der Chor tritt auf" (108)

Beispiel V: Der performative Chor (Müll!)

Ein Festival zum Thema Nachhaltigkeit wird mit einer Performance eröffnet: Der Chor stürmt die Bühne und erobert den Raum. Laute Musik. Handlungsanweisungen in Richtung Publikum: *Werft alles weg, dann habt ihr Platz! Repariert nichts, es gibt genug neue Dinge zu kaufen! Sondermüll ist schön!* Auf der Bühne liegen große Haufen von Materialien: Flaschen, Erde, Sand, Steine, Elektrogeräte, Kleidung, Bücher. Die einzelnen Materialien werden vom Bühnenkollektiv immer wieder umsortiert, neue Haufen bilden sich. Mit einzelnen Objekten werden Geräusche gemacht, Rhythmen und Klänge entwickeln sich. Die Spieler*innen dieses Chores der Empörung bewegen das Material durch den Raum, verändern, zerstören es, bewerfen sich gegenseitig damit. Wege und Bewegungsmuster entstehen: Choreografien aus sich überlappenden gleichzeitige Tätigkeiten. Der Müll wird bei all den Anstrengungen nicht weniger. Als dann alle Spieler*innen erschöpft auf den Müllhaufen liegen und zur Ruhe kommen, wird es ganz still. Nur mehr das Atmen der Spieler*innen ist zu hören. Eine Stimme aus dem Lautsprecher liest aus Thomas Köcks Stück PARADIES FLUTEN (VERIRRTE SYMPHONIE):

> „ja pscht aus alles ist schon längst aus sehen sie kurz nach oben los sehen sie nach oben in den himmel zur sonne und halten sie ehrfürchtig inne die sonne hat gerade ihre wechseljahre erreicht sie hat jetzt gerade die hälfte ihres wasserstoffvorrats verbraucht […] in eins komma eins milliarden jahren wird die sonne um zehn prozent heißer strahlen sämtliche kontinente werden dann wüste geworden sein […]" (Köck 2022, 15).

[51] Ich möchte besonders der Choreografin und Regisseurin Teresa Rotemberg für die Zusammenarbeit bei den Salzburger Festspielen danken. Sie hat mit ihrer Arbeit den Jugendlichen einen körperlichen und für sie spielbaren Zugang zu den herausfordernden Themen wie Ekstase, Entgrenzung, Leidenschaft, Opfer und Gewalt ermöglicht.

Beispiel VI: Von der Übung zur Chorszene (aus dem Probentagebuch)

Erster Probentag: Das Ensemble trippelt mit hoher Spannung im Raum verteilt, jede*r am Platz. Jede*r nimmt jede*n wahr. Alle sind kurz vor dem Loslaufen. Jede*r in der Gruppe kann jederzeit *„Go!“* und *„Stopp!“* rufen (*Go* – mit hoher Energie läuft die Gruppe los. *Stopp* – alles trippelt wieder am Platz). Jede*r Teilnehmende ist einmal Impulsgeber und dann wieder Impulsempfänger. Diese Übung verlangt hohe Aufmerksamkeit, Energie und Wachheit. Jetzt wird in wenigen Schritten diese Übung in eine chorische Szene verwandelt. In einem ersten Schritt ändern wir den Text: *Stopp* wird zu *„Hier!“* und *Go* wird zu *„Wo?“* Jetzt läuft eine aufgescheuchte Gruppe herum und es gibt plötzlich ein Außen, wo etwas passiert, von dem man offensichtlich gestresst ist: Die Gruppe ist in einer gemeinsamen Situation. Einzelne fragen die Gruppe: *„Wo?“* und andere geben Antwort: *„Hier!“*. Im Wechsel von am Platz Verweilen und Laufen wird der Stress körperlich ausgedrückt: Man läuft am Platz, bewegt sich, aber bewegt sich nicht vorwärts. Diese Grundsituation kann jetzt in unterschiedliche Richtungen erweitert werden. Neue Wörter und Sätze kommen hinzu und werden für einen Durchgang festgelegt: *„Ich habe Angst!“* für *Go* und *„Ich kann nicht mehr!“* für *Stopp*. Den einzelnen Chorspieler*innen werden jetzt individuell Wörter oder Kurzsätze zugeteilt, oder sie erfinden sie selbst. Jedem selbst gewählten Satz wird ein *Stopp/Go* vorangestellt (z.B. *Stopp* = *„Da ist etwas!“* oder *Go* = *„Lauft weg!“*) Das chorische Spiel individualisiert sich immer mehr. Die körperliche Anstrengung ist jetzt auch über den Atem hörbar. Nach mehreren Durchgängen bleibt die Gruppe im gemeinsamen Fokus stehen. Jede*r starrt in unterschiedliche Richtungen: *„Kommt da noch etwas?“*

Üben auf der Schwelle

> „Die kleinen menschlichen Kräfte können Unmögliches bewirken, wenn sie mit dem längeren Weg der Übung multipliziert werden.“ (Sloterdijk 2009, 312)

Das Chorische will geübt werden. Wiederholungen, die Genauigkeit in der Ausführung und der Erwerb von spezifisch chorischen *skills* eröffnen für die Gruppe und die Spielleitung neue Motivationsfelder. Üben bedeutet für mich in chorischen Proben nicht automatisch Disziplin, Dressur und Führung im hierarchischen Sinn. Handlung, Geste und Ausdruck erfahren in der Wiederholung Tiefe. Keine Optimierung, sondern das Herausschälen von Möglichkeiten, die sonst vielleicht unentdeckt bleiben, wird angestrebt. Üben und Wiederholen rücken blinde Flecken in den Fokus. Im Chor zu üben, bedeutet Selbstwirksamkeit zusammen mit anderen zu erfahren. Es gilt, beim Üben und Wiederholen mit dem Chor auf eine Balance zu achten: Was *wollen* wir üben und was *sollten* wir üben? Welche Übung macht Lust auf mehr und welche Wiederholung ermüdet?

Einerseits ermöglicht Üben den Erwerb von Fertigkeiten, andererseits kann man Dinge auch durch Übung kaputt machen. Dann ist nach etlichen Wiederholungen die Luft raus. Üben und Wiederholen in chorischen Probenprozessen müssen ein anderes Ziel haben: „Wieder-erleben, wieder-lebendig machen, vergegenwärtigen […]" (Kurzenberger 2010, 153). Es gibt die Wiederholung als Training in den Proben und auf der anderen Seite die Wiederholung vorher festgelegter Abläufe im Aufführungsprozess. Beim Proben bedeutet Wiederholung eine Vertiefung von Fertigkeiten und das Einschreiben in den Körper – mit der Verantwortung der Darstellenden, den zu wiederholenden Vorgang in *tryouts* immer wieder dynamisch zu verändern. Übend werden Vorgänge wiederholt, in den Körper eingeschrieben und gleichzeitig der Fokus auf das Veränderungspotential gelenkt: kann das so bleiben? In chorischen Arbeitsphasen wechseln Experimentieren, Suchen, Erfinden, Üben, Wiederholen, gegenseitiges Zeigen und Reflektieren.

Im Fall einer Aufführung bedeutet Wiederholung im wahrsten Sinn *wieder-holen*: die in den Körper eingeschriebenen Vorgänge werden abgerufen. Jetzt verselbstständigt sich das Geübte und arbeitet für die Spieler*innen im Chor. Trotzdem bleibt das Geübte dynamisch und veränderbar. Aber ein Probenprozess besteht nicht nur aus Wiederholungen. Proben heißt Ausprobieren, Bewegungen und Gesten entdecken, überprüfen, notfalls verwerfen. Und es gibt das Moment der Überraschung. Ein Chor soll nicht trainiert wirken. Die durch das Üben erworbenen Fertigkeiten dürfen nicht als Fertigkeiten erscheinen. Sie sollen im besten Fall Ressourcen frei machen für den spielerischen Ausdruck. Kreatives Vergessen ist das Ziel: „Die Verabredung am Ende des Probenprozesses verinnerlicht zu haben, heißt sie zu kennen und sie zugleich zu vergessen" (Kurzenberger 2010, 154). Das bedeutet im Chor auch ein Abgeben von Kontrolle. Wenn der ganze

Chor in dieses kreative Vergessen eintritt, stellt sich Leichtigkeit ein. Aber Übungsprozesse finden nicht kontinuierlich statt: „Üben ist unstetig (der Fortschritt erfolgt ruckweise, plötzlich)" (Benjamin nach Vaßen 2010, 131). Gerade in chorischen Arbeitsprozessen, in denen viele Spieler*innen mit sehr unterschiedlichem Übungsverhalten beteiligt sind, sollten offensichtliche Optimierungsprozesse vermieden werden. Sie erhöhen innerhalb der Gruppe den Druck und fördern das Vergleichen. Auch für das Üben gilt: *Leave no one behind!*

→ „*Leave no one behind!*" – Ein Gespräch mit Michael Wrentschur (260)

Die Übung bleibt ein zur Verfügung gestellter Erfahrungsraum. Und dieser Raum wird gebildet „auf der Grundlage von fragmentarischer, brüchiger, [...] diskontinuierliche Haltung und Wahrnehmung der Spielenden" (Vaßen 2010, 133). Unterbrechung und Wiederholung sind die zentralen Parameter des Übens im Chor. Unterbrechung bedeutet in unserem Zusammenhang z.B. das kollektive Anhalten einer Geste. Haltungen und Worte werden analysiert, beobachtet, gemerkt, wiederholt, zitiert – um sie in der Folge reflektiert darzustellen. „Das Üben hat [...] eine pädagogische Orientierung [...] und in der Unterbrechung eine poetische Intensivierung" (Vaßen 2010, 135). Die Wiederholung schreibt den zu übenden Vorgang in den Körper ein und formt diesen durch den Probevorgang. Üben verändert uns: „Keine Tätigkeit entgeht dem Prinzip der rückwirkenden Prägung des Operateurs – und was zurückwirkt, wirkt auch voraus" (Sloterdijk 2009, 501). Körperlichkeit auf der einen Seite, Wahrnehmung auf der anderen: Eine trainierte Aufmerksamkeit ist die Basis chorischen Spiels. Sie stellt sich nicht einfach ein. Die situative und szenische Wahrnehmung zu fördern bedeutet, sie immer wieder auf die Gegenstände der Aufmerksamkeit zurückzuführen. Im Fall des Chores sind das die Spielpartner*innen, deren Bewegungen und Aktionen, die eigene Aufgabe, der umgebende Raum, das Licht, alles Hörbare. Es kann dabei der Fokus weit eingestellt sein (Was höre ich alles, wenn ich die Augen schließe?) oder verengt werden (Wie klingt das mir nächste Geräusch?). Üben in chorischen Settings ist keine Einbahnstraße: hier Üben, da Wiederholen und dort Können. Üben im Chor bleibt ein diskontinuierlicher und dynamischer Prozess.

Zwischenspiel: „Der Chor tritt auf" (Salzburg 2018)

Operncamp, Salzburger Festspiele: Vierzig Jugendliche erarbeiten in einer Woche *The Basserids* (*Die Bassariden*)[52] von Hans Werner Henze. Die Vorlage für Henzes Oper, die *Bakchen* von Euripides, ist *das* Chortheaterstück schlecht hin. Der Chor in seine Kraft, Macht und Gefahr spielt die Hauptrolle. Gegensätze bestimmen die Arbeit: Entgrenzung und Kontrolle, Begierde und Liebe, Emotion und Ratio. Mit den Mitteln des Tanzes gelingt es, die Körper maximal zu aktivieren. Wie wird der Chor agieren, zu den feststehenden Parametern der Musik? Wie die Musik gestisch für den Chor nutzbar machen? Bei der Aufführung ist der Raum dunkel bis auf das Orchester, das erhöht hinter der Spielfläche auf einem Podium seinen Platz hat. Der Chor soll auf der Bühne entstehen. Alle Spieler*innen liegen auf dem Boden, Klangflächen beginnen dunkel und vibrierend. Material aus dem Stück, vom Orchester improvisiert. Der Chor erhebt sich langsam, in hoher Aufmerksamkeit und chorischer Wahrnehmung. Alle nehmen einander wahr, erheben sich, bilden einen Pulk. Ein*e Spieler*in tritt aus der Reihe und zieht mit einer Kreide auf dem schwarzen Boden langsam einen Kreis. Das will sagen: *Hier ist der Chor, hier sind wir, und wir nehmen uns unseren Raum!*

„*Recreating a Women´s Voice*" – Ein Gespräch mit Marta Górnicka

Marta Górnicka ist Theaterregisseurin, Autorin, Sängerin. Studium der Schauspielregie an der Nationalen Akademie für dramatische Kunst Aleksander Zelwerowicz in Warschau und studierte an der Frederic Chopin School of Music in Warschau. 2019 gründete sie das POLITICAL VOICE INSTITUTE im Maxim-Gorki-Theater in Berlin, ein Workshop-Zentrum für kollektive Theaterarbeit. Dieses Gespräch ist aus einem schriftlichen Austausch mit Marta Górnicka im Januar und Februar 2023 entstanden. Die Schreibweise der Autorin wurde beibehalten. Im Downloadbereich wird eine Übersetzung zur Verfügung gestellt.

[52] Zur Arbeit im Operncamp siehe auch: *Die chorische Inszenierung* (103).

HVS: Marta Górnicka, what brought you to choral work?

MG: My work arose from the necessity to create a radically new form of choral theater. I wanted to reclaim the CHORUS for the theater and recover women for the CHORUS by "recovering/recreating a woman's voice" as the most repressed form on the Western stage; to refresh this old theatrical idea and find a new shape for it. When I was starting to work with the CHORUS, it was clear to me that I was creating a medium of political art, and the choral form I was pursuing had direct political implications in all its dimensions. I knew that the CHORUS needed to be reinvented completely. I was motivated by dissent against what it had become in modern theater: its monolithic and mass character, its musical repetitiveness. A kind of *choral alphabet* emerged in laboratory conditions. The *Theater Institute in Warsaw* provided me with the possibility to explore in workshop mode without the necessity of production – an approach which was indispensable for my work. During this period, a new way of working with the actor developed alongside a new type of text for the CHORUS: a libretto which constituted a montage of various discourses, from philosophical, literary, and religious ones to the most vernacular; from high registers, through the media garbage dump of advertising and political slogans, to the spam of internet trolls and the horrifyingly expanding stores of hate speech. There was intense friction between these texts, which laid bare the ideological gears of power coded in language. It was then that I was also able to develop an original method of working with the voice because vocality – what happens between language, musicality, and the materiality of a particular body with its individual biography – has been the chief means of choral expression. At that time, the collective subject of the chorus emerged – its most important and only protagonist. From its very conception, it was supposed to be a paradoxical subject – strongly connected but in no way unified.

HVS: How do you view the relationship between the individual and the group in the chorus?

MG: Since I began this work, the politicity of the CHORUS I was creating relied on the simultaneous establishment of collectivity and singularity. The CHORUS I was able to bring together, at that time, relied entirely on the politicity of form. This is still true today, although the form is transforming through the impact of the dramatic changes occurring in the world. When I was creating the CHORUS in Poland, I had no doubt it needed to be the CHORUS OF WOMEN because women had never been granted their full rights under the Polish democracy. I was aware of how badly we needed a collective feminine voice that would expose the mechanisms of discipline and control over our bodies while giving women a liberating power. The basis of choral work was precisely the freed, living voice in a living body.

HVS: Has your concept of chorus changed over time?

MG: It has. Over time, the idea of the chorus was becoming an increasingly intense political practice. I began gathering the CHORUS in social tinder-boxes. *The Chorus of Roma People* assembled in the largest European Roma ghetto in Kosice (Slovakia), where I worked with local families. In Israel, in *Mother Courage Won't Remain Silent. A Chorus for Wartime*, I created a chorus of sixty people, including Jewish and Arab mothers, children, and Israeli soldiers. It made for an enormous voice-and-body installation at the Museum of Modern Art in Tel Aviv. People who otherwise would have never met in a public space under one message stood side by side in this CHORUS. They would usually be separated by a hermetic barrier of political divisions, frequently ones so radical that the opponent became the enemy with whom one cannot live together on Earth. In such situations, the CHORUS seemed like precisely the right tool to me. The project Mother Courage Won't Remain Silent. A Chorus for Wartime was supposed to be a CHORUS of two languages (Arabic and Hebrew) but with one voice. The CHORUS demonstrated the body of the military conflict through experiences, voices, and tensions recorded in bodies, but also by laughter in the juxtaposition of a soldier's body with the body of a mother or child. "EVERYONE is the enemy here. You just don't know what it means that EVERYONE is the enemy. YOU DON'T KNOW WHO IS

WHO." An Arab mother and a Jewish mother stood side by side on stage and asked: Who is more human? You or me?

HVS: How does the current political situation in Poland affect your work?

MG: After the 2015 general elections in Poland, when the far-right, nationalist party Law and Justice rose to power, I created a CONSTITUTION FOR THE CHORUS OF POLES in *Nowy Teatr in Warsaw*. I gathered people that represented both sides of the political conflict on the stage as well as those who were being cynically exploited in that conflict. In CONSTITUTION FOR THE CHORUS OF POLES, I invited women refugees from Chechnya (all deported after the performance), immigrants, minority members, Jewish people, football fans. Rightists (including young boys from a Shooter Association) and leftists. This was not about sounding in unison, but about making introductions between people whose opinions could not be reconciled in any way. This performance was first presented on International Workers' Day, May 1, 2016, at the heart of a national debate sparked by turmoil around the Polish Constitutional Tribunal.

HVS: Why do we need the chorus today?

MG: For several years now, I have had a great need to think about the CHORUS as a WORKSHOP FOR A NEW SOCIETY – a space where we do not so much perform or create representations of reality as share specific skills and techniques: the breath, the voice. Like the ancient chorus, the CHORUS wields and develops different techne – practical skills that allow it to be-together as well as consciously process and communicate the experiences of the community in its historical and political context. These skills should be shared. At a time when war is being waged in Ukraine, and genocide is happening right next to us, we need practices brought by the CHORUS, which comes long before the birth of theater. We need community practices and healing, together with an intensive practice of critical thinking and a space to express antagonisms. It is about giving voice to those who do not have it; to connect those who would never meet otherwise. I like to say that I go wherever antagonized communities have no more room to breathe. I want them to regain the right to their common good – to their language, their air, their past, to living together on Earth. In these cases, the situation of political tension awakens the need to ASSEMBLE. The most important and most difficult part of this process is always assembling the CHORUS, which is a multitude; building a common voice which is both individualized and collective.

HVS: How do you understand the relationship between devotion and control in choral practice?

MG: The form of the chorus always reflects the content. What does the CHORUS say, in what way and why? This thought informs our work. I believe that the CHORUS as a community-protagonist is able to show how the unconscious mechanisms of a community function. It can expose, explode, and represent social and political fantasies, for example: the Community without Others. The chorus as a collective subject is able to show all the horror and beauty of such a community. A special awareness and strength of the *choreutai*[53] is necessary to expose such mechanisms of control or even tyranny. We try to represent these mechanisms through some choral techniques, for example beautiful singing, staccato speaking, or machine speaking. This requires a special kind of approach and understanding. But, ultimately, a CHORUS full of emotion always means freedom, the existence between form and non-form, and the living voice. Outside of any category.

HVS: How do you see your role during the performances: director or chorus leader?

MG: Neither of these categories seem sufficient to me. I am present with my voice, body, and breath in every performance. I reveal my function as a director, leader, and singer, making it visible for the audience. I do not hide I remain seen, breathing with the chorus. After

[53] *Choreutai* (altgr.): *Choreut*innen* waren in der griechischen Antike die Mitglieder des Chores.

the work on a performance is completed, I do not leave it to the actors; I do not leave behind the community we have created. I stay with it/them as long as the performance is shown, and much longer after that.

HVS: How would you describe the experience of conducting the chorus during the performance?

MG: I still have a problem with the word "conduct". It seems insufficient to me. After all, together with the chorus, the team, we create the theatrical text, the relationships between music and word, the qualities, the way of acting with the body and breath, the interpretations, etc. – In sum, the entire thought system, and the technique of acting on stage are developed with the chorus. This is also the kind of question you should ask the performers who work with me.

HVS: How much spontaneity is possible or desired in your chorus work?

MG: In each of my performances, the CHORUS and particular people from the CHORUS introduce their own individual voices and narratives. They collide with other voices. Or support them. Each voice/body supports Everyone. Freedom is an indispensable aspect of the form, but it also requires collectivity: listening to each other and to each separate person. Some fragments are written in musical notation, but they are quite rare and fulfil a particular function in the structure of the performance and in how we work and think about language.

HVS: What are the players that make up your chorus?

MG: The CHORUS as a form is not for every actor – especially since an important component of my performances is the participation of people from the community, who have no experience in art, are of different ages, come from different backgrounds and have different worldviews. The CHORUS loves multilinguality, multigenerationality and human experience. It is a multitiered system where work on qualities and work outside of qualities intertwine and interchange.

There is no need to "control" the conducting of the qualities when you work with so many diverse personalities and so many factors. After all, the chorus is the main and only protagonist on stage.

HVS: I have written a text that attempts to articulate what is encompassing, contradictory, tender, and cruel about the chorus: the *Manifesto of a Choral Aesthetic*.[54] Which statements of this manifesto do you agree with, which do you question?

MG: Yes, there are many things there that I see similarly! Yes! The CHORUS always thematizes the community. For me, the CHORUS is a metonymy of human plurality (*pluralitas*) that embodies the political tensions and antagonisms existing within it. I believe the CHORUS is able to expose, represent, and finally explode these kinds of tensions, and invisible mechanisms that govern the community. For me, the theater is precisely the place to talk about and demonstrate these mechanisms. And at the same time, to unmask speaking as a form of silence. This theater is about reacting to the political situation with a special sort of VOICE, a special sort of LANGUAGE and drama, a montage of contradictions and contrasts which is vivid, sharp, penetrating through bones all the way to the spine. AND A SPECIAL KIND OF COMMUNITY. It is about forcing the viewer to face Reality, to see it – as Brecht would want – for what it is. And even further: to see it at a monstrous intensification, to stop it, and if possible, ideally TO MAKE REALITY IMPOSSIBLE. In this sense, the CHORUS uses the wisdom of a multigenerational archive. The chorus has a powerful voice.

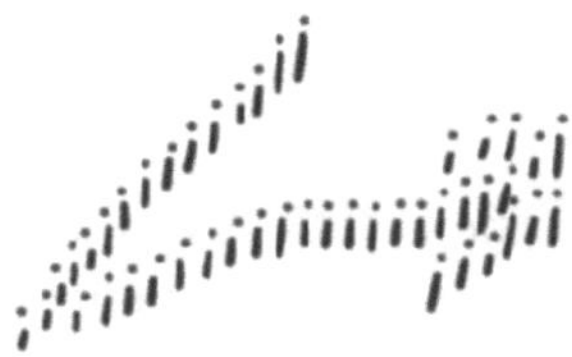

Abbildung 10: Chor mit Richtung

54 → „Manifest einer chorischen Ästhetik" (95)

Bausteine des Chores

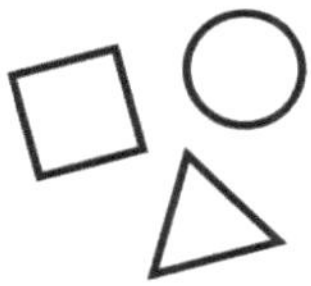

„Gesprochener Gesang oder Gesungene Sprache“

(Einar Schleef)

Die hier vorgestellten *Bausteine des chorischen Prinzips* stellen das Material dar, mit dem die chorische Arbeit konkret beginnen kann. Sie bauen aufeinander auf, weil sich meiner Erfahrung nach nur schritt- und stufenweise ein ganzheitliches und partizipatives chorisches Handeln einstellt. Das braucht Zeit. Obwohl die chorische Arbeit mit und in der Gruppe stattfindet, ist sie für jede*n Einzelne*n individualisiert, persönlich sowie emotional. Je mehr die Erfahrungen im Körper angekommen sind, desto leichter stellt sich für die Gruppe ein Chorgefühl ein und desto eher wird ein autark agierender Chor möglich. Die einzelnen *Bausteine* überlappen und ergänzen einander: Atem und Stimme, Sprache und Körper, Gestus und Rhythmus sind nicht, oder eben nur phasenweise, getrennt zu praktizieren. Sie sind als aufeinander aufbauende, miteinander vernetzte und sich ergänzende Bausteine zu sehen.

Chorisches Arbeiten beginnt körperlich: Der Körper und dessen Wege durch den Raum, in der Folge die Bewegung von mehreren Körpern, das alles lässt den einzelnen Teilnehmenden diesen Raum neu wahrnehmen. Aus der gemeinsamen Bewegung wird der hörbare Atem ein nächstes Element. Atem und Körper wiederum bieten der Gruppe nonverbal die Möglichkeit, Rhythmus zu erfahren. Nimmt sich die Gruppe nun als vielfältige Einheit (Vielheit) wahr, kann sie beginnen, miteinander frei zu spielen. Im Spiel wird die gesteigerte Aktivität die Stimme hervorlocken. Stimme führt zu Sprache und Sprache führt zu komplexen szenischen Chorformen.

Auch wenn mir diese Reihenfolge von der körperlichen Bewegung im Raum über den Atem und die Stimme hin zur Sprache aus meiner Erfahrung heraus sinnvoll scheint, sind bei der didaktischen Auswahl der Übungen und Probenschritte immer die jeweiligen Rahmenbedingungen ausschlaggebend.

Über viele Jahre hindurch habe ich chorische Übungen selbst entwickelt und gesammelt. Es gibt bereits einige veröffentlichte Übungen zum Thema „Chor", diese sind aber oft verstreut, nicht leicht zugänglich oder vergriffen. Ich werde manchen Impuls aufgreifen, auf diesen verweisen oder einzelne Übungen in eigenen Varianten vorstellen.

Manchmal werden Übungen, Settings und Spiele mit der chorischen Brille betrachtet, so z.B. bei den Vorschlägen Augusto Boals. Im Literaturverzeichnis habe ich praxisorientierte Veröffentlichungen mit Übungsanteilen „fett“ gekennzeichnet.

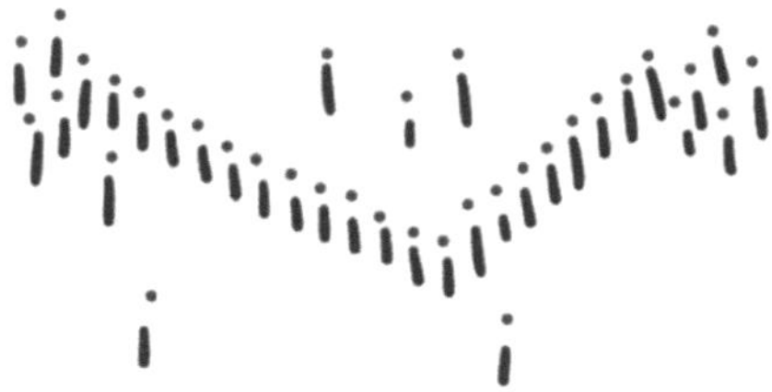

Abbildung 11: Winkelbildung

Zwischenspiel: „Affen!“ (Wien 2007)

Eine Horde Affen. Ich mache mit dem Theaterklub *Art Attack* des Theaters der Jugend in Wien ein wochenlanges Affentraining inklusive Zoobesuch, Körperarbeit und Statusübungen in der Horde. Acht Jugendliche proben den *Bericht an eine Akademie* von Franz Kafka. Ich möchte die Tierarbeit von Strasberg mit dem chorischen Ansatz verbinden. Die Bühne: ein schwarzer Raum mit einer weiß abgeklebten quadratischen Spielfläche, Wasserflaschen und Bananen liegen verstreut auf dem Boden. Die Erzählung wechselt von Spieler*in zu Spieler*in, jede Person hat an diesem Abend einen Moment, in dem sie im Fokus steht. Die Affenhorde ist immer präsent. Die Aufmerksamkeit der Darsteller*innen für die Gruppe bleibt auch bei allen solistischen Passagen bestehen. In wenigen Momenten erklingt die Sprache unisono, sonst bestimmt den Abend sprachliches Overlapping, Wechsel der Sprecher*innenrolle, Klangschichtungen, rhythmisches Atmen, Lautieren. Die Jugendlichen entwickeln im Lauf des Abends immer stärker affenartige Verhaltensformen. Je stärker die Emotionen durch das Erzählen heraufbeschworen werden, je höher Affekt und Stress steigen, desto mehr „Affe“ tritt hervor.

Baustein I: Chor und Körper

Der Chor ist ein Körper aus Körpern. Er entsteht aus der Summe einzelner Gesten und Bewegungsmuster. Das Verhältnis von eigener Geste, eigener Oberfläche, Grenze, Spannung und Bewegungsfluss, Kraft und Raumbewusstsein zum Verhalten der übrigen Chormitglieder bestimmt das Spiel im Chor. Die eigene Geste steht in Dialog mit den Gesten meines chorischen Gegenübers: Sie bildet sich an der Gruppe heraus, gewinnt Kontur. Im Chor wird die Doppelexistenz unserer körperlichen menschlichen Verfasstheit besonders deutlich. Wir arbeiten mit unserem Körper in seiner Materialität und erfahren uns gleichzeitig ganzheitlich als Leib. „Der Mensch ist sein Leib, ist Leib-Subjekt. Zugleich hat er einen Körper, den er als Material, als Instrument oder auch als Zeichen einsetzen kann. Er ist geprägt von der Doppelheit des Leib-Seins und Körper-Habens“ (Terzopoulos 2016, 15).

In der chorischen Theaterarbeit wird der einzelne Körper mit Übungen trainiert (Körper-Haben). Es entsteht aus diesen einzelnen Körpern ein Chor-Körper, der mehr ist als die Summe der Körper, die ihn bilden (Leib-Sein): „Der Leib meint also das Lebendige, Gelebte und Gespürte, ebenso wie die lebendige Erscheinung, die ‚leibhaftige‘ Gegenwart des Menschen“ (Fuchs 2015, 144). Dieser „Leib“ beschreibt nicht die materielle Körperebene allein. Der Chor existiert nicht als eine von den Spieler*innen unabhängige Einheit. Er ist eine kollektive körperliche Vielheit, die erst von den Einzelkörpern gebildet wird – in der Begegnung. Das Intuitive der chorischen theatralen Arbeit bekommt in dieser leiblichen Perspektive Raum. „Dass wir immerhin noch vom Unterleib, aber vom Oberkörper sprechen, ist ein interessanter Hinweis darauf, dass der Leib einer tieferen, vor- oder unbewussten Sphäre des Lebens angehört […]“ (Fuchs 2015, 144). Ist der Chor ein ins Kollektiv gespiegelter Leib? Der Chor entsteht aus der Bereitschaft ein Chor zu sein. Personen können mit ihren Körpern in der Gruppe üben, trainieren und gestalten – aber um als Chor zu agieren, tritt etwas hinzu, das unverfügbar ist:

„Alle lebendigen Prozesse und Tätigkeiten können nicht gehabt, besessen oder gemacht, sondern nur gelebt und erlebt werden – das Einschlafen und Aufwachen, das Gehen und Stehen, das Sprechen und Tanzen, des Lachen und Weinen, das Lieben und Hassen." (Fuchs 2015, 144)

→ Dialog, Begegnung und Resonanz im Chor (58)

Wir bewegen uns in der chorischen Theaterarbeit also permanent zwischen einem Leib-Sein und einem Körper-Haben (vgl. Fuchs 2015, 144) und spüren diesen chorischen Leib als einen Resonanzraum. Wir erleben einen permanenten Übergang von unverfügbarem Entstehen des Chores aus Körpern und dem bewussten Arbeiten mit diesen Körpern. Bei chorischen Spiegelübungen wird das besonders deutlich: Ich erfahre mich gesehen, vervielfacht und interpretiert von Körpern. Der griechische Regisseur Theodoros Terzopoulos beschreibt in seinem Buch *Die Rückkehr des Dionysos* den Weg zu einem kollektiven Leib aus einzelnen Körpern über die Dekonstruktion dieser einzelnen Körper.[55] Durch Übungen mit oft langer Laufzeit wird versucht, Muster aufzulösen, um jenseits der gewohnten Körperbilder agieren zu können.

„Im Verlauf der Übung beschleunigt sich der gemeinsame Rhythmus der Gruppe. Die Schauspieler gehen immer schneller. Oft nehme auch ich an dem Prozess teil, um den Rhythmus zu koordinieren. Während des Gehens wird das Aufsetzen der Fußsohle auf den Boden beibehalten. Wirbelsäule und Kopf bleiben locker. Nach und nach lässt man den Rumpf nach vorne fallen. Die Stimulation der Blutzirkulation erhöht die Körpertemperatur und führt zum Schwitzen." (Terzopoulos 2016, 45)

Die chorische Körpererfahrung geht über Veränderung, Varianz und manchmal auch Auflösung der eigenen individuellen Körpermuster hinaus. Die eigene Geste in die Gruppe zu geben, sich einer fremden Geste anzunähern bedeutet auch, diese Geste zu transformieren. Wir begegnen anderen Körpern im begrenzten Raum, ihrem Gewicht,

---

[55] Boal beschreibt diesen Vorgang als „Entspezialisierung" (Boal 2009, 174). Die von Theodorus Terzopoulos beschriebenen Übungen sind sehr intensive Auseinandersetzungen mit dem Körper und seinen Grenzen. Sie sind als Beispiel dafür genannt, dass Übungsformen des chorischen Theaters eine hoch emotionale und körperlich fordernde Arbeit darstellen können.

ihrer Kraft, dem Geruch, der Haptik. Die fundamentalste Erfahrung im Chor ist die körperliche.

Chor und Körper: Übungsteil

„Die Bewegung jedes Einzelnen entsteht ausschließlich als Antwort auf die Bewegung eines anderen." (Bogart, Landau 2017, 83)

Start mit *high level* oder *low level*

Was ist die Ausgangsenergie einer Gruppe? Welche körperliche Energie der einzelnen Teilnehmenden finde ich als Spielleitung vor? Beginne ich an einem Sonntagmorgen den zweiten Tag einer Fortbildung oder habe ich eine aufgeregte Klasse nach einer Sporteinheit vor mir? Wie bekomme ich die Gruppe aus ihrem jeweiligen heterogenen Energiezustand in eine Aufmerksamkeit und eine kreative Arbeitshaltung? Über den Körper. Ich beschreibe zwei Tendenzen, die der Spielleitung immer wieder begegnen.

Ist die Gruppe müde und vermittelt wenig Spannung, starte ich von unten (*low level*), am Boden. Alle liegen auf dem Rücken, spüren ihr Gewicht, kommen an. Ich bringe sie dann Schritt für Schritt auf das nächste Level. Schritt für Schritt kommen alle vom Liegen ins Sitzen und Stehen, gehen als Paare in Kontakt, bis die ganze Gruppe zusammen die Übung → „Der Chorkörper entsteht" (131) in spielerischer Energie durchführt.

Ist die Gruppe stark energetisch aufgeladen, laut, bewegt, unruhig, dann nehme ich diese Energie auf (*high level*). Das erste Abbauen der Energie geschieht solistisch, aber gruppenbezogen mit Tools, die beides verbinden.

→ Übung: „Moves mit Wechsel" (122)

Wenn auf diese Weise ein erstes körperliches Ankommen passiert ist, kommt die Kontaktphase. Jetzt starten wir mit der Übung → „Der Chorkörper entsteht" (131) als Paarübung. Wünsche ich mir für die Gruppe einen Ruhefokus, trennen sich die Paare mehr und mehr. Die einzelnen Teilnehmenden beenden die Übung am Boden. Möchte ich in eine Spielaufmerksamkeit lösen sich die Paare voneinander und wechseln in einen Raumlauf, der die Übung mit einem gemeinsamen Stehenbleiben abschließt. In beiden Fällen gilt die Reihenfolge: zuerst bei sich ankommen, dann in Kontakt gehen.

Moves mit Wechsel

Es werden z.B. drei Bewegungsarten vorgegeben (auf dem Rücken schieben, auf der Stelle hüpfen, in Bogenlinien durch den Raum gehen). Wichtig sind ein Einbeziehen mehrerer Raumebenen und unterschiedliche energetische Bewegungsmuster. Jede*r Spieler*in entscheidet sich zu Beginn für eine Bewegungsart, mit der er*sie starten möchte. Die Gruppe bewegt sich nun zu Musik im Raum, jede*r in seiner Bewegungsart. Ein klarer Impuls der Spielleitung (Klatschen) ist das Signal für eine Bewegungsänderung: Alle wechseln in eine der zwei anderen Bewegungsarten. Dieser Vorgang wiederholt sich. Diese Übung läuft über einen längeren Zeitraum, denn Wiederholung und körperliche Erschöpfung ermöglichen freie Impulse. Zuerst agieren alle Spieler*innen ohne Kontakt zu den Mitspieler*innen. Trotzdem ist es wichtig, eine Gruppenaufmerksamkeit und einen wachen peripheren Blick zu haben. Gerade jene, die sich im gleichen Bewegungsmuster befinden wie man selbst, gilt es wahrzunehmen als Gruppe innerhalb der Großgruppe. In einem nächsten Schritt wird dann auf andere mit den eigenen Bewegungsmustern reagiert. Das Motto lautet: verändern und verändern lassen! Die mehrfach geteilte Konzentration zwischen den eigenen Bewegungsimpulsen, der eigenen Untergruppe und des gesamten Gruppengefüges zu halten ist die Herausforderung dieser Übung. Eine mögliche Erweiterung: Die jeweiligen Untergruppen versuchen Synchronizität zu entwickeln. Dafür muss man die einzelnen Phasen länger laufen lassen. Die Übung ist mit Bewegungen (Moves), Gesten oder Tätigkeiten möglich.

Gestenmaterial verändern

Diese Übung ermöglicht es der Gruppe, in einem freien Spiel der Gesten ein Chorgefühl zu erfahren. Individualität und Gruppengefühl begegnen sich über die nonverbale Körperarbeit. Der Weg geht von der persönlichen Einzelgeste über die entwickelte Paar-Geste hin zu einem Gruppengestus – und kann bis hin zur sprachlichen Chor-Arbeit erweitert werden.

Phase 1: Freie Bewegungsimprovisation in der Gruppe zu Musik. Die Spieler*innen werden eingeladen, aus den Bewegungen heraus einzelne Gesten durch Wiederholen herauszuarbeiten: ganzkörperliche oder isolierte Gesten mit Armen, Beinen oder der Mimik. Diese Gesten Schritt für Schritt vergrößern, verkleinern, verdichten, im Loop ausführen und somit wiederholbar machen.[56]

Phase 2: Eine Spieler*in beginnt zu führen und gibt ihr Gestenmaterial als Impuls in die Gruppe. Die Gruppe nimmt diese Geste sofort auf. Sobald die Geste in der Gruppe angekommen ist und die ganze Gruppe sie verinnerlicht hat, wandelt die Gruppe als Chor die Geste gemeinsam ab, variiert sie, entwickelt sie im Kontakt zueinander weiter. Unterschiedliche Musik verwenden!

Phase 2: Alle vereinzeln sich wieder. Dann treten Paare mit ihren Gesten in Kontakt: Variation oder Angleichung? Spiegelung oder Kopie? Über ein freies Improvisieren findet das Paar eine gemeinsame Geste als eine Summe beider Einzelgesten und macht diese wiederholbar.

Phase 3: Nun treten die einzelnen Paare miteinander in Kontakt. Paargruppen (Vier Spieler*innen) mit verwandten oder ähnlichen Gesten nähern sich an. Zu viert werden jetzt die beiden Paargesten über die Körpersprache gemeinsam zu einer Gruppengeste transformiert.

Phase 4: Diese Gruppengeste wird phasenweise von der Vierergruppe wieder aufgelöst und individualisiert. Auf ein Zeichen oder einen Impuls der Spielleitung findet die Gruppe wieder zur Gruppengeste zurück.

---

[56] *Loopen* bedeutet in diesem Zusammenhang eine Wiederholung der einzelnen Geste oder einer Tätigkeit mit klarem Anfang und Ende.

Phase 5: Die gefundenen Gruppengesten, ihre Auflösung und ihr erneutes Zusammenführen können gegenseitig präsentiert werden.

Bewegungs-Kanon

Die Struktur des Kanons ist für das Chorische ein wichtiges Gestaltungselement. Vorgänge werden zeitlich verschoben. Das beginnt mit einzelnen Gesten und dem Spiel mit der Mimik bis hin zur Arbeit mit Sprache.

Phase 1: Man kann diese Übung zuerst im Kreis beginnen (Alle können einander sehen). Dann bildet man eine Reihe aus fünf Personen. Der Blick ist nach vorne gerichtet. Die Spieler*innen führen ganzkörperliche Bewegungen im Stehen aus. Man kann mit der Gruppe gemeinsam Bewegungen vorher festlegen oder spontan entstehen lassen, oder das Repertoire einschränken (Arm heben, Fuß nach rechts drehen, Hinkauern). Wichtig ist, dass jede Geste einen klaren Anfang und ein klares Ende hat. In einer ersten Runde entscheidet sich jeder für eine Geste (Es können auch alle die gleiche ausführen). Jetzt werden die Gesten von allen fünf Personen zeitversetzt in freiem Rhythmus durchgeführt und mehrmals wiederholt.

Phase 2: Aus verschobener Gleichzeitigkeit soll jetzt ein Kanon entstehen, d.h. der Beginn der jeweils folgenden Geste wird festgelegt. Wenn z.B. der Arm von Spieler*in 1 gehoben wird und die Bewegung zu Ende ist, beginnt Spieler*in 2 den Fuß zu heben. Wenn der Fuß von Spieler*in 2 auf dem Boden aufsetzt, kauert sich Spieler*in 3 hin. Mehr und mehr können auch andere Gestaltungsparameter folgen wie Pausen und Tempowechsel. Das beschriebene Kanon-Prinzip gilt auch für die Arbeit mit Gesten und Mimik.

Gesten-Kanon

Jetzt sitzen die Personen aufrecht auf Stühlen und die Bewegungen beschränken sich auf Gesten, die im Sitzen möglich sind. Die Hände sind auf den Oberschenkel abgelegt. Gesten können hier sein: Kopf heben und senken, nach rechts und nach links drehen, Beine übereinanderschlagen, Arme verschränken, Mund zuhalten.

Mimik-Kanon

Der Mimik-Kanon kann in einer Reihe im Stehen oder Sitzen versucht werden. Die Personen beschränken sich auf das Ausdrucksfeld ihres Gesichtes.

Die Reihenfolge der Kanon-Arten (Bewegung, Geste, Mimik) wird je nach Rahmenbedingung und Zielgruppe unterschiedlich sein. Aus diesen Kanon-Reihen können schnell assoziative Geschichtenfragmente entstehen – auch wenn sie ohne konkrete motivierte Intention durchgeführt werden. Alle Kanon-Reihen können in slow motion oder in real time geübt oder gezeigt werden.

Unverfügbar synchron

Phase 1: Eine Person macht eine ganzkörperliche Geste und wiederholt diese im Loopsystem. Dann spricht sie einen Satz dazu und wiederholt auch diesen zusammen mit der Geste, z.B.: die Faust wird geballt und dazu gesagt: *Jetzt nicht!*

Phase 2: Weitere Teilnehmer*innen (drei bis fünf) betreten nach und nach die Spielfläche und kopieren Geste und Wort, aber nicht synchron, sondern in ihrem eigenen Rhythmus.

Phase 3: Die Teilnehmenden können sich nun frei im Raum bewegen, das Gesten- und Sprachmaterial variieren und emotionalisieren, mit Impulsen anreichern und verändern, innere Monologe sprechen oder sich an die Zusehenden wenden. In den ersten Runden noch ohne Kontakt unter den Spieler*innen, später tritt auch das hinzu. Diese Phase kann mit dem Einsatz von Musik angezeigt werden.

Phase 4: Auf ein bestimmtes Zeichen (Musik fade out) oder von jener Person geführt, von der die Geste ursprünglich ausgegangen ist, kehren alle zur Ausgangsgeste zurück.

Phase 5: Es wird versucht, beim gemeinsamen Zurückkehren in die Ausgangsgeste synchron zu werden, in Bewegung und Sprache.

Chorischer Kreistanz

*Diese Übung ist eine chorisch abgewandelte Version einer Übung von Susan Batson (vgl. Batson 2020, 21). Es geht einerseits um das Spiegeln eines fremden Körpermusters, auf der anderen Seite um solistischen Ausdruck in Kontakt mit der Gruppe. Es sind tänzerische Monologe in den Grenzen des Chores. Der Chor ist in diesem Fall der Kreis der Spieler*innen, der sich um eine Person in der Mitte formiert.*

Ein Kreis wird gebildet, Musik wird gespielt. Eine Person nach der anderen kommt in die Mitte des Kreises und beginnt sich zur Musik zu bewegen. Es ist die Einladung, sich völlig frei auszudrücken, mit allen Impulsen, die da sind, mit dem eigenen persönlichen Ausdruck. Die anderen übernehmen die Energie und die Bewegungen der Person in der Mitte. Diese Übung erzeugt eine sehr starke Verbindung innerhalb der Gruppe und zeigt gleichzeitig die Einzigartigkeit der Person in der Mitte. Susan Batson formuliert, wohin die Aufmerksamkeit gehen soll: „Gebt euch der jeweiligen Person hin, ihrer Fantasie, ihrer Sexualität, ihrem Rhythmusgefühl und ihrer emotionalen Erfahrung – ihrer Persönlichkeit!" (Batson 2020, 21). Der Kreis um sie herum ist Schutzschild, *safe space* und verstärkender Spiegel zugleich. Es ist ein dynamischer Dialog: man zeigt sich und wird gleichzeitig beobachtet, man spiegelt und wird gespiegelt – in Resonanz mit der Gruppe. Der eigene Ausdruck wird vervielfacht und somit losgelöst vom eigenen Körper. Die einzelne Person agiert zugleich solistisch wie chorisch. Sie steht im Fokus, doch ihr Ausdruck wird von einem Chor übernommen und verwandelt.

Chorische Tierarbeit: Horden, Rudel, Schwärme

Tierspiele können vom Schwarmverhalten der Fische über die soziale Organisation einer Erdmännchen-Gruppe bis zur Dynamik einer Affenhorde entwickelt werden. Es kann sehr inspirierend sein, mit den Teilnehmenden in den Zoo zu gehen oder eine andere Möglichkeit für eine Tierbeobachtung zu suchen.[57]

Am Anfang stehen Fragen: Wie bewegen und verhalten sich bestimmte Tiere in Gruppen? Wie organisieren sie sich? Was sagt das über die Gruppe und ihre Hackordnung aus, den Status einzelner Mitglieder? Welche Körperhaltungen kann ich beobachten? Wie reagieren die Tiere aufeinander? Welche Bewegungen und Impulse setzen sich durch? Gibt es einen Rhythmus der Tiergruppe? In Kleingruppen werden diese Beobachtungen umgesetzt und die Bewegungsmuster der Tiere nachempfunden und ausagiert: Blicke, Körperhaltungen, Gestenfolgen, Gangarten, Reaktionen, Handlungsmuster.

Amöben

Die Gruppe versucht, die Fortbewegungsart eines Einzellers nachzuempfinden. Die Gruppe steht als Pulk eng zusammen. Alle sind ständig in kleinen Bewegungen begriffen, weich und fließend. Um die Gruppe herum kann als Hilfe ein Seil gehalten werden, damit die Abgrenzung nach außen, wie eine Zellwand, spürbar ist. Die Gruppe bewegt sich nun durch den Raum: gleitend, immer als eine Einheit mit einer klaren Grenze (Seil). Manchmal stülpt sich ein Arm aus dem Zellkörper. Zieht jemand auf einer Seite, gibt die andere nach. Die Zelle verändert ständig ihre Form.

Fische

Fische verfügen über das sogenannte Seitenlinienorgan: An ihren Körperseiten befinden sich hochempfindliche Zonen, die Druckveränderungen, die durch die Bewegungen der Nachbarfische ausgelöst werden, wahrnehmen.

Die Gruppenmitglieder werden zu einem Fischschwarm: Alle bewegen sich gemeinsam als Pulk, mit ca. 30 cm Abstand, durch den Raum.

[57] Diese Arbeit geht spielerisch mit dem Verhalten von Tiergruppen um. Der Ansatz schließt nicht zwingend an die Konzepte der Tierarbeit z.B. von Lee Strasberg an, kann aber damit verbunden werden.

Einzelne Bewegungen gehen als Impuls durch die ganze Gruppe. Richtungsänderungen werden ohne führenden Fisch versucht. Die ganze Gruppe bewegt sich leichtfüßig und gleitend. Wie unter Wasser. Die Teilnehmenden der Gruppe stehen auf den Ballen. Impulse, z.B. ein Zucken des Oberkörpers einzelner Spieler*innen, werden von der ganzen Gruppe sofort aufgenommen: Schnelle, klare und deutliche Impulse werden gegeben. Daraus entsteht Bewegung im Raum mit unterschiedlichen Impulsen von unterschiedlichen Spieler*innen. Die Übung kann mit und ohne Musik versucht werden.

Vögel I (Flocking)

Das Schwarmverhalten der Vögel bezeichnet man als *Flocking*.

→ Theatrale Schwärme (52)

Man kann das Orientierungsprinzip des einzelnen Vogels in einer solchen Schwarmformation theatral übersetzen. Es handelt sich dabei um eine verborgene Struktur, die nach außen hin nicht sichtbar wird. Diese Übung ist besonders für größere Gruppen geeignet.

→ Verborgene Strukturen (98)

Phase 1: Drei Kleingruppen (jeweils sechs Personen) werden gebildet. Eine Person steht in der Mitte, die anderen fünf gruppieren sich in gleichen Abständen zueinander um die mittlere Person. Die fünf Personen außen gehen untereinander in einen starken Gruppenkontakt und bewegen sich in nonverbaler Abstimmung frei im Raum. Sie achten im ersten Schritt darauf, dass die Abstände zwischen ihnen immer gleichbleiben (später können die Abstände bis zu einem gewissen Maß flexibel werden. Trotzdem soll ein guter Kontakt und Zusammenhang bestehen bleiben). Die Person in der Mitte orientiert sich immer an allen fünf Personen um sie herum und versucht in einer gefühlten Mitte zu bleiben. Die drei Kleingruppen üben das getrennt voneinander. Jeder Teilnehmende ist einmal in der mittleren Position.

Phase 2: Die drei Kleingruppen kommen nahe zusammen. Die drei mittleren Personen der jeweiligen Gruppen orientieren sich weiterhin nach ihren fünf Bezugspersonen, obwohl jetzt andere Menschen um sie herum als Störfaktoren vorhanden sind. In dieser Formation erfolgt freies Bewegen im Raum.

Phase 3: Die Kleinformation wird aufgelöst. Die ganze Großgruppe steht locker verteilt im Raum (Abstand zueinander ca. 50 cm). Jedes einzelne Schwarmmitglied markiert für sich jetzt fünf neue Personen in seinem nächsten Umfeld, an denen es sich orientiert. Jede*r hat nun unterschiedliche Positionen: Man ist Reagierende*r, indem man sich an den fünf Personen orientiert, gleichzeitig auch Agierende*r, wenn man in eine bestimmte Richtung möchte und einen Orientierungspunkt für andere bildet. Jetzt bewegt sich dieser Schwarm durch den Raum und in allen Ebenen. Diese Bewegungen werden in dieser Phase sehr langsam passieren, weil kein konkretes Ziel vorhanden ist. Jede*r folgt den eigenen freien Impulsen und hat immer nur die eigenen Orientierungspersonen im Blick. Gleichzeitig kann man seinem Impuls folgen und in eine bestimmte Richtung wollen – in Abstimmung mit allen anderen Impulsen. Folgen und Führen sind kaum zu trennen.

Phase 4: Dem Schwarm werden nun Impulse von außen gegeben: unterschiedliche Musik, akustische Signale, vorgeschlagene Wege, Ziele und Aufgaben (Auf Stühlen liegen kleine Gegenstände, die aufgehoben werden sollen, oder markierte Wege sollen gegangen werden). Der Schwarm hat jetzt ein Ziel.

Vögel II (Formation)

Bei Graugänsen herrscht eine strenge Hierarchie: Alle folgen einem Leitvogel. Um dieses System im Chor zu nutzen, braucht es eine strenge Formation.

Phase 1: Gruppen zu fünf Spieler*innen werden gebildet. Eine Person steht in der Mitte, links und rechts, vor und hinter der Person stehen im Abstand von einem Meter die anderen. Die Person vorne führt nun in *slow motion* oder mit sehr langsamen Bewegungen am Platz (zu Musik), die Gruppe folgt.

Phase 2: Die vorderste Person dreht langsam den Kopf nach links (oder rechts). Das ist das Zeichen, dass die Gruppe sich um 90 Grad nach links (oder rechts) dreht, synchron und in *slow motion*. Jetzt führt die am weitesten vorne stehende Person. So geht es weiter gegen den (oder im) Uhrzeigersinn.

Phase 3: Wurde ein ganzer Kreis gedreht, kann die Gruppe vergrößert werden. Statt einer Person in der Mitte steht jetzt eine Gruppe in der Mitte und wird durch die vier Personen an den Außenpositionen geführt. Bewegungen sind jetzt in vier Richtungen des Raumes möglich: nach vorne, nach rechts, nach links, nach hinten. Der Wechsel der Führung wird immer durch die Wendung des Kopfes der führenden Person angezeigt. Die vier Führungspositionen werden nach jeder Runde ausgetauscht. Die Grundformation eines Karos (Spitzen nach vorne, hinten und auf die beiden Seiten) bleibt bestehen.

Erdmännchen

Erdmännchen sind sehr soziale Wesen und sie verfügen über einen starken peripheren Blick für die Gruppe. Die Tiere nehmen sich gegenseitig stark wahr und organisieren sich über Arbeitsteilung: Während ein Erdmännchen z.B. Wache hält, können sich die anderen entspannen. Vorgeschlagene Spiel-Situation: Die Gruppe steht vor ihrem Bau. Einzelne individuelle Tätigkeiten sind möglich (Ruhen, Schlafen, Sonnen, Reinigen). Ein Erdmännchen hat die Wachposition inne und hält Ausschau. Plötzlich Alarm! Ein Adler wird gesichtet: Die ganze Gruppe flieht auf den Impuls der Wache (Pfiff, Geste, Laut) in die Höhle, d.h. im Probenraum z.B. in eine Ecke des Raumes. Stille. Langsames erneutes Hochkommen, Ausschau halten und Zurückkehren zur vorherigen Tätigkeit. Spiel mit Stimme, Geräuschen und Lauten möglich.

Affen

In Affenhorden ist das soziale Interagieren noch viel stärker ausgeprägt als bei den Erdmännchen. Hier sind Binnenbeziehungen innerhalb der Gruppe wichtig. Familienähnliche Strukturen, Status, Machtvergleich und soziale Rollen prägen das Verhalten. Die chorische Qualität einer solchen Horde entsteht durch die Spannung zwischen dem Agieren Einzelner und der gleichzeitigen Wahrnehmung der Gruppe: Kleine Konflikte, Annäherungen, Konkurrenzverhalten finden als Parallelhandlungen statt. Es geht um die Kombination von individueller Wahrnehmung und Handlung mit Spielpartner*innen und der gleichzeitigen Wahrnehmung der anderen Gruppenmitglieder. Spielvorschlag: Jeder Teilnehmende sucht sich eine eigene Affenrolle innerhalb der Gruppe aus: Status in der Gruppe, Verwandtschaftsbeziehungen, Körperlichkeit, Geschlecht. Dann lässt man eine längere Improvisation laufen. Geräusch, Stimme, Laute und Atem als Mittel des Dialogs werden einbezogen.

Der Chorkörper entsteht

Diese Übung mit zum Teil sehr engem Körperkontakt ist nicht für alle Zielgruppen geeignet. Es bedarf hier einer entsprechenden Sensibilität der Spielleitung, ob und wie diese Übung für alle Teilnehmenden angenehm und durchführbar ist. Es besteht auch die Möglichkeit, ein „Stopp-Codewort" einzuführen, für den Fall, dass es einzelnen Teilnehmenden im Pulk zu eng wird. Es ist auch möglich, sich am Rand der Gruppe zu bewegen und nur Kontakt mit einer Person zu haben.

Phase 1: Alle liegen am Boden auf dem Rücken und geben Gewicht in den Boden ab. Mit einem Räkeln, Strecken und Dehnen, Öffnen und Schließen arbeitet sich die Gruppe langsam vom Liegen hoch zum Stand. Von hier aus entsteht ein freies Bewegen im Raum. Mögliche Impulse der Spielleitung zur Qualität der Bewegungsmuster (Gegensätze ausreizen!): Schnell und langsam, raumgreifend und klein, hoch und tief, rund und eckig, gerade und gebogen, angehalten und bewegt!

Phase 2: Paare finden sich aus der Bewegung heraus, suchen Körperkontakt und bewegen sich gemeinsam durch den Raum. Die Spielleitung schlägt Bewegungsparameter vor: ziehen/gezogen werden, schieben/geschoben werden, tragen/getragen werden. Es geht in dieser Impuls-Partner*innen-Arbeit einerseits um das Abgeben und Loslassen der Kontrolle, andererseits um das Übernehmen von Verantwortung für eine andere Person. Im Spiel mit Nähe und Distanz bildet sich Vertrauen und es entsteht die Bereitschaft für das Loslassen. Für das Paar ist wichtig, immer die ganze Gruppe im Auge zu behalten.

Phase 3: Die Paare begegnen jetzt einander aus den Bewegungsmustern (schieben/ziehen, tragen/getragen werden). Zwei Paare werden eine Vierergruppe, zwei Vierergruppen eine Achtergruppe usw. – bis die Spieler*innen untereinander jeweils körperlich in Kontakt sind. Jede*r ist mit irgendjemandem oder mehreren verbunden. Die Teilnehmenden kommen über die Bewegungen und den Kontakt auf den Boden und bilden Schritt für Schritt einen einzigen zusammenhängenden Chorkörper.

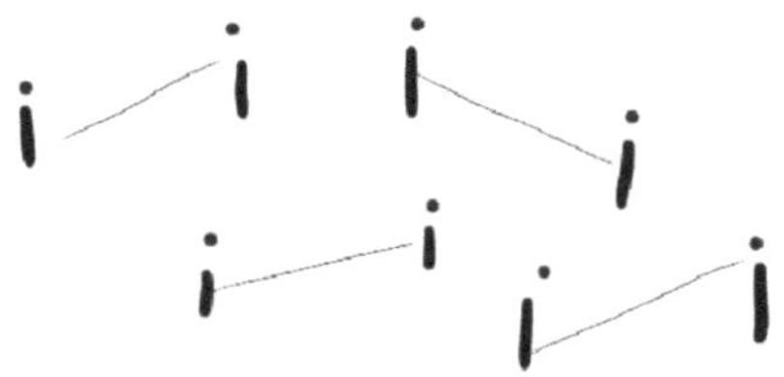

Abbildung 12: Fadenpaare

Zwischenspiel: „Seziersaal“ (Wien 1989)

Ich studierte Medizin vor meinem Wechsel zum Theater. Im Saal sind wir rund hundert Studierende, die an den in Formalin getränkten und präparierten menschlichen Überresten arbeiten. Ich habe gerade ein Bein vor mir. Plötzlich kommt der Professor durch die große Flügeltüre herein: ein Auftritt. Hundert Menschen blicken im selben Moment hoch, das Gemurmel verstummt. Zu hören sind nur seine Schritte. Das dauert vielleicht ein paar Sekunden. Dann wenden wir uns wieder den Leichenteilen zu.

Baustein II: Chor und Wahrnehmung

Wahrnehmung im Chor ist eine körperliche Handlung. Sie schließt alle Sinne ein. Das ist im Chor auch immer eine mehrfach geteilte Wahrnehmung, die parallele und gleichzeitige Eindrücke zu verbinden sucht: die innere Verfasstheit, die Interaktion mit den anderen Chormitgliedern, Reaktionen auf die anderen Körper, mit denen man in Beziehung steht. Raum, Musik, Lichtverhältnisse. Der periphere Blick und der unscharfe Fokus auf die ganze Gruppe und noch weiter gefasst auf den Raum, in dem die Gruppe sich befindet, ermöglichen diese geteilte Wahrnehmung. Viele Dinge laufen im Chor parallel: die Abstimmung mit Tandempartner*innen und der Gruppe, der Wechsel von Rhythmus und Raumebenen. Das alles wird wahrgenommen, bewertet und in eine Reaktion umgesetzt. Chorische Wahrnehmung ist eine auf die Mitspieler*innen gerichtete Wahrnehmung, ohne die periphere Wahrnehmung der Umgebung (Raum, weitere Personen) zu vernachlässigen. Ich und meine Tätigkeit stehen immer in Spannung und im Verhältnis zu den Tätigkeiten der anderen im Chor. Diese geteilte Konzentration hilft allen, im Moment zu agieren und fokussiert zu sein. Drei Ebenen der Wahrnehmung sind im chorischen Zusammenhang wichtig: (1) die Wahrnehmung des eigenen Körpers (Haut, Materialität, Konturen, Sinne, Stimme), (2) die Wahrnehmung von mir selbst in Raum und Zeit, (3) die Wahrnehmung der anderen um mich herum und meine Reaktionen darauf (mein Chorverhalten).

Die Ausrichtung meines Fokus auf das, was ich wahrnehme, ist eine bewusste Entscheidung. Am Beispiel des Hörens kann man es verdeutlichen: „Wie erlebe ich den Unterschied zwischen allgemeinem, ungerichtetem Hören, also dem ungefilterten Zulassen aller Geräusche an das Ohr und dem gezielten fokussierten Lauschen auf bestimmte akustische Ereignisse?" (Verhülsdonk 2022, 21). Man fokussiert im Chor stets mit zwei unterschiedlichen Filtern: Es wichtig, die Antennen nach außen gerichtet zu haben, aber trotzdem müssen diese Antennen differenzieren. Sie müssen nicht nur einen einzelnen Impuls, sondern die Vielheit des Chores, die wiederum aus vielen Einzelimpulsen besteht, aus allen anderen vorhandenen Impulsen herausfiltern. Das trifft besonders dann zu, wenn der Chor mit anderen Gruppen oder Personen im selben Raum oder auf derselben Bühne agiert, oder im Freien, wo zahlreiche akustische oder optische Störsignale vorhanden sind.

Fund: Zyklokinetik©

Zyklokinetik© ist ein vom Rhythmiker und Tanzpädagogen Toni Gruber entwickeltes Training für Gruppen. Ich bin Toni Gruber im Rahmen unserer Arbeit an der *Bayerischen Theaterakademie August Everding* begegnet und durfte einen *Zyklokinetik©*-Ablauf mit ca. 30 Teilnehmenden miterleben. Ein Zyklus besteht aus zwei Phasen: Exposition und Durchführung. (1) Expositionsphase: In der *Zyklokinetik©* komponiert die Spielleitung fünf bis zwölf im Tempo kontrastierende Bewegungsmuster, die von der Gruppe als festgelegte Reihenfolge gelernt werden: z.B. schnelles Durcheinanderlaufen im Raum, im Kreis gehen, in *slow motion* gehen, unbewegt am Boden liegen oder heftiges Schütteln. Eine komponierte Bewegungsform besteht aus drei bis ca. zwölf Bewegungsmustern, die einen Zyklus bilden. Sie werden von der Gruppe mehrmals hintereinander durchgeführt. In dieser Phase durchlaufen zunächst alle Teilnehmenden dieselben Bewegungsmuster. Dabei gibt die Spielleitung verbale Anregungen, um die vielfältigen individuellen Möglichkeiten aufzuzeigen, die jede*r erleben kann. (2) Durchführungsphase: Im weiteren Verlauf gibt es eine Regel, die sowohl das individuelle als auch das kollektive Spiel dynamisiert: Jede*r kann jederzeit in einem Bewegungsmuster seiner Wahl verbleiben und nicht in das nächste Muster mit einsteigen. Er muss aber, bis der Zyklus wieder bei ihm angekommen ist, in diesem Bewegungsmuster bleiben. Der Zyklus wird desto anspruchsvoller, je mehr Personen zu unterschiedlichen Zeitpunkten aus dem laufenden Zyklus austeigen und in der gewählten Phase verbleiben. Es besteht auch die Möglichkeit, sowohl in bewegten als auch in unbewegten Phasen des Zyklus für eine Runde auszusteigen. Innerhalb dieser vielen Wechsel entstehen über die Kontaktaufnahme der Spieler*innen untereinander kurze nonverbale Improvisationen. Eine kollektive Situation herrscht vor und gleichzeitig eine durch individuelle Entscheidungen geprägte Dynamik zwischen Nähe, Distanz, Autonomie und Kollektivität. Das innere Erleben und die äußere Bewegung stehen in Dialog miteinander. *Zyklokinetik©* wird von Parametern bestimmt: räumliche Vielfalt (alle Ebenen einbeziehen), Raumformationen (z.B. im Kreis gehen), energetische Zustände von der absoluten Ruhe bis zur Ekstase, nicht von einem Metrum bestimmte Bewegungstempi (rasch, langsam, beschleunigen, verzögern, anhalten), Emotionen. In der *Zyklokinetik©* erlernen die Teilnehmenden einen festgelegten Ablauf, der in der Expositionsphase mehrfach wiederholt und im weiteren Verlauf zunehmend variiert und in seine Fragmente zerlegt wird. Die Teilnehmenden treffen aber innerhalb dieses Ablaufs individuelle Entscheidungen. Es stellen sich Fragen: Welchen Imaginationen folge ich? Entstehen vorgestellte Figuren? Wie verhalte ich mich (zu den anderen)? Welche Positionen nehme ich ein: Außenseiter*in, Anführer*in, Mitläufer*in? Wie erlebe ich meine Entscheidungen? Die Spielleitung achtet darauf, dass der Zyklus aufrechterhalten bleibt, und kann an unterschiedlichen Punkten Impulse setzen. *Zyklokinetik©* etabliert eine Struktur, die eventuellen Zuschauer*innen verborgen bleibt. Diese Struktur bietet dem einzelnen Teilnehmenden einen Rahmen für sein individuelles theatrales Handeln. *Zyklokinetik©* ist ein Trainingsformat mit Potential zur Performance.[58]

[58] Der Text basiert auf einem Gespräch, das ich mit Toni Gruber am 6.2.2023 in München geführt habe.

Chorische Wahrnehmung bedeutet, mit wachen und aktiven Sinnen Impulse zu geben und zu empfangen und in einem gemeinsamen (Spiel)Raum im selben Moment handelnd bei mir und bei den anderen Chormitgliedern zu sein. Erst in diesem Zusammenspiel entsteht der Chor.

Chor und Wahrnehmung: Übungsteil

„Kann ich in der Selbstwahrnehmung bleiben
und trotzdem nach Außen gerichtet sein?" (Verhülsdonk 2022, 21)

Ein paar Worte über den Impuls-Klatsch-Kreis

Aufmerksamkeit, peripherer Blick, Körperimpulse, gemeinsame Dynamik und Bewegung. Jedes Mal, wenn ich einen Klatschkreis anleite, stelle ich mir die Frage: „Ab wann wird der Impulskreis zum Chor?" Der Kreis ist kommunikativ die Form aller Formen. Er ist statisch und dynamisch zugleich, er schafft Raum zwischen Menschen, erschafft sich ein Innen und Außen, dessen Begrenzung er gleichzeitig ist. Der Kreis bindet Energie, schafft eine Mitte, jeder sieht jeden. Alle sind Agierende und Zusehende gleichzeitig. Der Spielkreis sieht sich selbst beim Spielen zu. Ganz gleich, ob man in Jugendgruppen um das Lagerfeuer sitzt und singt oder der Chor sich vor seinem Konzertauftritt im Halbkreis aufstellt, in einem Stuhlkreis zusammensitzt oder einen Klatsch-Impulskreis macht: Der Kreis als hierarchiefreie Versammlungsform ermöglicht ein gegenseitiges Wahrnehmen, Spielen und Handeln. Sehen und Gesehenwerden fallen zusammen. Bühnen- und Publikumszone sind im Kreis vereint. Der Halbkreis ist eine reduzierte Kreisform und die Zuschauer*innen vollenden das Rund. Die versammelten Körper schaffen sich ihren dynamischen *safe space*. Hier drei, wie ich finde, besonders chorische Varianten.

Klatschen ohne Augen (I)

Der Klatschkreis wird mit geschlossenen Augen durchgeführt: In eine Richtung wird im Kreis ein Klatschimpuls weitergegeben. Zuerst wird langsam und nur in eine Richtung gespielt. Es ist darauf zu achten, dass der gemeinsame Rhythmus gehalten wird; gemeinsam wird eine hörende Aufmerksamkeit entwickelt, wann der Impuls einen erreicht. Später mit Richtungswechsel spielen. Hier wird noch mehr Aufmerksamkeit verlangt.

Vom Klatschkreis zum Raumlauf mit Klatschen (II)

In dieser Übung begegnen und verbinden sich Klatschkreis und Raumlauf. Aus einem gut funktionierenden Klatschkreis heraus wird die Kreisformation langsam aufgelöst: Die Teilnehmenden der Gruppe vereinzeln sich, gehen in den Raumlauf und schicken sich dabei weiterhin Klatschimpulse. Wichtig ist hier eine 360-Grad-Aufmerksamkeit.

Chorischer Imaginationskreis (III)

Die Übung kann man nach einem klassischen Klatschkreis anschließen. Die Gruppe steht im Kreis und man beginnt, imaginäre Gegenstände weiterzugeben. Bei jedem Übergang wird das Objekt vom nächsten Teilnehmenden verändert. Aus dieser Gruppenübung können chorische Varianten entwickelt werden.

Phase 1: Bei der Übergabe der imaginären Objekte treten Geräusche, Laute und Atem hinzu. Es können auch bestimmte Requisiten eines Stückes imaginär durch den Chor weitergegeben werden. Der Chor bekommt ein Objekt, z.B. das Beil *Elektras*, und bestaunt und kommentiert dieses Objekt: lautierend, atmend – später auch mit kleinen Bemerkungen.

Phase 2: Statt der Objekte werden jeweils mimische Ausdruckformen pantomimisch im Kreis weitergegeben.

Phase 3: Mimik wird verbunden mit Lauten und Geräuschen im Kreis weitergegeben. Als nächster Schritt können Worte und Sätze das Weitergeben von imaginären Dingen ersetzen.

→ Übung: „Chorischer Kreisdialog“ (188)

Gesten-Stille-Post

Die Gruppe steht so im Raum verteilt, dass jede*r um sich herum ausreichend Platz hat. Nun schickt ein*e Spieler*in eine Geste mit klarer Blickrichtung (Senden!) zu einer anderen Person im Raum. Diese Person gibt die Geste weiter zu jemandem Dritten, und so weiter fort. Diese Geste läuft durch die Gruppe. Dieser Prozess wird nicht abgebrochen. Dann wird eine zweite Geste in die Gruppe geschickt, es folgt eine dritte. Es laufen drei Gesten, die sich voneinander unterscheiden sollen in ihrer Bewegungsqualität, durch die Gruppe. Es ist die Aufmerksamkeit dahin gerichtet, woher der nächste Impuls kommt, um schnell reagieren zu können und damit alle drei Gesten in der Gruppe bleiben (Rundumblick!).

Variante 1: Die Gesten werden mit einem Geräusch untermalt.
Variante 2: Der Übung wird ein Takt unterlegt, der beibehalten wird.

Gemeinsam niedersinken und aufstehen

Phase 1: Alle stehen in Aufmerksamkeit im Raum verteilt. Zum Kennenlernen des Bewegungsablaufes gibt die Spielleitung die Impulse: Alle lassen sich zu Boden sinken und stehen in einem Bewegungsfluss wieder auf. Das wird ein paar Mal wiederholt.

Phase 2: Eine Person innerhalb der Gruppe führt. Sinkt sie hinunter, folgt die Gruppe, steht sie wieder auf, ebenso. Jetzt tritt als Element ein Wechsel von Energie und Tempo hinzu (schnell und langsam,

Veränderung der Körperspannung). Trotzdem bleibt der Ablauf immer körperlich geführt und kontrolliert.

Phase 3: Es gibt keinen Impuls mehr von einem bestimmten Teilnehmenden. Die Bewegung wird von der Gruppe in hoher Aufmerksamkeit gemeinsam vollzogen. Die Impulse werden kollektiv.

Phase 4: Die Übung wird mit geschlossenen Augen durchgeführt.

Achtsam aufstehen und niedersetzen

Phase 1: Der Chor sitzt in einer Reihe, einem Halbkreis oder Kreis. Es steht immer nur eine Person auf und setzt sich wieder hin, ohne vorherige Absprache. Zwischen dem jeweiligen Aufstehen wird eine Pause gehalten, damit sich kein automatischer Rhythmus ergibt.

Phase 2: Es stehen immer zwei Spieler*innen gleichzeitig auf und setzen sich wieder, dann drei, dann vier.

Phase 3: Die Übung wird weitergeführt, bis die ganze Gruppe gemeinsam aufsteht und sich wieder setzt.

Phase 4: Nun wird von der Spielleitung eine Zahl gerufen: so viele stehen auf und setzen sich wieder.

Spiegelchor

Phase 1: Die Spieler*innen stehen einander in zwei Reihen gegenüber. Es wird ein aktive und eine spiegelnde Person bestimmt. Die Aufgabe besteht darin, die Mimik des Gegenübers in *slow motion* zu spiegeln. Später werden statt der Mimik Hände, Beine, dann der gesamte Körper gespiegelt.

Phase 2: Die Spiegelreihen kommen in Bewegung. Raumlauf: Die Paare entfernen sich voneinander, bleiben aber über die Spiegelung verbunden.

Phase 3: Die jeweiligen Impulsgeber*innen der einzelnen Paare geben der jeweils spiegelnden Person stärkere Verwandlungsimpulse: Alter, Gender, Habitus. In der Folge kann innerhalb des Paares der Wechsel von Impulsgeber*in und Spiegel variiert werden.

→ „Spiegelsequenzen" (269)
→ Übung: „Der Chor als Spiegelkabinett" (212)

Zeitlupenkreis[59]

Die Gruppe steht im Kreis. Vor jeder Person liegt auf dem Boden ein Gegenstand (Stab, Tennisball, Requisit). Die Aufgabe besteht darin, als Gruppe in starker *slow motion* in völliger Synchronizität den jeweiligen Gegenstand aufzuheben. Die Bewegung wird ohne eindeutig zuzuordnende Impulsführung vollzogen. Der Blick geht zum Horizont, die Spieler*innen sind in hoher Aufmerksamkeit miteinander verbunden. Keiner versucht zu führen.

Erweiterung 1: Untergruppen werden gebildet mit jeweils unterschiedlichen Gegenständen, die ihre Abläufe mit jeweils unterschiedlichen Zeitlupengeschwindigkeiten (rasch, mittel, langsam) proben. Diese drei Gruppen werden zu einem großen Kreis gemischt. Alle Abläufe laufen gleichzeitig.

Erweiterung 2: Die Gruppe findet gemeinsam einen oder mehrere Haltepunkte im Bewegungsablauf: Alle unterbrechen den Bewegungsfluss, halten die Spannung (*hold*) und setzen dann fort.[60]

Copy & Paste

Die Gruppe steht im Raum verteilt, offen, absichtslos. In einer aufmerksamen Spannung, zugewandt, möglichst neutral. Kein Impuls

---

[59] Diese Übung beruht auf dem Prinzip des „Bambussterns", vgl. Nübling 1998b, 67.
[60] Mit *hold* bezeichne ich die Spannung vor dem Loslaufen. Ein *hold* ist durchlässiger und elastischer als ein *freeze*; die Bewegung ist somit leichter aus einem Impuls heraus zu beginnen.

wird absichtlich in die Gruppe gegeben, aber jede noch so kleine Bewegung, ein Neigen des Kopfes, ein Augenverdrehen, die Bewegung eines Fingers, wird von allen kopiert und diese Kopie wieder kopiert. Wichtig ist, dass keine Absicht verfolgt wird. Kein Impuls wird direkt in die Gruppe gegeben. Die Wahrnehmung jeder*s Einzelnen richtet sich hierbei nach außen, hin zu den anderen. Jede*r kopiert ständig jede*n. Diesen Prozess gilt es aufrechtzuerhalten. Musik unterstützt, sobald sich eine bestimmte Geste oder Bewegung in der Gruppe durchsetzt und von allen übernommen wird. Diese Gruppengeste wird nun mehr und mehr verstärkt (Ansage der Spielleitung). Wenn die Energie hoch genug ist, kann die Spielleitung auch dazu einladen, sich als Gruppe in Bewegung zu setzen.

Tanz der Impulse[61]

Die Gruppe sitzt auf Stühlen im Raum verteilt, mit verschiedenen Blickrichtungen. Jede*r hat nur einen Teil der Gruppe im Blick. Die Übung setzt in gewissem Maße *Copy & Paste* fort, nur wird jetzt nicht ein absichtsloser körperlicher Impuls, eine kleine Bewegung von allen gespiegelt, sondern jeder Impuls ist der Auslöser für den nächsten eigenen Impuls. Ein weiterer Unterschied besteht darin, dass es für die Gruppe eine gemeinsame Handlungsaufgabe gibt, z.B. *aufstehen, auf den Stuhl steigen, absteigen und wieder setzen* oder *aufstehen, auf den Boden setzen, dann hinlegen*. Wie gesagt: Jeder wahrgenommene Impuls ist Auslöser eines eigenen Bewegungsimpulses. Es geht darum, mehr zu reagieren als zu agieren. Es wird einen *overload* an Impulsen geben, einen sich überlappenden Tanz einzelner kleiner Bewegungen und Gesten, aus denen man filtern muss. Es ist ein ständiges Geben und Nehmen. Die Aufgabe bleibt für die Gruppe die Rahmenhandlung.

→ Der Chor als Spiegel: das Mediopassiv (60)

---

[61] Diese Übung ist inspiriert von John Cage und der Übung „Silent Dance" (vgl. Nübling 1998b, 71).

Wer läuft los?

Phase 1: Die ganze Gruppe steht in einem *hold*. Nur eine Person geht mit einem klaren Impuls los und geht eine Zeit lang im Raum herum, bleibt wieder stehen – *hold* für alle – dann geht eine andere Person los. Alle behalten immer die Spannung. Die Entscheidung, wer wann losgeht, erfolgt impulsgesteuert, ohne verbale Absprache.

Phase 2: Zwei Personen laufen jetzt gemeinsam los und bleiben wieder stehen, dann drei, dann vier, dann fünf. Alles ohne Absprache.

Phase 3: Dialogischer Wechsel im Loslaufen und Stehenbleiben zwischen einer Person und der ganzen Gruppe. Das geschieht selbstgesteuert. Entscheidend ist der Moment vor dem Loslaufen: Wer läuft los, wir alle oder eine*r?

Phase 4: Eine Personen-Konstellation wird länger laufen gelassen: Ein dialogisches Prinzip entsteht zwischen Gruppe und Einzelperson. Dann wird die protagonistische Position gewechselt.

Freundesland

Die Spieler*innen der Gruppe verteilen sich auf alle vier Wände des Raumes. Allen gehen gemeinsam mit verbundenen (geschlossenen) Augen langsam aufeinander zu. Die Hände werden vor dem Körper gehalten mit den Handflächen nach vorne. Wenn die Spieler*innen aufeinandertreffen, entwickelt sich eine achtsame Kontaktaufnahme mit den Fingern. Ein Dialog der Hände entsteht über das Abtasten. Das Ziel ist die gegenüberliegende Wand. Die Übung ist dann beendet, wenn alle angekommen sind. Musik kann die Übung unterstützen.

Vertrauensstern

Die Gruppe steht im Kreis und die Teilnehmenden nehmen einander sicher und fest an den Händen. Alle stehen mit den Füßen jeweils eng beisammen. Es wird abwechselnd abgezählt auf 1 und 2. Die Spieler*innen gehen so weit auseinander, bis die Arme gestreckt sind. Gruppe 1 lehnt sich jetzt langsam nach vorne, Gruppe 2 nach hinten, soweit es geht: das Gleichgewicht wird nur durch das eigene Gewicht, das an die Gruppe abgegeben wird, gehalten.

Der Chor auf dem Seil

Ein Seil liegt auf dem Boden. Die Gruppe versucht nun gemeinsam auf dem Seil zu stehen. Die Gruppengröße wird bestimmt über die Seillänge. Die Spieler*innen unterstützen und halten einander, sie helfen einander, auf dem Seil zu bleiben. Imagination: Links und rechts neben dem Seil geht es tief hinunter in einen Abgrund.

Stopp-Kreis

Die Gruppe steht im Kreis. Ruhe und Konzentration sind für diese Übung wichtig. Es geht nun die erste Person langsam durch den Kreis auf ihr Gegenüber zu, bis dieses Gegenüber *Stopp* sagt. Dann hält die gehende Person an. Im Spiel mit Nähe und Distanz, beim Überwinden einer Strecke hin zu einem anderen zeigt man sich und wird zugleich beobachtet. Das Paar nimmt sich und den Abstand jetzt wahr und hält die Situation kurz. Beide wechseln den Platz, die nächste Person geht los. Statt *Stopp* kann auch ein anderes Codewort gewählt werden.

Phase 1: Jede*r geht auf den anderen zu, man hält den Moment nach dem *Stopp* gemeinsam, blickt einander in die Augen.

Phase 2: Nachdem *Stopp* gesagt wurde, kann diejenige Person, die losgegangen ist und nach dem *Stopp* angehalten hat, vorsichtig noch eine kleine Korrektur des Abstands vornehmen (Ist mir der Abstand doch zu nah oder kann ich noch ein bisschen näherkommen?).

Phase 3: Nachdem *Stopp* gesagt wurde, können beide Partner*innen nonverbal den perfekten Abstand gemeinsam austarieren.

Erweiterung 1: Nachdem *Stopp* gesagt wurde, spricht die Person, die losgegangen ist, einen kurzen Satz (z.B. *Ich bin da!)* und die andere Person antwortet (z.B. *Ja, ich sehe dich!).*

Erweiterung 2: Möglich ist auch eine Variante eines *Rollen-Stopp-Kreises*. Die Figuren eines Stückes stellen sich im Kreis auf. Welche Rolle erlaubt welcher anderen Rolle welchen Abstand? Es wird mit unterschiedlichen Rollensätzen geübt. Es können kurze Dialoge entstehen.

Erweiterung 3: Der Chor gibt nach den einzelnen Sätzen ein flüsterndes Echo.

Zwischenspiel: „Im Chor stehen" (Wien 1980)

Die Prozession schreitet voran. Ich unter vielen anderen Kindern. Wir gehen gemeinsam nach vorne, knien gemeinsam hin, stehen gemeinsam auf. Musik. Jeder trägt eine Kerze, geht aufrecht, blickt nach vorne. *„Nicht zu Boden blicken, nicht zu Boden blicken!"* hat der Pfarrer bei den Proben immer wieder gesagt. Auf unserer Seite haben alle Jungen mehr oder weniger das Gleiche an: einen dunklen Kinderanzug, weißes Hemd, Schleife. Die Mädchen auf der anderen Seite der Kirche bilden auch eine Schlange. Sie tragen weiße Kleider. Auch sie haben Kerzen in der Hand und auch sie versuchen, nicht zu Boden zu blicken. Ein Mädchen sieht kurz zu mir herüber. Ich weiß ihren Namen nicht mehr. Wir schreiten voran. Wir stellen uns auf, Jungen und Mädchen. Der Pfarrer sagt: *„Der Chor, das ist der Ort, wo wir uns alle aufstellen!"*

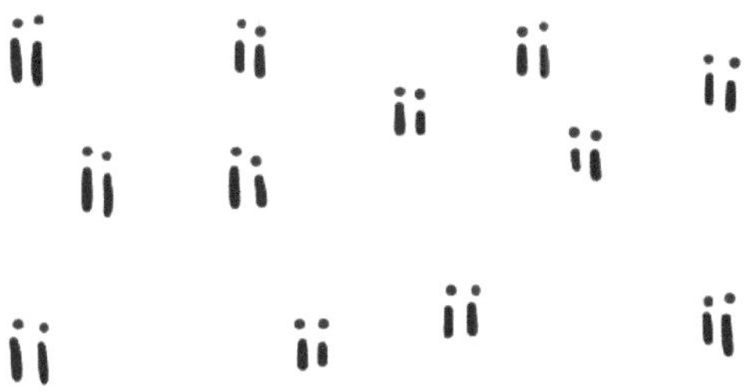

Abbildung 13: Paarbildungen

Baustein III: Chor und Raum

Der Chor bildet einen Raum. *Chorós* als Begriff mit vielen Bedeutungsschichten[62] bezeichnet im Altgriechischen, lange bevor es Theateranlagen gab, auch „[…] den Platz, auf dem eine Gruppe Tänze und Gesänge aufführte" (Haß 2012, 19). Der Chor nimmt sich seinen Raum. Die Bühne des Chores ist dort, wo der Chor sich befindet. Stehen alle Spieler*innen beisammen, ist es ein kleiner Kreis, den der Chor beansprucht, verstreuen sich die Spieler*innen aber und behalten dabei den chorischen Kontakt, dann dehnt sich auch die Spielfläche mit den auf ihr agierenden Körpern aus. Der Chor ist sein eigener Ort und er schreitet ihn aus, bildet Choreografien mit Bewegung, Atem, Schritten und Sprache. In der Theaterszene aus Schillers Ballade *Die Kraniche des Ibykus* (Schiller 1997b, 329-333) betritt zu Beginn der Vorstellung der Chor die Bühne und nimmt alle in seinen ästhetischen Vorstellungsraum mit hinein. Die Zuschauer*innen sehen gebannt den Chor einziehen:

„[d]er streng und ernst, nach alter Sitte,
Mit langsam abgemeßnem Schritte,
Hervortritt aus dem Hintergrund
Umwandelnd des Theaters Rund." (Schiller 1997b, 331)

[62] Siehe Donath 2018, 131ff.

Und nachdem der Chor seine Botschaft überbracht hat und in diesem Fall den Täter, der in den Zuschauerreihen des Theaters sitzt, verflucht hat, verlässt er wieder die Szene und hinterlässt ein Vakuum aus Staunen, Ahnung und Verstörung: Der Chor ist abgetreten, die Vorstellung ist vorbei:

„Und feierlich, nach alter Sitte
Umwandelnd des Theaters Rund
Mit langsam abgemeßnem Schritte,
Verschwinden sie im Hintergrund." (Schiller 1997b, 332)

So bringt der Chor immer schon seinen eigenen Raum mit auf die Bühne und korrespondiert gleichzeitig mit dem Raum um sich. In prähistorischer Zeit waren es vielleicht die Höhlen, in der antiken *Polis* die *Agora*, später die in den Felsen geschlagene Bühne unter dem stahlblauen mediterranen Himmel. Heutzutage schwärmt der Chor in anderen Öffentlichkeiten, nimmt andere Räume ein: Straßen, Festivals, Bühnen, Fabrikhallen, leere Schwimmhallen. In jedem Raum erhält jener Raum, den der Chor selbst mitbringt, einen neuen *frame*. Aus diesem Grund braucht der Chor nicht unbedingt ein Bühnenbild. Betritt ein chorisches Ensemble eine Spielstätte, ist es oft eine Art Beginn vor dem Beginn, ein Auftritt, eine *Parodos*[63]. Noch bevor die tatsächliche Handlung beginnt, zieht der Chor ein, und nachdem der Chor ausgezogen ist, kommt nichts mehr. Und auch wenn man heutzutage nicht mehr, wie bei Schiller, „feierlich nach alter Sitte" schreiten muss, so ist es doch spannend, „in langsam abgemeßnen Schritten" den Raum zu erkunden. Man spürt den Raum körperlich. Der Klang der Schritte eröffnet einen Dialog mit dem Raum, tritt in Resonanz mit den Wänden, dem Boden, der Decke. Schließlich folgt die haptische Kontaktaufnahme mit Boden, Wänden, Kanten, Oberflächen. Der Chor – „umwandelnd des Theaters Rund" – ermächtigt sich des Raumes.

---

[63] Mit der *Parodos* bezeichnet man in der griechischen Tragödie das Einzugslied des Chores (vgl. Zimmermann 2000, 350).

Chor und Raum: Übungsteil

„In dem Moment, in dem der Körper stillsteht, wird die innere Energie beschleunigt."
(Bogart, Landau 2017, 80)

Ein paar Worte über den Raumlauf

Aufmerksamkeit, peripherer Blick, Körperimpulse, gemeinsame Dynamik und Tempowechsel. Dann *Stopp and Go*, Einsatz von Stimme und Sprache. Jedes Mal, wenn ich einen Raumlauf anleite, stelle ich mir die Frage: „Ab wann wird der Raumlauf zum Chor?" Mittlerweile schlage ich den Raumlauf als Übung weniger als Einstieg vor, sondern in anderen Zusammenhängen. Hier drei eigene, wie ich finde, besonders chorische Varianten dieser Übungen aller Übungen.[64]

Laufen und Schweigen- Stehen und Reden (I)

Phase 1: Alle laufen im Raum. Jeder kann jederzeit stehenbleiben und wieder losgehen.

Phase 2: Wenn man steht, spricht man Text (Sätze einer Figur, innere freie Monologe, Assoziationen), geht man los, schweigt man.

Phase 3: Paare bilden sich durch Blickkontakt. Im Paarbewusstsein durch den Raum gehen, dabei die ganze Gruppe im Auge behalten. Als Paar gemeinsam stehen bleiben und gemeinsam losgehen.

Phase 4: Als Paar voreinander stehen bleiben und assoziativ mit Text und Sprache arbeiten: Ein kurzer Dialog entsteht zwischen den

[64] 2009 wurde auf Initiative von Jessica Höhn, Nicolas Hamm, Fuli Hofmann, Allan Mathiasch, Matthias Winter, Nadin Kretschmer und mir die Arbeitsgruppe „Theaterpädagogische Labore" im Bundesverband Theaterpädagogik e.V ins Leben gerufen. In einem experimentellen Setting ohne Leitung, als Austausch unter Kolleg*innen, wurden Labore zu unterschiedlichen Themen angesetzt. 2009 fand auch das erste Labor zum Thema „Raumlauf" in Frankfurt am Main statt.

Tandempartner*innen (Texte, Begriffe oder Gedankenstrom). Mit einem gemeinsamen Impuls losgehen und wieder schweigen.

Phase 5: Mehr und mehr achten die Paare darauf, im selben Moment stehen zu bleiben. Auch hier zuerst ohne, dann mit Text und Sprache.

Phase 6: Jetzt wird auch der umgebende Raum stärker mit einbezogen: die Tandems nehmen bewusst unterschiedliche Positionen im Raum ein: sitzend, mit mehr oder weniger Abstand, an die Wand gelehnt, am Boden liegend. Unterschiedliche Ebenen werden mit einbezogen.

Phase 7: Der ganze Chor bleibt im selben Moment stehen und die Paare sprechen ihre Dialogfragmente gleichzeitig. Dann, in einem gemeinsamen Impuls, gehen alle wieder im selben Moment los. Während des Gehens wird geschwiegen. Die Verbindung der Tandems und die chorische Gruppenaufmerksamkeit werden gehalten.

Phase 8: Man kann diese Übung auch zurücklaufen lassen: Die Gruppe löst sich wieder in Paare auf. Jedes Paar bleibt stehen und geht wieder los im eigenen Rhythmus. Die Paare trennen sich ebenfalls wieder und alle vereinzeln sich und treten in Phase 1 ein.

Drei-Gruppen-Lauf (II)

Es werden drei Untergruppen gebildet. Alle Gruppen vermischen sich in einem allgemeinen Raumlauf. *Stopp* und *hold*. Gruppe 1 geht los, wird gemeinsam langsamer und bleibt schließlich gemeinsam stehen. Der Moment des Stillstehens ist für die Gruppe 2 der Impuls loszugehen. Dann die gleiche Staffelübergabe des Impulses zu Gruppe 3. In einem nächsten Schritt kann in freier Reihenfolge der Wechsel probiert werden. Es kann mit folgendem Prinzip gearbeitet werden: Gehen = Einsatz von Sprache, Stehen = Schweigen.

Formationen (III)

Phase 1: Formationen werden gebildet: Kreis, Reihe, Linie, Winkel. Diese Formationen werden im Vorfeld geübt. Aus dem Raumlauf heraus entscheidet nun die Gruppe ohne Impuls von Einzelnen, eine Formation zu bilden. In dieser Formation bleibt sie in einem *hold* stehen und löst sich dann gemeinsam wieder im Raumlauf auf. Nach einem ersten Ablauf ist die Aufeinanderfolge der Formationen frei. Was setzt sich durch? Wo entsteht ein Impuls?

Phase 2: In der Formation ist eine langsame Bewegung möglich. Der Kreis dreht sich nach rechts, die Reihe bewegt sich nach vorne. Man kann sich in dieser Phase auch nur mit einer Formation beschäftigen. Der periphere Blick für die Gruppe wird fokussiert, um den Impuls zur Auflösung der Formation zu spüren.

Phase 3: In der Formation wird ein kurzer Satz gesprochen, z.B. *Wir kommen jetzt!* Der Satz wird von jeder einzelnen Person der Gruppe während der Formation gleichzeitig und durcheinander gesprochen. Synchronizität entsteht spielerisch. Während des Raumlaufs wird geschwiegen. Variante: ein gemurmelter Bewusstseinsstrom oder eine sprachliche Improvisation über den chorischen Satz während des Raumlaufs.

Pulsen

Die Gruppe steht eng im Pulk in der Mitte des Raumes. Alle bewegen sich sternförmig in alle Richtungen des Raumes, neugierig, forschend, behalten aber das Gruppenbewusstsein bei. Auf einen Geräuschimpuls der Spielleitung (später ist das von jedem Chormitglied möglich) zieht sich der Chor wieder zusammen zum Pulk: Was war das? Auseinandergehen und zusammenlaufen jetzt mehrmals im Wechsel.

Diese Übung ist mit dem „Rehe im Abend-Prinzip" verwandt, lenkt aber den Fokus auf das Raumgefühl. Sehr spannend im Freien über größere Distanz!

→ Übung: Das „Rehe am Abend-Prinzip" (I) (158)

Der Boden wird in vier gleich große Felder eingeteilt und mit Klebeband abgesteckt. Jeder Fläche wird mit einer bestimmten Handlungsaufforderung belegt:

Tätigkeiten: Tanzen (Feld 1), Roboterbewegungen (Feld 2), Kriechen (Feld 3), Gang in *slow motion* (Feld 4)

Ausdruck: Angst (Feld 1), Freude (Feld 2), Niedergeschlagenheit (Feld 3), Selbstsicherheit (Feld 4)

Phase 1: Alle Spieler*innen beginnen diese Übung aus dem Raumlauf heraus. Je nach Feld ändert sich das Verhalten und die Tätigkeit. Es bilden sich auf den Feldern von selbst Untergruppen mit der gleichen Tätigkeit. Es findet ein ständiger Feldwechsel aller Spieler*innen statt durch das Raumlaufprinzip: Betritt man ein neues Feld, ändert sich die Tätigkeit oder der Ausdruck.

Phase 2: Kontaktaufnahme der Spieler*innen untereinander in den einzelnen Feldern. Jetzt entwickelt die Untergruppe die Tätigkeit gemeinsam weiter und findet zu einem Gruppengestus.

Phase 3: Die Gruppe bewegt sich als Pulk durch den Raum, je nach Feld verändert sich das Verhalten aller Gruppenmitglieder in chorischem Kontakt.

Das Spiel kann durch das *follow the leader*-Prinzip erweitert werden. Es gibt aktive und reagierende Spieler*innen. Die Aktiven geben die Impulse zum Orts- und Haltungswechsel. Es kann mehrere aktive Spieler*innen geben. Die restliche Gruppe folgt, d.h., man wechselt nicht selbst auf ein neues Feld, sondern der Impuls zum Wechsel kommt von einer Chorführung.

→ Übung: Chorisches „Au ja!“ (Follow the Leader-Prinzip I) (198)

Im Netz I

Paare bekommen jeweils eine Schnur (ca. 2 Meter), mit der sie sich durch den Raum bewegen (Ebenenwechsel!). Die Schnur muss immer gespannt sein. Die Wege der Paare kreuzen sich. Wichtig: Paar- und Gruppenwahrnehmung.

Erweiterung: Die Paare bekommen kurze Dialogtexte (Ja/Nein, Warum/Deshalb), die abwechselnd oder gleichzeitig gesprochen werden. Musik kann hier sehr unterstützend wirken.

Im Netz II

Phase 1: Jedes Paar erhält eine Schnur (ca. 2 m) und hält sie gespannt. Die Paare stellen sich hintereinander parallel auf (Abstand ca. 1 m). Die Spieler*innen bilden jetzt einen Korridor, eine Art Allee.

Phase 2: Einzelne Spieler*innen gehen von hinten nach vorne durch diesen bewegten Fadenkorridor.

Phase 3: Jetzt lösen sich die Paare aus der Formation des Korridors. Das Netz bewegt sich jetzt im ganzen Raum. Die Paare bewegen sich mit den Fäden, ohne dass die Spannung des Fadens nachlässt. Einzelne Spieler*innen bewegen sich in diesem Netz.

Phase 4: Zwei Spieler*innen bewegen sich im Netz und versuchen einander zu fangen.

Im Netz III

Die Spieler*innen stehen im Kreis. Es wird ein Wollfaden von Spieler*in zu Spieler*in weitergegeben oder über den Kreis zugeworfen. Die Gruppe spannt jetzt ein Netz aus sich überkreuzenden Fäden. Die

Gruppe versucht, sich mit diesem Netz durch den Raum zu bewegen, ohne dass die Spannung des Netzes nachlässt. Das Netz kann Ebenen wechseln (hoch/tief), kann schräg gestellt oder gedreht werden. Wie wirkt sich die Veränderung oder Bewegungen einzelner Spieler*innen auf die ganze Gruppe aus?

Erweiterung 1: Einzelne Spieler*innen gehen in und durch das Netz, tauchen ab und auf, spielen mit den Öffnungen, die das sich bewegende Netz bietet.

Erweiterung 2: Zwei und dann vier Spieler*innen tanzen zu Musik in diesem Netz.

Das Gleichgewicht auf der Bühne

Diese Übung stammt von dem Schauspielpädagogen und Regisseur Jacques Lecoq. Sie ist ein Klassiker der chorischen Raum- und Ensemblewahrnehmung. Lecoq selbst nennt sie „eine der schönsten von allen in der Schule entwickelten Übungen" (Lecoq 2000, 184ff.). Ich gebe sie hier angereichert durch eigene Varianten wieder.

Setting 1: Gleiches Gewicht

Wir stellen uns vor, die Bühnenfläche ist eine Scheibe (eine imaginäre Plattform), die auf der Spitze einer Nadel oder Pyramide ruht, in einem fragilen Gleichgewicht. Ein*e Spieler*in A stellt sich in der Mitte der Platte auf, bewegt sich minimal in einem kleinen Bereich und hält das imaginäre Gleichgewicht. Spieler*in B tritt auf und wird zum*zur Spielführer*in. B bewegt sich im Raum, A gleicht aus. Die Platte muss immer im Gleichgewicht bleiben. Die sichtbar gemachte „Verweigerung" von Spieler*in A weiterhin auszugleichen (z.B. Hinlegen), erfordert den Auftritt von Spieler*in C. Jetzt führt Spieler*in C, A und B gleichen gemeinsam aus usw. Die Anzahl der Spieler*innen wird durch die Größe der Spielfläche bestimmt.

→ „Herr Lecoq, wie groß ist ein Chor?" (81)

Setting 2: Unterschiedliches Gewicht

Zwei, dann drei, vier etc. Spieler*innen haben zusammen das gleiche Bühnengewicht wie Spieler*in A. A führt, die Gruppe reagiert, dann Wechsel: Die Gruppe führt und Spieler*in A reagiert. Ein Spiel zwischen Chor und Protagonist*in entsteht. Als Abschluss der Übung lässt sich Spieler*in A zu Boden fallen als Zeichen für den Chor, sich nach und nach aufzulösen. Einer nach dem anderen verlässt die imaginäre Plattform. Das Gleichgewicht muss aber dabei erhalten bleiben. Nur ein*e Spieler*in bleibt übrig.

Setting 3: Chorischer Dialog

Jetzt sind zwei Spieler*innen auf der Plattform. Ein Dialog kann beginnen (nonverbal, später verbal oder mit vorgegebenem Text). Im Fokus ist wieder das Erhalten des Gleichgewichts auf der Bühne. Jederzeit kann wieder jemand auf die Plattform dazukommen, der sich jetzt entweder A oder B anschließt, aber das Bühnengewicht von A und B nicht erhöht. Die so entstehenden Gruppen von A und B reagieren jeweils nur auf die Impulse von A oder B. Die beiden führen ihren Bewegungsdialog weiter. So entstehen zwei Chöre mit zwei Chorführer*innen.

Setting 4: Das Gleichgewicht der Gruppe

Alle Spieler*innen sind schon zu Beginn auf der Fläche und verteilen sich so, dass Gleichgewicht herrscht. Alle sind ständig in Bewegung begriffen. Zu stabile und damit statische Formen wie Kreis oder Dreieck werden vermieden. Der ganze Raum wird gleichmäßig ausgefüllt, ohne Ballungen oder Lücken, sonst droht die Plattform zu kippen. Bei dieser Übung können die Spieler*innen nie alle anderen gleichzeitig sehen und spüren. Alle versuchen die ganze Spielfläche im Blick zu behalten. Die Spielleitung kann Impulse geben: *„Tempo steigern! In die Lücken gehen! Die anderen überraschen!“*

Aus einem Raumlauf heraus bilden sich ohne verbale Absprache über den Blickkontakt Paare. Zuerst mit Abstand, dann sich mehr und mehr nähernd. Der Raumlauf bleibt bestehen, aber irgendwann laufen nur mehr Paare im Raum.

Variante 1: Die Paare erweitern sich. Zwei Paare bilden Vierergruppen, dann zwei Vierergruppen eine Achtergruppe, bis der Chor aus zwei ca. gleich großen Gruppen besteht.

Variante 2: Die Paare trennen sich wieder und nach einer Phase des Einzelraumlaufs bilden sich jetzt Dreiergruppen. Die Dreiergruppen trennen sich, nach einer Phase des Einzelraumlaufs bilden sich Vierergruppen usw.

Spielt man weiter, wird am Ende die Raumlaufgruppe, die sich geteilt hatte, wieder zu einer einzigen Gruppe. Aber sie ist nicht mehr die gleiche. Sie ist durch einen Prozess der Zerteilung und des erneuten Zusammenfügens gegangen. Sie ist ein Chor geworden.

Zwischenspiel: „Atemecho" (Lucca 1996)

Die Schauspielerin dreht sich um, mit einem hörbaren Atemzug. Sie hält den Atem an. Wir alle im Publikum halten den Atem an. Sie atmet aus, wir auch. Stille. Ein Stuhl fällt um und die Schauspielerin fährt erschrocken herum. Sie zieht den Atem hörbar ein. Wir als Publikum reagieren kollektiv, mit einer halben Sekunde Verzögerung. Wir atmen alle ein, wie ein Echo. Alle blicken auf den Stuhl, dann auf die Schauspielerin. Noch Jahre später werde ich darüber nachdenken: Wie haben sie es in dieser Straßentheaterszene hinbekommen, dass der Stuhl wie von allein umgefallen ist?

Baustein IV: Chor und Atem

Atmen ist etwas Intimes. Es ist eine zentrale Körperfunktion, auf die wir Zugriff haben. Wir können nicht, wie manche Tiere im Winterschlaf, unseren Herzrhythmus herunterfahren. Aber wir können unseren Herzschlag über den Atem beeinflussen, unsere Wahrnehmung, unsere Stimmung: Atmen kann uns beruhigen, die Erregung steigern, Spannung aufbauen oder Spannung ablassen. Das alles sind nicht nur zentrale Lebens- und Sozialfunktionen, sondern auch theatrale Parameter. Man kann – auf der Bühne wie im Leben – nicht *nicht* atmen. Oder zumindest nur für kurze Zeit. Aber auch das Anhalten des Atems gehört zur natürlichen Atembewegung, der Atemschaukel: *Einatmen – Pause – Ausatmen – Pause*. „Das Ein- und Ausatmen hat seine Zeitgestalt; man kann es nicht ‚machen', perfektionieren oder beschleunigen, ohne in Atemnot zu geraten" (Fuchs 2015, 149). Den eigenen Atem zu verändern, seinen eigenen Rhythmus zu verlassen, ihn anzupassen an den eines anderen Menschen, das ist ein sehr persönlicher und sensibler Vorgang. Er braucht Zeit, Vertrauen und Geduld. Aber um ihn anzupassen, muss ich den eigenen Atemrhythmus kennen. Der Weg zu einem gemeinsam atmenden Chor beginnt beim Atem jedes Einzelnen.

Der Atem kann ein starkes gestalterisches chorisches Mittel sein: die Atembewegung der Körper, der Klang des eigenen und des gemeinsamen Atems, die Verbindung von Bewegung und Atem in der Gruppe. Die chorische Energie kann durch den Atem verändert, gesteigert, zurückgenommen und angehalten werden durch ein gesteigertes Atemtempo, Ruhemomente, Atempausen und das chorische Anhalten des Atems. Chorisches Atmen beim Einsatz von Sprache meint nicht nur das synchrone Ein- und Ausatmen. Atmen im Chor beginnt als Wahrnehmungs- und Resonanzübung. Die Herausforderung besteht darin, seinen eigenen Atemrhythmus zu spüren und gleichzeitig den der anderen wahrzunehmen. Aus diesem Zustand heraus kann man sich gemeinsam zu einem synchronen Atmen hinbewegen. Gemeinsames Atmen ist die Vorbereitung für den Weg hin zu synchronem Stimm- und Sprecheinsatz.

Chor und Atem: Übungsteil

„Was wir ‚Ich' nennen, ist nur eine Schwingtür, die sich bewegt, wenn wir einatmen und ausatmen." (Suzuki, 2002, 31)

Gemeinsamer Atem entsteht

Bei den Atemübungen im Chor empfiehlt e ssich, zuerst offenzulassen, ob durch den Mund aus- und eingeatmet wird oder durch die Nase ein und den Mund aus. Wenn das passive Einatmen betont werden soll, ist es manchmal leichter, wenn über den Mund eingeatmet wird. Sonst ist generell zu empfehlen, über die Nase ein- und über den Mund auszuatmen. Bei Atemübungen ist es wichtig, immer wieder Pausen zu machen und darauf zu achten, dass niemand hyperventiliert. Ebenso, dass gut und vollständig ausgeatmet wird, denn das „Draufatmen" auf noch vorhandene Restluft erzeugt eine Überspannung.

Phase 1: Die Gruppe *sitzt* im Kreis. Den Kreis nicht zu groß machen, damit man die anderen auch spüren kann. Jede*r atmet im eigenen Rhythmus, individuell (Wahrnehmung der eigenen Atemschaukel). Das Ausatmen wird hörbar gemacht durch ein lang gezogenes „f". Nach dem Ausatmen wird innegehalten, bis der Atem von selbst wieder einströmen will. Manchmal ist das Bild hilfreich, den „Bauch fallen zu lassen", wenn die Ausatmung erfolgt ist.

Phase 2: Die Ausatmung wird verstärkt und aktiviert. Der automatische Impuls zum Einatmen wird umso leichter sein, je mehr man mit dem „f" auch wirklich den Atem fast vollständig und aktiv ausströmen lässt. Das unterstützt das automatische Einströmen der Luft.

Phase 3: Schritt für Schritt versucht nun die Gruppe – ohne Anleitung von außen – in einen gemeinsamen Atemrhythmus zu kommen.

Variante 1: Jeder klinkt sich bei einem hörbaren Ausatmen eines anderen ein.

Variante 2: Man klinkt sich in einer Pause, dem Innehalten nach dem Ausatmen von jemandem anderen ein und verkürzt oder verlängert die eigene Atempause. Es werden so immer mehr Personen gemeinsam ein- und ausatmen, bis die ganze Gruppe zusammen atmet.

Gemeinsamer Atem und Ton entstehen

Phase 1: Fortsetzung der obigen Übung. Die Gruppe steht jetzt im Kreis. Das Ein- und Ausatmen wird von einer leichten Pendelbewegung begleitet (Ausatmen = nach vorne, Einatmen = nach hinten).

Phase 2: Das Ausatmen wird mit einem Vokal begleitet: *Ah! Oh!* (Das angehängte „h" unterstützt den Atemfluss).

Phase 3: Schritt für Schritt verbinden sich die Gruppenmitglieder im gemeinsamen kollektiven Atmen und Tönen.

Gemeinsamer Atem und Sprache entstehen

Diese Übung ist eine Erweiterung der vorherigen Übung. Nun kann auch mit gemeinsamen Wörtern gearbeitet werden. Chorische Sprache entsteht aus dem gemeinsamen Atem.

Phase 1-3: siehe oben bei *Gemeinsamer Atem und Ton entstehen.*

Phase 4: Statt eines Vokals werden chorisch Ausrufe verwendet: *Wo? Wer? Wie? Was? Ja! Nein!*

Phase 5: Kurze, vorher festgelegte Sätze werden als Chor aus dem gemeinsamen Atmen gebildet. Jedes Ausatmen formt ein Wort: *Wer – bist – denn – du?*

Phase 6: Die Pendelbewegung wird vergrößert. Die Teilnehmenden verlassen ihren Platz. Es bleibt die rhythmische Bewegung des Körpers nach vorne und hinten als Prinzip bestehen, wird aber verbunden mit der Bewegung im Raum.

Das „Rehe am Abend-Prinzip" (I)

Die Übung „Rehe am Abend" stammt von Hans Martin Ritter (Ritter 1999, 50f.) und ist hier für das Chorische abgewandelt. Sie lässt die Atemspannung in einer Gruppe entstehen. Rehe am Abend treten als Rudel mit einer hohen Achtsamkeit aus dem Wald. Die Aufmerksamkeit der Gruppe ist ganz nach außen gerichtet, ob von irgendwoher eine Gefahr droht. Diese Übung trainiert auch die körperliche chorische Präsenz und den aufmerksamen Rundumblick. Bei dieser Übung kann das kollektive Atmen situativ und gestisch erfahren werden. Diese Übung ist auch eine gute Vorbereitung zum situativen Umgang mit der Sprache als Chor und zum synchronen Einsetzen der Sprache.

Die Chorgruppe (fünf bis sieben Spieler*innen) tritt als Pulk auf die Spielfläche und schleicht vorsichtig voran eben wie *„Rehe am Abend"*. Bei kleinen Geräuschimpulsen der Spielleitung wendet sich der ganze Chor mit einem gemeinsamen deutlichen Einatmen zu diesem Geräusch, hält den Atem an, bewertet die Situation *(Es war nichts*) und atmet gemeinsam mit einem Seufzer der Erleichterung wieder aus. So bewegt sich der Chor weiter durch den Raum: Gehen – Geräusch – Reagieren – Innehalten – Seufzen – Weitergehen. Ziel ist das Entstehen eines gemeinsamen Atemimpulses, Halten des Atems und des gemeinsamen Nachlassens der Atemspannung.

→ Übung: Das „Rehe am Abend-Prinzip" (II) (187)

Atmen Kopf an Bauch

Diese Übung ist hervorragend geeignet, um die Gruppe über den Atem in Kontakt zu bringen. Sie schafft oft eine große emotionale Verbindung innerhalb der Gruppe. Sie braucht Zeit, Vertrauen und Stille. Sie eignet sich als Cool-Down-Übung, aber kann, wenn sich die Gruppe schon gut kennt, auch als Vertrauensübung verwendet werden. Auch das gemeinsame chorische oder auf einzelne Chormitglieder verteilte Sprechen von Texten ist mit dieser Übung möglich. In einer Abwandlung ist sie auch eine Übung für Feedback und Sharing.

→ Übung: „Cool down II: Chorisches Atmen im Sharing" (239)

Diese Übung wird nach und nach aufgebaut: Ein*e Spieler*in legt sich auf den Rücken, kommt an, wird schwer, spürt das eigene Gewicht, konzentriert sich auf den Atem und achtet auf einen entspannten Atemfluss. Ein*e zweite*r Spieler*in legt sich im 90-Grad-Winkel mit dem Kopf auf den Bauch der ersten Person. Das passiert achtsam und langsam. Jetzt spürt die erste Person das Gewicht des Kopfes auf dem eigenen Bauch. Dieses Gewicht macht den eigenen Atem bewusster. Die nächste Person kommt und legt den Kopf auf den Bauch der zweiten Person und so weiter, immer im 90-Grad-Winkel. Nach und nach legen sich jetzt die Teilnehmenden mit dem Kopf auf den Bauch der ihnen vorangehenden Person. Am Ende liegt die ganze Gruppe im Raum und atmet in Kontakt miteinander. In dieser Übung geht es nicht um die Anpassung, sondern um die gegenseitige Wahrnehmung des Atems. Die Übung wird in Stille durchgeführt oder mit leiser Musik. Sie wird, von der letzten Person langsam beginnend, wieder Schritt für Schritt aufgelöst.

Zwischenspiel: „Der Tanz um das Feuer“ (Steiermark 1984)

Wir sitzen alle ums Lagerfeuer. Es ist mein drittes Pfadfinderlager und ich gehöre nicht mehr zu den Kleinen. Ich bin jetzt einer derer, die den Ton angeben. Wir stehen vor dem Feuer im Kreis. Einer von uns beginnt einen Rhythmus zu klatschen. Die Gruppe übernimmt. Vor allem die Großen stehen im Kreis. Und die, die mutig sind, wie wir es damals nennen, treten einen Schritt nach vorne und beginnen einen neuen Rhythmus vorzugeben, den die anderen übernehmen. Wenn dein Rhythmus übernommen wird, fühlt sich das gut an. Alle schauen dich an, alle folgen dir. Mein Herz schlägt schneller, ich kann meinen Atem hören. Ich beginne zu klatschen und mir mit den Händen auf den Oberschenkel zu schlagen. Alle machen mit. Nicht alle. Einige verstecken sich weiter hinten und warten ab. Später erzählen wir *Alle haben geklatscht, alle!* Wir erzählen nicht von denen, die hinter uns gesessen sind.

Baustein V: Chor und Rhythmus

Am Beispiel des antiken griechischen Dramas kann man sehen, welche zentrale Bedeutung der Rhythmus für die chorische Arbeit hat: Die antike Musik ist nur sehr fragmentarisch überliefert. Wir spielen Texte, die gesungen oder lautiert wurden. Die griechischen Tragödien waren ein gestisch-musikalisch-tänzerisch-sprachliches Gesamtkunstwerk. Sie waren Musiktheater. Da aber kaum musikalisches Material überliefert ist, spielen wir bei Stücken von Sophokles, Euripides und anderen heute Texte ohne Noten: „Mit dem Gesang war die von ihm gestiftete Einheit aus Wort, Bewegung, Gestik und Tanz verlorengegangen" (Zaminer 1997, 1141). Aber im Rhythmus der Versmaße ist die Musik noch enthalten. Wir spielen Fragmente. Aber diese Fragmente bleiben lebendig, denn in der chorisch-rhythmischen Arbeit werden die musikalischen Elemente wiederbelebt. So ist „vom Versmaß aus noch ein Zugang zum Rhythmus möglich" (Zaminer 1997, 1141). Mit dem Rhythmus können wir die rituelle Kraft des Chores spürbar machen, denn Rhythmus bedeutet auch die Wiederholung von Mustern: „Die zweckfreie, gemeinsame, rhythmisch wiederholte Bewegung ist gleichsam die kristallisierte Reinform von Ritual überhaupt" (Bierl 2014, 223). Grundsätzlich stellt sich beim rhythmischen Arbeiten mit Gruppen sehr schnell die Frage nach der Entstehung von Ordnungsmustern. Es stehen die Freiheit des eigenen Rhythmus und der sich entwickelnde gemeinsame Rhythmus der Chorgruppe in Spannung zueinander. Aus dieser Spannung kann viel erwachsen. Es ist nicht einfach das Ziel, einen gemeinsamen Rhythmus, ganz gleich ob es Klatschen, Stampfen, Atmen oder Rufen ist, zu erreichen. Im Aufrechterhalten der Spannung zwischen dem eigenen, individuell spürbaren inneren Schlag und dem Gruppenrhythmus liegt Potential. So sollten rhythmische Verläufe im Chor immer dynamisch und beweglich bleiben. Hier hilft es, den Chor als ein System zu begreifen, innerhalb dessen sich Rhythmen durchsetzen, ohne dass jemand einen bestimmten Schlag vorgibt und sich alle danach richten.

Ein gutes Beispiel ist ein Phänomen, das wir alle kennen: Beim Applaus im Theater entsteht plötzlich und spontan ein gemeinsamer

Rhythmus. Was ist passiert? Und was ist daran für die chorische Praxis interessant? In einem solchen rhythmischen System gibt es zuerst einmal zwei Ebenen: die der einzelnen Impulse und die Ebene des gemeinsamen Rhythmus. Die einzelnen kleinen Rhythmen schließen sich mehr und mehr zusammen: Eine Person gleicht sich mit ihrem Klatschen unwillkürlich an ihre Nachbarperson an, weil z.B. deren Klatschen lauter ist. Sie bilden ein Muster, das um sich greift. Dieses größere Muster beeinflusst wiederum andere einzelne Elemente (klatschende Personen). So entsteht aus individuellen Klatschrhythmen ein gemeinsamer Rhythmus. Das größere Rhythmusfeld wirkt wie ein Magnet, wie ein sogenannter „Attraktor" auf die kleinen Einheiten (vgl. Schlippe et al. 2019, 41f.). Der Rhythmus, der sich durchsetzt, ist nicht einfach der stärkere, sondern er bildet sich im Dialog mit den Einzelrhythmen heraus. Er entsteht mit und aus ihnen. „Das entstehende Muster bestimmt die weitere Dynamik der Elemente, obwohl es doch ursprünglich erst aus dem Zusammenspiel der Elemente gebildet wurde" (Schlippe et al. 2019, 42). Ganz gleich, ob dieser Rhythmus über Bewegung, Geräusche, Sprache, Gesten, Schritte oder Bodypercussion erfolgt: Im Rhythmus bringt sich der Chor selbst hervor. Am eindringlichsten ist das im Tanz zu beobachten. Die einfachste chorisch-rhythmische Erfahrung macht jede*r mit den eigenen Füßen:

> „Der Rhythmus ist ursprünglich ein Rhythmus der Füße. Jeder Mensch geht, und da er auf zwei Beinen geht und mit seinen Füßen abwechselnd am Boden aufschlägt, da er nur weiterkommt, wenn er immer wieder aufschlägt, entsteht, ob er es beabsichtigt oder nicht, ein rhythmisches Geräusch." (Canetti 2014, 32)

Das Ziel ist, die Qualitäten des gemeinsamen Bewegens und Tanzens auf alle Bereiche der chorischen Arbeit zu übertragen: auf Geräusche, Atem, Stimme, Sprache und Handlungsabfolgen.[65]

[65] Wer vertiefend in das Thema Rhythmus und Gruppe einsteigen will, dem sei die dynamische Rhythmusarbeit von Reinhard Flatischler empfohlen: *TA KE TI NA, Der Weg zum Rhythmus* (Flatischler 1990) und *TaKeTiNa® - Ur-Kraft Rhythmus. Kirsten Becker im Gespräch mit dem Begründer der TaKeTiNa-Rhythmuspädagogik* (Flatischler/Becker 2009).

Chor und Rhythmus: Übungsteil

„Der Rhythmus gebiert die Form." (Terzopoulos 2016, 51)

Chor-Rhythmus-Körper [66]

Phase 1: Die Gruppe steht im Kreis. Eine Person gibt einen Rhythmus vor. Dieser Rhythmus wird mit Händen, Füßen, Klopfen, Klatschen mit und ohne Körperflächen erzeugt. Die Gruppe übernimmt. Eine nächste Person entwickelt aus dem bestehenden Rhythmus heraus einen neuen, der wieder übernommen wird. Die Übergänge werden immer fließender.

Phase 2: Bestimmte rhythmische Gestaltungselemente werden fokussiert: Stimme, Geräusche, Zischlaute.

Phase 3: Der Rhythmus wird nur mehr mit Beinen und Schrittmustern gestaltet

Phase 4: Ein rhythmisches Schrittmuster wird von einer Person vorgeben, alle übernehmen. Zuerst am Platz, dann beginnt sich der Chor rhythmisch durch den Raum zu bewegen.

Phase 5: Die Chorführung innerhalb der Gruppe wechselt mit einem klaren Bewegungsimpuls der jeweils neuen Chorführung.

Phase 6: Zwei Chorgruppen werden gebildet mit jeweils einer Chorführung. Beide Gruppen entwickeln unterschiedliche Rhythmen. Dann beginnen die beiden Gruppen einen Rhythmusdialog und eine Bewegungsimprovisation.

Rhythmusmagnet (Attraktoren I)

Phase 1: Alle Teilnehmenden stehen im Kreis. Jede*r klatscht einen individuellen Rhythmus. Möglich ist auch die Kombination mit einer

[66] Vgl. Kurzenberger 2009c, 80.

Bewegung und/oder einem Geräusch. Wie entsteht aus vielen Einzelrhythmen ein gemeinsamer Rhythmus?

Phase 2: Alle beginnen mit unterschiedlichen Rhythmen. Jetzt achtet man darauf, welche Rhythmen sich gleichen oder zusammenpassen. Man sucht ein Gegenüber, um zu zweit aus den beiden ähnlichen Rhythmen einen gemeinsamen zu entwickeln.

Phase 3: Jetzt versucht man als Paar bewusst ein *Attraktor* zu sein und die ganze Gruppe in den eigenen Rhythmus zu holen. Welcher Beat setzt sich durch? Wer verlässt den eigenen Rhythmus?

Herzklopfen (Attraktoren II)[67]

Phase 1: Die Gruppenmitglieder sitzen in Stille im Raum verteilt mit Abstand zueinander. Der eigene Herzrhythmus wird z.B. über den Puls am Hals erspürt. Der Rhythmus wird mit einem leisen Klopfen auf den Boden verstärkt. Die ganze Gruppe macht diese Übung gleichzeitig. Viele leise unterschiedliche Rhythmen sind zu hören. Ich nehme sie wahr, bleibe aber bei meinem eigenen Rhythmus.

Phase 2: Die Verstärkung wird mit einem Klopfen auf die Schenkel größer, die Gleichzeitigkeit der Rhythmen wird herausfordernder.

Phase 3: Bewegung im Raum kommt dazu. Der eigene Rhythmus wird gehalten (Schnippen, Klatschen, Klopfen auf Körper), während man sich anderen Personen nähert und sich wieder entfernt.

Phase 4: Jetzt wird ein gemeinsamer Rhythmus entwickelt (Wem passe ich mich an?).

Phase 5: Wenn der Chor einen gemeinsamen Rhythmus gefunden hat, wird damit gespielt: unterschiedliche Lautstärken, Tempi und rhythmische Varianten werden ausprobiert.

---

[67] Diese Übung ist inspiriert von Pauline Oliveros und ihrem Konzept des *Deep Listening* (siehe Oliveros 2005, 31).

Dieses Modul ist mir in einem Video des National Theatre London begegnet: Die Choreographin Aline David probt für die Produktion Antigone (2014) und nennt das Tool „Building Choreography". Ich möchte es hier in einer eigenen Variation vorstellen. Unterschiedliche Objekte und Texte ermöglichen zahlreiche szenische Umsetzungen.

Alle sitzen auf Stühlen, verteilt im Raum. Grundlage der Übung ist ein Takt mit acht Schlägen, der für alle die bindende Form ist. Die Übung kann zu einem szenischen Format werden.

→ Übung: „Revolution im Büro" (223)

Phase 1: Jeder nimmt sich einen Gegenstand seiner Wahl und beginnt diesen zu erforschen: Was kann man alles mit diesem Gegenstand anstellen, ohne ihn zu zerstören? Welche Geräusche macht er? Welches Gestenmaterial kann man mit ihm entwickeln?

Phase 2: Aus diesem Forschen heraus entwickelt jede*r vier Gesten oder Bewegungen mit diesem Gegenstand, die auf einen Schlag durchzuführen sind.

Phase 3: Nun wird ein Tempo (Takt) eingestellt, eventuell mit einem Metronom.

Phase 4: Die Teilnehmenden versuchen nun, die eigenen vier Bewegungen jeweils auf einen Schlag hintereinander durchzuführen (Heben des Armes mit dem Ball/Senken des Armes mit dem Ball/Ball in die Höhe werfen/Ball fangen) und dabei im Tempo zu bleiben. So entstehen unterschiedliche Bewegungsmuster, die aber synchron laufen.

Phase 5: Wenn diese ersten vier Schläge beherrscht sind, kommt der zweite Teil der Übung: Schlag 5-8.

Phase 6: In diesem zweiten Teil führt die Gruppe eine völlig synchrone Bewegung auf die Schläge 5, 6, 7 und 8 durch. Diese Tätigkeiten werden vorher festgelegt. Hier ein mögliches (szenisches) Beispiel:

Schlag 5: Aufstehen

Schlag 6: Aufstampfen mit dem linkem Fuß

Schlag 7: Aufstampfen mit dem rechten Fuß

Schlag 8: In die Hände Klatschen

Phase 7: Die Tätigkeiten werden genau auf die acht Schläge durchgeführt. Der Ablauf wird ein paar Mal wiederholt, bis alle Tätigkeiten im Fluss und im gemeinsamen Tempo sind.

Acht Beats, drei Moves (Verborgene Struktur)

Drei Tanz- oder Bewegungsarten werden festgelegt, z.B. *hold, slow motion* und Roboterbewegungen im Takt. Zu einem Song mit einem einfachen Rhythmus, z.B. einem Popsong mit einer achttaktigen Struktur, wird zuerst frei getanzt. Dann sucht man innerlich den Achterschlag zu spüren und die „1“ zu finden. Als Erweiterung kann man variieren, dass jede*r für sich entscheidet, wo die eigene „1“ ist. Man entscheidet sich jetzt, mit welcher Bewegungsart man starten will. Dann wird jedes Bewegungsmuster acht Schläge lang durchgeführt, in freier Reihenfolge. Die Bewegungsmuster selbst können dann komplexer werden.

Phase 1: Wer ist in meiner Untergruppe? Wo erkenne ich ähnliche Bewegungsmuster?

Phase 2: Aus dem solistischen Tanzen kann es zu Paarbildungen kommen, die sich dann schrittweise synchronisieren.

Phase 3: Dann werden es vier, dann sechs Teilnehmende, bis die ganze Gruppe synchron ist. Dabei bleibt man grundsätzlich bei dem, was die Gruppe gerade gemeinsam macht. Das kann sich aber durch das Dazukommen einer neuen Person leicht abwandeln.

Phase 4: Wenn dann die ganze Gruppe zusammen ist, wird in freiem Schwärmen den Impulsen gefolgt und die Gruppe wechselt die Moves in nonverbaler chorischer Wahrnehmung.

Eine Choreografie bauen

Die Übung *„Acht Beats, drei Moves"* ist schnell weiterentwickelt zu einem Spiel zur Erstellung kleiner einfacher Choreografien. Es werden drei Kleingruppen gebildet. Diese Untergruppen widmen sich je einer Strophe (Gruppe 1 und 2) und dem Refrain (Gruppe 3). Jede Gruppe entwickelt eine Bewegungsfolge für jeweils acht Schläge. Die Bewegungsabfolgen können in der Anzahl variieren. Besteht z.B. eine Strophe aus vier mal acht Takten, dann kann man zum Beispiel zwei Bewegungsfolgen mit jeweils acht Schlägen zweimal tanzen oder vier Bewegungsfolgen mit jeweils acht Schlägen entwickeln.

Phase 2: Die Gruppen stellen sich in Reihen gegenüber auf. Jede Gruppe tanzt die eigenen Entwürfe vor und die anderen übernehmen die Bewegungen. Dann werden die einzelnen Bewegungsfolgen in einen Ablauf gebracht.

Zwischenspiel: „Im Dojo" (Bremen 2003)

Ich stehe in der dritten Reihe. Vorne stehen die Schwarzgürtel. Wir über Katas. So nennt man im Karate die choreografierten Kämpfe gegen imaginierte Gegner*innen. Es sind festgelegte Bewegungs- und Schlagabfolgen, die sich vom Schwierigkeitsgrad mehr und mehr steigern. Wir üben diese Katas synchron. Bei gewissen Schlägen atmen wir mit Stimme aus: *Hah!* Der Klang schlägt von den Wänden zurück. Der Hall im Dojo, dem japanischen Trainingsraum, verstärkt die Wirkung. Die Kraft klingt. Unsere synchronen Bewegungen sind ein Tanz, sie verleihen diesem Kampf eine spielerische Leichtigkeit, mit klarer Form und einer hohen Aufmerksamkeit. Der einzelne Schlag wird zum Schlag aller, die einzelnen Stimmen amalgieren zu einer einzigen Stimme mit vielen Farben.

Baustein VI: Chor und Stimme

Stimme in der chorischen Arbeit ist Steigerung. Zu Beginn das Hörbarmachen des Atems, dessen Steigerung wiederum aus vermehrter Bewegung kommt. Es gibt eine starke Wechselwirkung von Bewegung, Atem und Stimme im Chor. Mit der Stimme in der Gruppe zu arbeiten kann sehr emotional werden. Gruppendynamiken werden durch den Klang verstärkt. Der Klang der anderen ist durch die räumliche Nähe körperlich zu spüren. Der Unterschied zwischen Eigenklang und Chorklang wird deutlich. Der Gebrauch der Stimme im Chor ohne sprachliche Artikulation ist ein sehr archaisches Mittel der Gefühlsäußerung und hat ursprüngliche Wurzeln.[68] Wir wissen nicht genau, wie sich die Stimme als vorsprachliches Mittel der Verständigung in den frühen menschlichen Kollektiven entfaltet und im Einzelnen entwickelt haben mag. Ob es das gemeinsame Jubeln, Jauchzen, Schreien oder Rufen war, das Imitieren von Tierlauten? Ganz gleich ob es Jagden, Feste, Opfer oder anderen rituelle Handlungen waren, alle diese kollektiven Tätigkeiten wurden durch den Gebrauch der Stimme gesteigert und intensiviert.

Die Stimme im Chor bleibt dabei immer eine Vielheit von Stimmen. Sie hebt das Thema *Ich und Wir* auf ein klangliches Level. „Die gegenseitige Wahrnehmung innerhalb des Chores und das individuelle Agieren als ein Teil der Gruppe werden, sobald die Stimme hinzutritt, hörbar" (Sommer 2011, 39). Wenn im Alltag eine Gruppe die Stimme chorisch gebraucht, ist sie oft emotionalisiert: jubelnde Fans in der Sportarena, Konzertpublikum, streikende Arbeitnehmer*innen, politisch motivierte Demonstrant*innen, eine Kindergruppe beim Spielen. Auf der Bühne kann der Chor als vorsprachlicher Klangkörper der Gestalter von Atmosphären und Stimmungen sein. Der singende szenische Chor verbindet beides: Er überträgt in festgelegter musikalischer Form paraverbale und verbale Information. Der Gebrauch von Klang, Geräusch und Stimme ist ein elementarer Baustein

[68] Christoph Türcke geht in seinen Spekulationen über die Entstehung der Musik zu vorzeitlichen Opferriten zurück, dort wo aus dem kollektiven Schrei der Gruppe ein erster gemeinsamer Klangraum entsteht (vgl. Türcke 2001, 501 ff.).

der chorischen Arbeit. Mit ihm erobert sich der Chor die Bühne nicht mehr allein mit körperlicher Präsenz, sondern erschafft sich einen Klangraum. Der Chor tritt in spür- und hörbare Resonanz mit dem Raum, der ihn umgibt und mit den Menschen in diesem Raum. In der chorischen Theaterarbeit steht der gemeinsame Gebrauch der Stimme vor dem Gebrauch der Sprache. Alle erdenklichen Formen von Klang erweitern die Möglichkeiten der Gruppe und bereiten sie auf diesen Umgang mit der Sprache vor. Auf dem paraverbalen Feld bildet sich schon der Ausdruck heraus, der dann durch die Sprache ausdifferenziert wird. Die Reise vom unartikulierten Zischen, Raunen, Lautieren, Gähnen, Summen, laut Atmen, Stöhnen und Schreien zum gemeinsamen Ton ist auch der Weg vom Geräusch zum Klang. Aber auch ein stummer Chor drückt etwas aus: Schweigen ist ein Klangraum, der auf ein Geräusch wartet. Übergänge vom Geräusch zum Klang und vom Lautieren zum Singen sind fließend:

> „Klanggeräusch ist ein Grenzbegriff. Er bezeichnet den Punkt, an dem aus der Fülle von natürlichen Geräuschen und Lauten die strukturierte, wiederholbare Klangfigur hervorzutreten beginnt. Wo die sich vom bloßen Laut und Geräusch abhebt, sei es durch Vibrierenlassen der Stimme oder Einwirken auf einen Resonanzkörper, da hebt Musik an […]." (Türcke 2001, 510)

Diese Übergänge werden im gemeinsamen Improvisieren ausgelotet. Den eigenen Körper zusammen mit anderen als Resonanzraum zu erleben, heißt diese Übergänge chorisch zu gestalten.

Chor und Stimme: Übungsteil

> „Kann ich die anderen im Raum hören oder ist die eigene Stimme so laut, dass es mir nicht gelingt?" (Verhülsdonk 2022, 21)

Chorisches Seufzen I

Phase 1: Aus dem Raumlauf heraus wird mit der Gruppe gemeinsam Stehenbleiben und Losgehen geübt. Nach dem gemeinsamen Moment des Stehenbleibens folgt ein chorisches, d.h. hörbares und seufzendes

Ausatmen. Den Moment der Atempause gemeinsam spüren. Mit einem gemeinsamen Impuls wieder losgehen.

Phase 2: In der Folge darauf achten, mit dem Einatmen loszugehen und den Impuls der Einatmung nach dem Seufzen nutzen. Mit dem Impuls des Einatmens loszugehen ist etwas völlig anders als mit dem Impuls des Ausatmens. Beobachten, was das jeweils für einen Unterschied macht!

Chorisches Seufzen II

Aus dem Raumlauf heraus gemeinsam stehenbleiben. Gemeinsam einatmen und mit dem Impuls des Ausatmens gemeinsam losgehen. Statt des Seufzens nun einzelne Laute oder Ausrufe verwenden *(Ha! Jah! Yeah! Tscha!)*. Mit jedem Losgehen folgt eine Steigerung des Ausdrucks. Die Ausrufe mehr und mehr als Chor steigern.

Klänge und Geräusche ertasten[69]

Gleichzeitiges Tönen in der Gruppe, aber jede*r mit dem Fokus nach innen auf sich selbst. Summt man mit geschlossenem Mund, dann ist naturgemäß mehr Resonanz im Kopf- und Brustbereich mit Fingerspitzen oder Handflächen zu spüren. Ich würde diese Übung in drei Phasen durchführen: im Liegen, im Stehen und im Gehen.

Phase 1: Summen und den eigenen Körper währenddessen abtasten. Wo klingt und resoniert die Stimme in meinem Körper? Wechsel zwischen offenem und geschlossenem Mund. (Geschlossener Mund auf „m“, halb geschlossen auf „n“ oder geöffneter Mund auf „ng“ wie „Gong“).

Phase 2: Die Stimme in die abtastenden Handflächen schicken.

---

[69] Diese Übung ist durch Georg Verhülsdonk inspiriert: „Durch Abtasten des Körpers mit den Händen kann man versuchen, eine Art akustische Landkarte im Körper zu entdecken“ (Verhülsdonk 2022, 22).

Phase 3: Mit Vokalen experimentieren: Wo klingt welcher Vokal stärker oder schwächer?

Phase 4: Mit Geräuschen experimentieren und allen Übergängen von Geräusch zu Ton.

Phase 5: Mit Lautstärken spielen. Achtsam beim Lauterwerden, besonders in der Gruppe!

Phase 6: Unterschiedliche Tonhöhen ausprobieren. Das ist spannend für die Resonanzräume.

Phase 7: Abhängig vom Alter der Spieler*innen und wenn genug Vertrauen in der Gruppe vorhanden ist, alle untereinander Erfahrung mit Nähe und Distanz haben und Regeln über körperliche Grenzen bestehen, kann auch die Hand einer anderen Person beim Tönen aufgelegt werden, an vorher festgelegten Bereichen (Oberer Rücken, Schädeldecke).

Zischen, raunen, tönen

Die Gruppe beginnt im Liegen. Alle atmen, spüren ihr Gewicht, bringen sich langsam durch Strecken, Dehnen und Räkeln in eine fließende Bewegung. Dann den eigenen Atem hörbar machen und die Stimme einsetzen: Seufzen, Gähnen, Lautieren, Tönen aus der Bewegung heraus. In den Raum und in Bewegung kommen. Dann mit den Elementen einzeln spielen: nur Konsonanten verwenden oder nur Vokale. Damit improvisieren und in Bewegung kommen und ausdrücken, was entsteht (Bilder, Emotionen, Situationen). Kontakt zu Tandempartner*in suchen und gemeinsam mit den Elementen spielen. Dann Tandems wechseln. Aus den Tandems bilden sich Kleingruppen, später daraus zwei halbe Gruppen.

Sirenenstimmen

Diese Übung stammt aus dem Repertoire von Jurij Vasiljev. Er ist Professor für Bühnensprechen an der Staatlichen Akademie der Bühnenkünste St. Petersburg sowie ordentliches Mitglied der Petersburger Akademie der Wissenschaften und Künste. Ich selbst habe diese Übung im Unterricht an der Bayerischen Theaterakademie August Everding kennengelernt und beschreibe sie hier aus chorischer Perspektive.

Die Gruppe steht im Kreis. Ein*e Spieler*in steht in der Mitte, mit geschlossenen Augen. Jede*r Spieler*in im Kreis hat ein einziges Wort, um die Person in der Mitte mit der eigenen Stimme zu sich zu locken: *Aldebaran*. Die Person in der Mitte hört auf die unterschiedlichen Stimmen: Wo zieht es mich hin? Wer überzeugt mich? Alle Stimmen locken gleichzeitig. Die Person in der Mitte folgt ihrem Impuls und nähert sich der verlockendsten Stimme langsam, immer noch mit geschlossenen Augen. Sie bleibt schließlich vor der Person stehen, für deren Stimme sie sich entschieden hat.

Variante: Die Lockworte können variiert werden. Statt *Aldebaran* z.B. das konsonantenreiche *Alpaka* verwenden. So kann man den eigenen Lockgestus variieren.[70]

Tönen und gehalten werden

Mit der Stimme wird ein gemeinsamer Klangraum geschaffen, in den sich ein*e Einzelne*r fallen lassen kann. Die Gruppe steht im Kreis so eng um eine*n Spieler*in in der Mitte, dass alle die Hände auf oberen Rücken, Schulter, Schlüsselbeinbereich legen können. Die Person in der Mitte wird so von allen Händen gehalten, dass sie unter Beibehaltung einer Grundkörperspannung Gewicht abgeben kann. Sie wird jetzt vorsichtig und in kleinen Bewegungen nach hinten, vorne und auf die Seite leicht bewegt (und hat dabei die Augen geschlossen). Nach einer Phase des Bewegens ohne Ton beginnt der Chor leise,

[70] Das Wortpaar *Aldebaran - Alpaka* geht auf eine Sprechübung meines Schauspiellehrers Robert Hauer-Riedl zurück. Ihm sei hier ein bescheidenes Denkmal errichtet.

dann langsam lauter werdend, zu tönen. Die Person in der Mitte macht durch ein nonverbales Zeichen (z.B. durch das Anheben beider Schultern) klar, wann sie die Übung beenden möchte. Manche werden länger, manche kürzer bleiben wollen, manche genießen es, für manche wird die Erfahrung neu und ungewohnt sein. Die Übung sollte ohne Unterbrechung mit allen Mitgliedern der Gruppe gemacht werden. Nach der Übung legen sich alle einzeln auf den Rücken und spüren in Stille dem Erlebnis nach.

Kreistönen

Alle sitzen im Kreis, das Gesicht nach außen. Man kann sich auf einer Linie, die gedacht vom Zentrum des Kreises zur Person gezogen ist, vor- und zurückbewegen, wenn man seine Position im Raum verändern mag. Jeder hat als Material einen einzigen Ton in Varianten (Lautstärke, Länge, Phrasierung) zur Verfügung. Alle tönen und experimentieren mit ihrem Material gleichzeitig. Diese Übung länger laufen lassen. Immer wieder als Teilnehmende*r Pausen machen und zuhören.

Dynamisches Tönen

In freier vereinzelter Bewegung im Raum frei tönen. Unterschiedliche Klänge und Resonanzen ausprobieren: nahe an der Wand, hinter einem Vorhang, mit der Hand vor dem Mund, frei im Raum stehend. Paare, Gruppen und Cluster bilden sich, tönen gemeinsam, lösen sich wieder auf. Im Wechsel zwischen einzelnem Tönen und dem Tönen in Gruppe Erfahrungen mit der eigenen Stimme und der Resonanz machen. Den Chor selbst einen Abschluss finden lassen.

Tönen mit Moves

Es werden zu Musik körperliche, ausdrucksstarke und dynamische Bewegungsformen entwickelt, in freier Improvisation, mit und ohne Kontakt zwischen den Spielenden untereinander. Aus der Bewegung heraus wird jetzt der Atem hörbar gemacht, getönt, mit Vokalen lautiert, mit Konsonanten und Geräuschen experimentiert. Improvisation in Paaren, dann in Kleingruppen. Für eine Fortsetzung dieser Übung mit Sprache:

→ Übung: „Sprach-De-/Konstruktion im Chor" (192)

Tonfelder betreten

Am Boden eines Raumes werden einzelnen Feldern Vokale zugeteilt. Die Gruppe beginnt mit einem Raumlauf. Nonverbal finden sich mehrere Spielende auf einem Feld (z.B. „e") zusammen. Dort tönt die Gruppe den Vokal, bildet Cluster und Akkorde, löst sich wieder in einen Raumlauf auf.

Phase 1: Mit zwei Gruppen wird ein Bewegungs- und Klangdialog begonnen. Die erste Gruppe läuft, steht und tönt, dann läuft die andere Gruppe los und antwortet.

Phase 2: Später völlig freies Floaten der einzelnen Spieler*innen.

Klangkuppel-Chor

Wir öffnen unsere Resonanzräume. Wir stellen uns vor, dass sich in unserem Körper an bestimmten Stellen Kuppeln befinden. Diese können wir mit unserer Stimme im chorischen Zusammenklang mit den anderen zum Schwingen bringen. Im Kreis stehen, in breitem Stand mit lockeren Knien.

Kuppel 1: Die Erde
Bild: *Wir stehen auf einer umgedrehten hohlen Schale.*

Kuppel 2: Die Fußgewölbe
Bild: *Unsere Fußgewölbe bilden zwei umgedrehte Schalen/Kuppeln.*

Kuppel 3: Der Bogen zwischen den Beinen
Bild: *Meine Beine bilden einen großen Bogen.*

Kuppel 4: Das Becken
Bild: *Mein Becken ist eine umgedrehte Klangschale.*

Kuppel 5: Das Zwerchfell
Bild: *Mein Zwerchfell hat die Form einer Kuppel.*

Kuppel 6: Der Gaumen
Bild: *Der Gaumenbogen ist ein Gewölbe.*

Kuppel 7: Die Schädeldecke
Bild: *Die Schädeldecke ist ein Gewölbe.*

Kuppel 8: Die Raumdecke
Bild: *Die Decke des Raumes ist ein noch höheres Gewölbe.*

Kuppel 9: Das Himmelsgewölbe
Bild: *Der Himmel ist ein weites Gewölbe über mir.*

Die Stimme von unten (Kuppel 1) ansteigend nach oben (Kuppel 9) in die Kuppeln schicken („Mah“). Der Ton wird von Kuppel zu Kuppel höher (tief genug beginnen!). Wichtig ist, im eigenen Atemrhythmus und bei der eigenen Haltedauer des Tons zu bleiben.

Chorische Hör-Räume erschaffen

Die Teilnehmer*innen sitzen auf Stühlen verteilt im Raum, die Augen geschlossen. Man entscheidet sich für eine Atmosphäre (z.B. „Wald“). Jede*r wählt nun für sich ein Geräusch, einen Klang. Dieses Material wird wiederholt, geloopt, lauter und leiser variiert. Später können auch einzelne Worte dazukommen. Die Gruppe beginnt mit diesen Geräuschen jetzt eine Audio-Improvisation: Die einzelnen Elemente ergeben einen Klangteppich. Wechsel von Zuhören und eigener Stimme/Geräusch.

Variante 1: Ein*e Teilnehmer*in sitzt in der Mitte der Gruppe und spricht einen Monolog, eine improvisierte Geschichte, einen Text. Es entsteht ein Dialog zwischen Text und Atmosphäre und beide Elemente beeinflussen sich gegenseitig.

Variante 2: Statt eines Textes wird leise ein Kinderlied in Loopschleife gesungen.

Erweiterung 1: Die Gruppe bekommt ein Thema (z.B. *Neugierde*), ein*e Teilnehmer*in hält z.B. einen Monolog, die Gruppe erschafft eine Atmosphäre aus zuvor ausgewählten Lauten und Geräuschen.

Erweiterung 2: Die Gruppe bekommt zwei gegensätzliche Begriffe als Geräuschaufgabe (z.B. *Beklemmung* und *Freude*). Jede*r Teilnehmer*in sucht für sich einen Laut oder ein Geräusch pro Begriff. Nun beginnt die Gruppe eine der beiden Stimmungen zum Text als *Hörraum* zu gestalten und wechselt irgendwann selbstgesteuert die Stimmung zum gegensätzlichen Begriff. Wie verändert das den Text?

Das Chor-Dirigier-Spiel[71]

Die Gruppe stellt sich als Gesangschor auf, folgt den Zeichen einer dirigierenden Person und versucht deren Gesten in Klang umzusetzen. Die Chorleitung setzt gestische, rhythmische und stimmliche Impulse. Das Orchester und die Chorleitung entwickeln einen Impulsdialog. Trotzdem behält die dirigierende Person die führende Position. Sie wird schnell merken, dass klare Zeichensetzung für das Senden und Verstehen wichtig sind: Wie zeigt man agogische und dynamische Veränderungen an? Wie eine Veränderung der Tonhöhe? Jedes Dirigat wird seine eigene Gestensprache haben, auf die sich der Chor einstellen muss.

Phase 1: *Vokale und Konsonanten* Wenn Vokale verwendet werden, dann kann eine klare Mimik der Chorleitung diesen Vokal vorausformen. Bei Konsonanten kann die dirigierende Person selbst die Konsonanten hörbar bilden. Es hilft eine starke, nahezu clowneske Mimik und Überzeichnung. Mögliche Varianten: (1) Jedes Chormitglied hat nur einen Vokal als Material, (2) Jedes Chormitglied hat nur einen Konsonanten als Material.

[71] Dieses Spiel ist eine Variation und Erweiterung der Übung „Orchester“, vgl. Nübling 1998b, 80.

Phase 2: *Sprache* Auf einem Pult vor der dirigierenden Person liegen Karten: (1) Kurze Wörter/Ausrufe (*Hey! Hallo! Komm! Du! Ich!*), (2) Vokale, (3) Konsonanten. Die Chorleitung hält immer wieder eine Karte hoch, die der Chor liest. Die dirigierende Person kann nun mit Bewegungen, Gesten und Mimik dieses Wort durch den Chor zum Klingen bringen. Mal wird ein Vokal gehalten, mal ein Konsonant geloopt, mal ein Wort *staccato* gerufen.

Chor ohne Chorleitung

Diese Erweiterung ist ein Weg hin zu einem völlig autarken Chor. Die Gruppe darf alles tun, wie in der obigen Übung beschrieben – jetzt ohne Führung. Das Chaos zulassen. Für alle gilt: Nicht immer alle gleichzeitig, sondern sich auch einmal zurücknehmen und zuhören. Unterschiedliche Dynamiken ausprobieren. Als Spielleitung: Geduld haben, bis sich von selbst eine Ordnung findet.

Stimm-Impuls-Kreis

Die Gruppe sitzt im Kreis auf Stühlen, zurückgelehnt, der Atem läuft entspannt. Zunächst gemeinsam mit Atem und Stimme (Summen, Lautieren, Tönen) die Spannung aufbauen. Die Entwicklung geht parallel zum Spannungsaufbau vom Summen über das Lautieren hin zum Tönen und schließlich zum impulshaften Schrei. Die Spannung gemeinsam als Gruppe aufbauen und an ihrem höchsten Punkt explosionsartig durch gemeinsames und gleichzeitiges Aufspringen (ohne dass jemand führt!) mit einem kräftigen *Ha!* entladen.

Chorischer Schrei I[72]

Die Teilnehmenden sitzen im Stuhlkreis auf der Stuhlkante, mit einer aufmerksamen Grundspannung. Der Atem läuft ruhig. Blick zu Boden, in die Kreismitte. Jetzt eine gemeinsame Spannung in der Gruppe

[72] Vgl. Nübling 1998b, 70.

aufbauen und diese Spannung am höchsten Punkt explosionsartig durch ein gemeinsames und gleichzeitiges Aufspringen mit einem Schrei (*Ha!*) loswerden. Diese Übung braucht Zeit und Geduld. Es gilt, die individuell unterschiedlichen Geschwindigkeiten im Spannungsaufbau innerhalb der Gruppe abzugleichen.

Chorischer Schrei II (Szenische Erweiterung)

Die Spieler*innen sitzen einander in zwei Stuhlreihen gegenüber im Abstand von mehreren Metern und haben Blickkontakt zur gegenübersitzenden Person. Jetzt beginnt die Übung zurückgelehnt und mit gesenktem Blick. Die beiden Reihen versuchen alle Bewegungen parallel und synchron durchzuführen.

Phase 1: Blick langsam heben.

Phase 2: Auf die Stuhlkante vorrücken.

Phase 3: Spannungsaufbau bis zum Aufspringen mit *Ha!*

Phase 4: Jetzt stehen sich zwei Gruppen gegenüber. Die Spannung wird nach dem Entladen nicht losgelassen, sondern bleibt bestehen. Die Spieler*innen haben Blickkontakt, sind „wie auf dem Sprung".

Phase 5: Die Spannung wird noch einmal im Stehen aufgebaut. Welche Gruppe entlädt sich zuerst? Die zweite nimmt den Impuls sofort auf und zieht nach. Daraus kann sich ein Handlungsmuster entwickeln: Die eine Gruppe jagt die andere, zwei Fangruppen versuchen sich zu übertönen, zwei gegnerische Gruppen auf einer Demonstration geraten aneinander.

Die folgenden Übungen (178-180) sind für singende Chöre interessant. Im Chor zu singen und dabei chorisch zu handeln, erfordert einmal mehr eine geteilte Aufmerksamkeit.[73]

Bewegtes Dirigieren, bewegter Chor

Chor und Chorleitung bewegen sich im Raum während des Dirigierens und Singens. Alle starten in gewohnter Konstellation, dann beginnen sich alle frei zu bewegen. Jede*r soll immer die dirigierende Person sehen können. Es entsteht eine dreifach geteilte Konzentration zwischen ganzer Chorgruppe, Stimmgruppe und Chorleitung.

Den Chor muten[74]

Auf ein Zeichen der dirigierenden Person singt der Chor gemutet, d.h., er singt das Stück nur innerlich weiter (hier sind Varianten möglich: mit und ohne pantomimische Bewegungen des Mundes). Auf ein weiteres Zeichen singt der Chor wieder hörbar. Im *gemuteten* Zustand ist starkes Kommunizieren der Sänger*innen durch Blicke notwendig. Die Aufgabe besteht darin, das Tempo als Gruppe zu halten und gemeinsam wieder einzusetzen.

Chorische Tätigkeiten während des Singens

Für ein Üben der geteilten Konzentration während des Singens eignen sich Tätigkeiten wie Papierflieger basteln, Stühle stapeln, Kleidung an- und ausziehen, durcheinander geworfene Schuhe zu Paaren ordnen, sich einen Ball zuwerfen.

---

[73] Viele der hier vorgestellten Übungen sind in der eigenen Praxis entstanden. Wer hier vertiefend weiterlesen will: Carbow, Martin/Schönherr Christoph (2011): *Chorleitung. Pop Jazz Gospel. Der sichere Weg zum richtigen Groove*. Meine eigene Erfahrung mit singenden und spielenden Chören verdanke ich zu großen Teilen der Arbeit in den Musicalwochen des Südtiroler Chorverbands und der Arbeit in den Operncamps der Wiener Philharmoniker bei den Salzburger Festspielen. Ganz besonders denke ich hier an die jahrelange Zusammenarbeit mit dem Musikpädagogen, Musiker und Chorleiter Christian Stefan Horvath (Wien).

[74] Vgl. Carbow, Schönherr 2011, 216f.

360-Grad-Gesang

Die Augen schließen, singen und sich dabei langsam um die eigene Achse drehen. Immer wieder stehen bleiben, weiterdrehen. Zwischen Zuhören und Singen abwechseln. Welche Stimmen höre ich? Von wo? Welche klingt näher? Kann ich Stimmgruppen heraushören? Augen öffnen und weitersingen. Hat sich etwas verändert?

Phase 1: In einzelnen Stimmgruppen aufstellen.

Phase 2: Auch die Stimmgruppen mischen sich. Alle Chormitglieder stehen im Raum verteilt.

Stimmgruppe finden

Fortsetzung der Übung „360-Grad-Gesang": Jetzt mit offenen Augen im Raum herumgehen und die eigene Stimmgruppe suchen, sich in dieser zusammenstellen. Den stärker werdenden Stimmgruppenklang spüren. Diese Übung kann auch mit geschlossenen Augen probiert werden.

Stimmgruppen vermischen

Fortsetzung der Übung „Stimmgruppe finden": Haben sich die Stimmgruppen gefunden, bewegen sie sich jeweils in eine Ecke des Raumes (Man kann die Übung auch in den Ecken beginnen lassen). Von dort bewegen sich alle aufeinander zu, mischen sich in der Mitte des Raumes, um sich wieder zu trennen. Jede Stimmgruppe bewegt sich nun in die gegenüberliegende Ecke (getrennten und gemischten Klang wahrnehmen!)

Tonwolke

Der Chor steht in einem Pulk eng zusammen. Es wird um den Pulk als Mittelpunkt mit ein paar Metern Abstand mit Kreide ein Kreis auf dem Boden gezogen. Alle intonieren zusammen einen gemeinsamen

Ton. Jetzt bewegt sich die Chorgruppe langsam auseinander. Der gemeinsame Ton wird von den einzelnen Teilnehmer*innen verlassen und variiert, umspielt, verändert. Trotzdem werden die anderen mit chorischer Aufmerksamkeit weiterhin wahrgenommen. Bis zum markierten Kreis sich von der Mitte wegbewegen. Danach wieder zum Pulk zusammenfinden, und, je näher man der Mitte kommt, wieder zum gemeinsamen Ton zurückfinden.

Zwischenspiel: „Woyzeck, Stimmen" (Lingen 2011)

Immer zu, immer zu! Die Gruppe tanzt in rhythmischen Bewegungen, die Sprache folgt dem Körper. Ich arbeite mit Studierenden des Instituts für Theaterpädagogik in Lingen am *Material Woyzeck*. Die Darstellerin des Woyzeck verharrt am Rand der Spielfläche. Alle Spielenden halten einen Umzugskarton vor dem Körper. Wie ein kleines Kind, das es zu beschützen gilt. Im Karton sind Rollenobjekte. Jeder spielt alle. Die Spieler*innen entnehmen für eine bestimmte Rolle ein bestimmtes Objekt oder Kostümteil, das als wieder erkennbares Icon verwendet wird, ganz gleich, wer es trägt. Die Kartons bilden auch die Bühnenelemente. Sie werden gestapelt, geschoben, zertreten, zerrissen. Immer wieder stoßen die Chormitglieder einzelne Wörter heraus, spucken sie, würgen die Sprache: *Immer zu!* Das alles ist ein Totentanz in Woyzecks Kopf. Woyzeck sitzt, in der Hand ein Messer, am Bühnenrand. Es wird langsam dunkel. Die bereits tote Marie neben ihm. Ein rhythmisches Lautieren aus dem Off, ein Atmen und Flüstern des Chores, der diese Geschichte wie eine kollektive Erinnerung erzählt: *Immer zu, immer zu!*

Baustein VII: Chor und Sprache

In der Arbeit mit chorischer Sprache fügen sich alle bisherigen Bausteine zusammen: Auch Sprache wird zum formbaren Material. Oft sind die Begriffe, mit denen gearbeitet wird, der musikalischen Formenvielfalt entnommen: Echo, Unisono, Pause, Kanon. In der Begegnung mit der Sprache können die Teilnehmenden die chorische Achtsamkeit den anderen gegenüber mit Texteinheiten und Sinnportionen verbinden: „Der sprechende Chor lebt von Rhythmus, Variation, Gegenläufen und Pausen, von der Verteilung der Sinnportionen [...], vom Dialog innerhalb der Gruppe" (Sommer 2011, 40). Das, was einen aufregenden sprechenden Chor ausmacht, ist die Abwechslung: gleichzeitiges Murmeln von Text oder Textfragmenten mit einzelnen lauter und leiser werdenden Stimmen, Lautieren und Übergänge vom Sprechen zum Singen, Rhythmusveränderungen und -verschiebungen, das Verteilen längerer Sätze auf verschiedene Sprecher*innen, monologische Passagen mit einem unterstützenden Klangteppich, gemeinsam gehaltene Stille, Parallelsprechen, in den Kanon fallen, sprachliches und klangliches Echo, zeitlich verschobene Einsätze, hörbar gemachter Atem, Flüstern, An- und Abschwellen des Tons, das Durchdringen einzelner Stimmen aus dem Gemurmel des Chores. Das alles sind Elemente, die das chorische Sprechen unverwechselbar machen können.

Der synchrone Sprecheinsatz

Der synchrone und unisono vorgetragene Text sollte meiner Meinung nach die Ausnahme bilden. Er wirkt – sowohl für den Chor als auch für die Zusehenden – schnell ermüdend. Der Chor wird dabei oft langsamer und die Aufmerksamkeit des Publikums geht weg vom Inhalt hin zum Klang. Synchrones Sprechen des Chores kann eine starke Wirkung haben, doch immer nur im Kontrast zu anderen Mitteln. Sprache ist auch in der chorischen Arbeit nur die Spitze des Eisbergs. Alle bis dahin erlernte Bausteine bilden das Fundament: lebendiges Sprechen fängt nicht erst mit der Sprache an. Wenn die Gruppe auf die Sprache trifft, ist sie im besten Fall schon ein sensibles Chorensemble, das aufeinander hört: ein wachsamer Schwarm.

→ Übung: „Chorische Textverteilung“ (191)

Der abgestimmte Atem für einen chorischen Sprecheinsatz setzt eine hohe Sensibilität der Gruppe voraus. Oft erlebe ich bei chorischen Aufführungen ein deutlich sichtbares und hörbares Einatmen einer führenden Person: Sie gibt den Atem vor, versichert sich davor einen Bruchteil einer Sekunde lang der anderen Chormitglieder, setzt dann den Atemimpuls und die anderen folgen. Das kann, muss man aber nicht so machen. Voraussetzung eines geschmeidigen gemeinsamen Beginns ist vor allem, sich gemeinsam atmend wahrzunehmen. Das deutliche und führende Einatmen im Chor ist eigentlich eine Krücke. Ein Chor, der sich atmend spürt und einen gemeinsamen Rhythmus entwickelt hat, braucht es nicht. Es gibt mehrere Alternativen, mit einem Chor Synchronizität zu erreichen. Dabei würde ich zwischen einer *scharfen*, *unscharfen* und einer *schleichenden* Synchronizität unterscheiden. Erstere ist ein wirklich exakter sprachlicher Gleichklang des Chores. Das ist beeindruckend, kann aber schnell technisch wirken. Die *unscharfe* sowie die *schleichende* Synchronizität sind einerseits Übungsphasen, um sich dem Unisono spielerisch anzunähern, andererseits können leicht verschobene Sprecheinsätze eine spannende Reibung sein. Das ist aber auch Geschmacksache.

Schleichendes Unisono

Ein*e Teilnehmer*in beginnt in einem ruhigen Tempo und in einem gleichbleibenden Rhythmus zu sprechen. Die anderen Chormitglieder fügen sich nacheinander ein und nehmen den Rhythmus auf, bis alle gemeinsam sprechen. Die Reihenfolge kann festgelegt werden. In diesen Fall gibt die beginnende Person den Rhythmus vor.

Unscharfes Unisono

Man verteilt an jeden der Teilnehmenden bestimmte Textstellen (Abschnitte, Sätze, Verse), die gesprochen und welche, die nicht mitgesprochen werden. Die Gruppe spricht unsauber (*unscharf*) synchron, d.h. mit kleinen Verschiebungen. Es entsteht ein gemeinsamer Rhythmus. In den Sprechpausen der einzelnen Teilnehmenden sprechen diese stumm weiter mit, behalten den gemeinsamen Rhythmus und steigen am Ende ihrer Pause wieder ins gemeinsame Unisono ein.

Scharfes Unisono

Das exakte synchrone Sprechen bedarf zweier Dinge: Die Einteilung von Textpassagen auf die einzelnen Spieler*innen und einer dirigierenden Person von außen. Dadurch kann in der Übungsphase auf eine sichtbare Atemführung verzichtet werden. Trotzdem können innerhalb des Chores für die einzelnen Textabschnitte Chorführer*innen bestimmt werden, die den Text führen. Atempausen werden festgelegt und die dirigierende Person zeigt sie gestisch. So übt der Chor über einen festgelegten Rahmen gestisch zu atmen und zu sprechen. Das Einatmen erfolgt beim letzten Wort des Satzes der vorher sprechenden Person. So entsteht ein nie unterbrochener Sprachfluss.

Jedoch nicht nur das synchrone Sprechen bewirkt eine Verdichtung der Sprache. Auch gleichzeitiges Sprechen kann der Hintergrund für klar gesetzte sprachliche Inhalte werden. Das Phänomen der *Attraktoren*[75] kann auch ein Element in der chorischen Arbeit mit der Sprache sein. Gewisse Muster setzen sich im Kollektiv durch – ohne Steuerung einzelner Spieler*innen. Attraktoren-Bildungen im Bereich der Sprache können z.B. bedeuten, dass aus einem chorischen Murmeln ein synchron gesprochener und geloopter Satz entsteht.

Ein weiteres Mittel gleichzeitigen Sprechens ist der *auditive Fokus*. Lässt man den Chor eine Zeit lang gleichzeitig durcheinander sprechen, dann wird jeder einzelne Satz, der in einer plötzlichen Stille oder durch das Leiserwerden des restlichen Chores solistisch hervorgehoben wird, umso klarer wahrgenommen.

→ Übung: „Chorische Text-Dekonstruktion" (193)

[75] → Attraktoren im Schwarm (51). Dazu weiterführend die beiden Übungen „Rhymusmagnet" (Attraktoren I) (162) und „Herzklopfen" (162).

Die Arbeit mit gebundener Sprache: Form und Freiheit

In der chorischen Arbeit mit gebundener Sprache, bei lyrischen und metrischen Texten, gereimt oder ungereimt, wird die Gruppe mit dem Thema *Form* konfrontiert. Form gibt Dinge vor: Abläufe, Regeln, Maße. Form ist im Feld der Sprachgestaltung ganz allgemein der Satzbau, das gestische Potential, der Klang einzelner Wörter, der Rhythmus, bei gebundener Sprache besonders das Versmaß und der Reim.[76] Mit diesen Dingen gilt es spielerisch umzugehen, vertraut zu werden und Barrieren abzubauen. Sind diese Formen keine leeren Begriffe mehr und werden beherrscht, werden sie zu Schienen: sie geben Halt und Orientierung. Auf ihnen kann man zwar nicht fahren, wohin man will, aber man kann – ohne den Kurs zu verlieren – sich anderen Themen widmen (z.B. unterschiedliche Geschwindigkeiten, szenische Varianten, Ausdrucksformen). Die Form gibt die Richtung vor, entlastet mit ihrer Begrenzung und gibt den Blick auf andere Dinge frei. Schienen können aber auch einengend wirken, wenn es zu wenig Weichen gibt und es immer nur im Kreis geht. Nicht für jeden ist jede Form hilfreich. Wenn die Schiene das Gefühl verstärkt, auf keinen Fall einen anderen Kurs nehmen zu können – dann ist vielleicht, um im Bild zu bleiben, der Bus für mich das richtige Transportmittel, die geeignete Form. Auch der Bus hat Einschränkungen: Er fährt langsamer, ist verkehrsabhängiger. Aber er bietet andere Freiheiten.

Sprache kann mit ihrer Struktur ein Mittel der Fortbewegung sein. Ich habe mir in der Arbeit mit Theaterchören, gerade was die Sprache betrifft, immer wieder die Frage gestellt, wie viel Form es braucht, wie viel Rahmen notwendig ist. Wann ist ein Rahmen unterstützend, wann hinderlich? Für mich ist Friedrich Schillers Aussage in seinen *Briefen über die ästhetische Erziehung des Menschen* immer eine Orientierung gewesen: „[...] nur von der Form ist wahre künstlerische Freiheit zu erwarten" (Schiller 1997a, 378).

Form ist allerdings kein Wert an sich. Aus der Form allein entsteht nichts. Und will ich sprachliche Formen für den Chor interessant

---

[76] Wer mit gebundenen Texten arbeiten will und eine Einführung in Vers und Metrik sucht, für den kann *Metrik* von Burkhard Moennighoff (Moennighoff 2013) eine erste Orientierung sein.

machen, ist der sinnliche Zugang wichtig. Die unterschiedlichen Versmaße sind nicht beliebige Muster. Sie haben einen jeweils eigenen Gestus, den es mit der Gruppe zu erforschen gilt. Das bedeutet, mit einzelnen Versen körperlich zu spielen, sich auszutauschen darüber, welche Gedanken, Bilder und Emotionen ausgelöst werden, wenn ich diesen einen Vers oft wiederhole und seinen Rhythmus mit dem ganzen Körper entdecke. Die Sprache sucht den Körper, der Rhythmus der Worte schlägt Schritte oder Gesten vor. Nicht umsonst heißt die Einheit von Hebung und Senkung in der Metrik Versfuß. Es ist ja nicht so, dass die unterschiedlichen Versmaße nur aus Lust an der Form entstanden sind.

Die zahlreichen lyrischen und rhythmischen Formen der Antike zum Beispiel werden aus der Praxis des Tanzens, Singens und Vortragens entstanden sein, lange vor jeder Schriftlichkeit. Mehr und mehr sind diese Formen zu festgeschriebenen und wiederholbaren Formaten geronnen. Arbeitet man mit diesen – oft über Jahrtausende lang tradierten – Rhythmen, tritt man auch in Kontakt mit der in ihnen eingeschlossenen Bewegung. Im Versmaß ist noch Musik und Tanz enthalten.

→ Baustein V: Chor und Rhythmus (160)

Bewegte Sprache

Für die Verwendung lyrischer Texte spricht in der chorischen Arbeit weniger der Reim als der Rhythmus. Der Verssprung z.B., d.h. die Weiterführung der Sinneinheit über das Versende hinaus in den nächsten Vers, ist eben ein Sprung, eine Bewegung. Durch ein Gedicht zu schreiten, zu tanzen und zu springen, kann mit dem Chor praktisch ausprobiert werden.

Ein gutes Beispiel für körperlich-gestisches Verständnis von Text und Schrift findet sich bei antiken griechischen Steininschriften der Frühzeit (ca. 600 v. Chr.). Sie sind geschrieben, so wie man ein Feld pflügt: in Schleifen von links nach rechts, bis zum Ende der Zeile, dann in der nächsten Zeile von rechts nach links usw. Hier ist also im

Schreiben (und Lesen) eine Fortbewegung enthalten. Der griechische Begriff dafür ist *Bustrophedon,* also wörtlich „ochsenwendig" oder „nach der Art des Pflügens" (vgl. Wachter 2001, 238).[77] Den Pflug beim Ackern zu wenden und in entgegengesetzter Richtung weiterzuschreiten, diese Tätigkeit ist in der Schreibweise enthalten. Schreiben als Bearbeiten des Sprachfeldes wird als körperlicher Vorgang verstanden. Die Bewegung des Schreibens kann im Chor zu einer Bewegung des Sprechens werden, in der man sich dem Text sinnlich nähert. Versmaße sind Schreit- und Tanzmaße. Diesen Gedanken können wir in der chorischen Sprach- und Szenenarbeit einsetzen: Der Chor schreitet in einem bestimmten Versrhythmus einen Vers lang in eine Richtung. Am Versende gibt es einen Richtungswechsel - wie beim Pflügen. So wird Text körperlich erfahrbar.

→ Übung: „Strophen laufen, Texte tanzen" (194)

Form oder Freiheit? Für die chorische Arbeit mit Sprache ist es besonders wichtig, dass sie getragen ist von dem Gefühl des gemeinsamen Gestaltens von Texten, ganz gleich, ob es sich um selbst entwickelte, literarische, gereimte Sprache oder um Gebrauchstexte handelt. Die Kunst in der chorischen Spracharbeit liegt darin, den Text mit dem Chorkörper so verschmelzen zu lassen, dass jedes Atemholen und jede Wechselrede zwischen Einzelperson und Chor organisch und ohne sichtbare Steuerung und erkennbare Struktur erfolgt.

[77] Die fachlichen und tiefer greifenden Informationen zum *Bustrophedon* verdanke ich dem Austausch mit Prof. Dr. Anton Bierl. Ihm sei an dieser Stelle besonders gedankt.

Chor und Sprache: Übungsteil

> „Der Chor spricht nicht nur, er jault, kreischt, flüstert, stöhnt, zerfällt in einzelne Gruppen und strafft sich wieder zum Unisono." (Klett 2020, 23)

Das „Rehe am Abend-Prinzip" (II)

Diese Übung baut auf das „Rehe am Abend-Prinzip"(I) auf. Im zweiten Schritt geht es jetzt um den situativen Umgang mit der Sprache als Chor und um das synchrone Einsetzen mit der Sprache. Es empfiehlt sich, die Gruppe zu teilen und immer eine Halbgruppe zusehen zu lassen. Nachdem der Übungsablauf bekannt ist, kann dann auch die zusehende Hälfte der Gruppe die einzelnen Störgeräusche machen.

→ Übung: Das „Rehe am Abend-Prinzip" (I) (158)

Die Chorgruppe hat das gemeinsame Reagieren mit dem Atem mit dem „Rehe am Abend-Prinzip" (I) geübt. Für die Textarbeit empfiehlt es sich, kurze Gedichte zu verwenden und den Text auf die einzelnen Spieler*innen zu verteilen. Die Gruppe versucht jetzt, die Textebene mit der Aufmerksamkeitsebene und den Unterbrechungen durch die Geräusch-Impulse von außen zu verbinden. Je nachdem, zu welchem Zeitpunkt die Unterbrechung eintritt, hält auch der Text in diesem Moment inne und wird dann mit dem Seufzer weitergesprochen und fortgesetzt. Die Übung kann auch sprachlich komplexer ausgearbeitet werden. Der Text wird dann mit dem Seufzen von der ganzen Gruppe mitgesprochen. So entsteht spielerisch ein Wechsel von individuellem und chorischem (synchronem) Sprecheinsatz.

Der Chorkörper entsteht (Fortsetzung)

Phase 1 und 2 → Übung: „Der Chorkörper entsteht" (131)

Phase 3: Jetzt wird der Übergang zu Sprache und Chor gestaltet. Bevor die Paare größere Gruppen bilden, kommen Texte hinzu. In die Impulsarbeit hinein werden ganz kurze Dialogfragmente an die Paare vergeben: Spieler*in A: *Ich* – Spieler*in B: *Du* – Spieler*in A: *Warum?*

Spieler*in B: *Deshalb!* – Spieler*in A: *Verlass mich nicht!* Spieler*in B: *Ich liebe dich nicht!* – Spieler*in A: *Sein oder Nichtsein* – Spieler*in B: – *das ist hier die Frage.*

Phase 4: Alle Paare sprechen zur *gleichen* Zeit den *gleichen* Dialogtext. Dadurch ergeben sich Schichtungen, Überlappungen und synchrone Momente.

Phase 5: Jetzt nähern sich die Paare an und bilden größere Gruppen, bis der ganze Chor körperlich in Kontakt ist. Der Text variiert vom Flüstern bis zum Rufen.

Chorischer Kreisdialog

Als Vorbereitung → Phase 1-3 der Übung: „Chorischer Imaginationskreis“ (137)

Phase 4: Mimik und Worte werden weitergegeben.

Phase 5: Im Kreis werden jetzt statt Gegenständen, Gesten oder Lauten kleine Sätze, Ausrufe und Fragen weitergegeben, am Anfang sogar mit dem Klatschimpuls. Jede*r kann jederzeit die Impulsrichtung ändern, indem der Teilnehmende die Klatschrichtung ändert und somit eine Reaktion oder Antwort auf das, was ihm gesagt wurde, gibt. Diese Antwort läuft wieder durch den Kreis und wird weitergegeben, bis ein Teilnehmender den nächsten Satz formuliert. Während des Weitergebens wird der Satz in Maßen individualisiert, verstärkt und verdeutlicht, aber vom Wortlaut nicht verändert. So geht dieser Dialog durch den Kreis und wird durch das Klatschen dynamisiert. Wichtig ist, dass allen Teilnehmenden im Kreis in diesen vielstimmigen Dialog einbezogen werden. So entsteht ein dynamisches Impuls-Dialog-Spiel in Kreisform.

Chorische Vokal-/Konsonanten-Plastik

Den Begriff der „Lautplastik" verdanke ich Martin Ritter (Ritter 1999, 99). Es geht bei Lautplastiken darum, „die Körperaktion, das gestische Verhalten und die Produktion von Sprachlauten unmittelbar aufeinander zu beziehen […]" (ebd.). Ich wandle hier die Lautplastik für die chorische Arbeit ab.

Die Teilnehmenden lesen gemeinsam z.B. einen Text von Ernst Jandl, dessen Gedichte sehr viel lautmalerisches Material beinhalten.[78] Jede Person wählt dann aus dem Text einen Vokal aus, der für sie subjektiv den Inhalt des Textes emotional am besten ausdrückt.

Phase 1: Die Spieler*innen verteilen sich im Raum, jede*r arbeitet in dieser Phase für sich, aber alle gleichzeitig, ohne Kontaktaufnahme. Jede Person gestaltet ganzkörperlich mit formenden Bewegungen den Raum um sich herum zu einem imaginären dreidimensionalen Objekt: atmend, den Vokal in allen Varianten lautierend, in aller Freiheit spontan und impulsgesteuert entsteht eine persönliche Lautplastik.

Phase 2: Dann erfolgt der gleiche Vorgang mit mehr Fokus auf dem gegenseitigen Wahrnehmen. Impulse der anderen werden aufgenommen, aber jede*r bleibt noch in der Gestaltung bei sich.

Phase 3: Jetzt folgt die chorisch begleitete solistische Arbeit. Eine Person sitzt isolierter und hat mehr Platz. Sie erschafft nun in einer neuen Runde (neuer Vokal) ihre Lautplastik. Der Chor spiegelt ihre Arbeit, in einer ersten Runde möglichst genau, dann mehr und mehr jede*r individualisiert.

Phase 4: Jetzt interpretiert die solistisch agierende Person das ganze Gedicht, ebenso gestisch und ganzkörperlich wie zuvor die Lautplastik. Der Chor bleibt bei der Vokalspiegelung und nimmt den Ton zurück. Somit entsteht ein gestischer Klangteppich des Chores zu einem solistisch performten Text.

---

[78] → Ernst Jandl: „beantwortung von sieben nicht gestellten fragen" (299)

Phase 5: Die Übung beginnt wieder von Phase 1 an, jetzt aber mit Konsonanten. Bei der Lautplastik-Arbeit mit Konsonanten ist wichtig, den Konsonanten klingen zu lassen, d.h. jeweils einen Vokal anzuhängen, um zu viel Druck auf die Stimme zu vermeiden: *Rah! Leh! Koh!*

Murmeln, Kanon, Echo: das Spiel mit der Sprache

Phase 1 (Murmeln): Texte werden verteilt und in Abschnitte geteilt. Alle lesen ihre Abschnitte, gleichzeitig und zeitversetzt, mit individuellen Pausen. Die Spielleitung dirigiert die Lautstärke von Flüstern bis Rufen.

Phase 2 (Lautstärke): Jede*r Teilnehmende liest in mittlerer Lautstärke nicht nur den eigenen Abschnitt, sondern den ganzen Text von Beginn an und wiederholt ihn, wenn er ihn zu Ende gelesen hat. Alle lesen gleichzeitig. Für die Lautstärkeregelung steht die Spielleitung in der Mitte des Kreises und gibt visuelle Zeichen an einzelne für *lauter* und *leiser* (Eine Alternative: sie geht außen hinter den Lesenden herum und tippt an die linke Schulter, wenn sie die Lautstärke erhöhen, an die rechte, wenn sie leiser werden sollen). Das bewirkt für Momente eine Hervorhebung einzelner Passagen aus dem Murmeln.

Phase 3 (Muten): Jetzt kann die Spielleitung einzelne Spieler*innen *muten*, d.h. den Ton abdrehen (Über visuelle Zeichen oder über Schultertippen: rechts an, links aus). Der auditive Fokus auf einzelne Abschnitte verstärkt sich.

Phase 4 (Kanon): Durch Antippen oder visuelle Zeichen wird jetzt mit dem bewussten, festgelegten, zeitversetzten Einsetzen des Sprechens gearbeitet. Wieder lesen alle den ganzen Text. Allerdings wird jetzt der Text nicht im Loop gelesen, sondern nur einmal. Ein*e Spieler*in beginnt zu lesen. Am Ende eines Satzes, einer Sinneinheit, gibt die Spielleitung das Zeichen der nächsten Person, die mit dem Text von vorne beginnt. Die erste Person liest weiter. Dieses Kanon-Prinzip führt phasenweise zu einer starken Verdichtung und Überlagerung von Textschichten, die sich wieder auflösen, wenn die einzelnen

Sprecher*innen am Ende des Textes angelangt sind. Die letzte Person liest den Text im letzten Abschnitt allein.

Phase 5 (Overlapping): Jetzt wird den Spieler*innen im Chor mehr Freiheit gegeben. Jede*r kann in freier Wahl den eigenen Text beginnen, Pausen machen und wieder fortsetzen.

Phase 6 (Improvisation): Variablen kommen dazu in der Art, den Text zu sprechen: Spiel mit Sprechgeschwindigkeit, Tonhöhe, Haltungen, Emotionen – wieder mit eigenständigem Wechsel zwischen Sprechen, Schweigen und Zuhören.

Phase 7 (Echo): Eine Person liest den ganzen Text laut und hält immer wieder deutlich inne. Das ist für den Chor das Zeichen, auf das letzte Wort oder den Klang ein Echo zu geben. Das Echo soll geflüstert und in schnellen, verklingenden und nicht synchronen Wiederholungen dieses Wortes oder des Klanges bestehen.

Chorische Textverteilung

Bevor man mit einem Text chorisch arbeiten kann, muss er in der Gruppe verteilt werden. Das kann kreativ und spielerisch erfolgen. Schon der Prozess der Textverteilung kann zu einer Erfahrung mit der Sprache werden. Haben alle Spieler*innen einen oder mehrere Sätze bekommen und können diese durch das lesende Wiederholen auswendig, beginnen erste Sprachspiele.

Phase 1: Die Gruppe sitzt im Kreis mit den ausgegebenen Texten. In einer ersten Runde wird Zeile für Zeile, Satz für Satz, Sinnportion für Sinnportion oder Vers für Vers verteilt gelesen. Wichtig ist hier, dass die einzelnen Abschnitte kurz sind. Es können auch Teile von Sätzen sein. Das wird in Runden wiederholt, bis über das Lesen sich ein erster Kontakt mit dem Text eingestellt hat. Diese erste Reihenfolge der Lesenden wird nummeriert für eine spätere Orientierung.

Phase 2: Alle tauschen im Kreis die Plätze und es wird der Text noch einmal in der gleichen Verteilung gelesen, nur dass jetzt die Stimmen aus anderen Richtungen kommen und nicht zwingend die Nachbar*innen den folgenden Satz sprechen. Auch das kann mit mehrmaligem Platzwechsel wiederholt werden.

Phase 3: Jetzt werden die ursprünglichen Plätze wieder eingenommen und die Spieler*innen mit den jeweils aufeinanderfolgenden Versen/Sätzen bilden Textpaare. Die Paare üben, jeweils ihre beiden Verse/Sätze synchron zu sprechen. Das wird in einer Runde vorgestellt.

Phase 4: Wieder wechseln alle die Plätze, die Paare trennen sich und sitzen möglichst weit auseinander. Jetzt werden die Abschnitte synchron und in richtiger Reihenfolge gelesen, jedoch ohne dass die Paare zusammensitzen.

Sprach-De-/Konstruktion im Chor

Texte bestehen aus vielen Bausteinen und Schichten und haben spezifische Strukturen. Um diese erfahrbar, fühl- und bespielbar zu machen, kann man in einem chorischen Konstruktions- und Dekonstruktionsspiel Strukturen auflösen, neu bilden und sich so zu eigen machen. Der Vorgang ist analytisch und synthetisch möglich. Vom Textkorpus hin zu einer Zerlegung und Auflösung in Klang, Geräusch und Rhythmus – oder vom Klang, dem Geräusch, der Atmosphäre hin zur Bedeutung: Einzelne Wörter treten hervor, bilden Sinneinheiten und mehr und mehr den ganzen Text. Jede*r Teilnehmende erhält einen Textabschnitt. Der Text wird zerlegt in bestimmte Kategorien. Hier Vorschläge, die erweiterbar sind: *Kategorie 1: Konsonanten, Kategorie 2: Vokale, Kategorie 3: Substantive, Kategorie 4: Adjektive, Kategorie 5: Verben.* Jede*r Spieler*in sucht sich im gesamten Text aus jeder Kategorie z.B. drei Elemente aus. Eine Variante mit kleinerem Materialpool: Jede*r Spieler*in sucht nur aus seinem eigenen Textabschnitt jeweils drei Elemente aus jeder Kategorie aus.

Chorische Text-Konstruktion (I)

Phase 1: Es werden zeitgleich von allen nur die Konsonanten gesprochen.

Phase 2: Es werden zeitgleich nur die Vokale kurz getönt.

Phase 3: Es werden zeitgleich nur die Vokale lang getönt.

Phase 4: Es werden zeitgleich die Substantive, dann die Adjektive, dann die Verben gesprochen.

Phase 5: Jede*r Spieler*in liest den eigenen Textabschnitt einmal (freie Reihenfolge).

Phase 6: Jede Person liest den gesamten Text einmal, sobald sie Phase 5 beendet hat.

Phase 7: Die erste Person, die mit Phase 6 fertig ist, wartet auf die letzte. Stille. Die Spannung wird gehalten. Dann beginnt wieder jene Person, die den ersten Satz des Textes hat und alle Teilnehmer*innen sprechen jetzt hintereinander in der richtigen Reihenfolge den ganzen Text.

Chorische Text-Dekonstruktion (II)

Die Dekonstruktion verläuft umgekehrt: Der Weg geht vom Sprechen des Textes in richtiger Reihenfolge immer weiter ins Fragmentarische, über Wörter und Klänge zu einem Teppich von Konsonanten.

Phase 1: Die Spannung wird gehalten. Jene Person, die den ersten Satz des Textes hat, beginnt zu sprechen und alle Teilnehmer*innen sprechen hintereinander in der richtigen Reihenfolge den gesamten Text.

Phase 2: Jede*r Spieler*in liest den gesamten Text einmal von vorne. Die einzelnen Personen beginnen zeitversetzt zu lesen.

Phase 3: Sobald sie Phase 2 beendet hat, liest jede Person nur den eigenen Textabschnitt einmal. Alle lesen gleichzeitig ihre Abschnitte, aber beginnen zeitversetzt.

Phase 3: Es werden zeitgleich die Substantive, dann die Adjektive, dann die Verben gesprochen.

Phase 4: Es werden zeitgleich nur die Vokale lang getönt.

Phase 5: Es werden zeitgleich nur die Vokale kurz getönt.

Phase 6: Es werden zeitgleich von allen nur die Konsonanten gesprochen. Alle werden immer leiser. Stille.

Sowohl für die Konstruktion als auch für die Dekonstruktion gilt: Die Übergänge zwischen den einzelnen Phasen werden mehr und mehr verschliffen. Man kann beide Vorgänge ineinander übergehen lassen und verbinden, z.B. aufgeteilt auf zwei Gruppen.

Strophen laufen, Texte tanzen

Diese Übung baut auf der Übung „Chor-Rhythmus-Körper" auf und setzt sie fort. Es geht hier um ein sinnliches Erfassen von unterschiedlichen metrischen Formen.

Phase 1 – 6: → Übung: „Chor-Rhythmus-Körper (162)

Phase 7: Zu Beginn wird ein einfaches Versmaß wie z.B. der Jambus gewählt (in der Folge kann jegliches Vermaß verwendet werden, je nach Erfahrung der Gruppe). Eine Chorführung wird bestimmt, die diesen Rhythmus in Schritte umsetzt. Der Chor übernimmt und folgt der Person in diesem Schrittmuster durch den Raum (Oftmaliger Wechsel der Chorführung). Die Bewegungen entwickeln sich zu einer tänzerischen Leichtigkeit.

Phase 8: Zu dieser Bewegung der Gruppe können stimmliche und lautierende Impulse dazukommen. Der Atem soll dabei frei fließen.

Phase 9: Der Chor tanzt jetzt in einem bestimmten Versrhythmus eine Verszeile lang (ohne Text, nur Rhythmus) in eine Richtung. Mit jedem neuen Vers gibt es einen Richtungswechsel, den die Chorführung mit einem deutlichen Körperimpuls angibt. Hier ist es ratsam, die Chorführung nicht zu oft zu wechseln, sondern immer mehrere Zeilenwechsel eine Person führen zu lassen, damit ein gemeinsamer Bewegungsfluss entstehen kann.

Phase 10: Jetzt wird in kleinen Portionen der Text, der in diesem Rhythmus geschrieben ist, vom Chor gesprochen. Zuerst werden einzelne Abschnitte auf unterschiedliche Chorführungen verteilt. Jeder Abschnitt wird von einer Person geführt. Später kann auch Zeile für Zeile die Chorführung wechseln.

Phase 11: Der ganze Chor spricht synchron den ganzen Text und wechselt als Gruppe gemeinsam ohne Chorführung die Richtung am Ende des Verses.

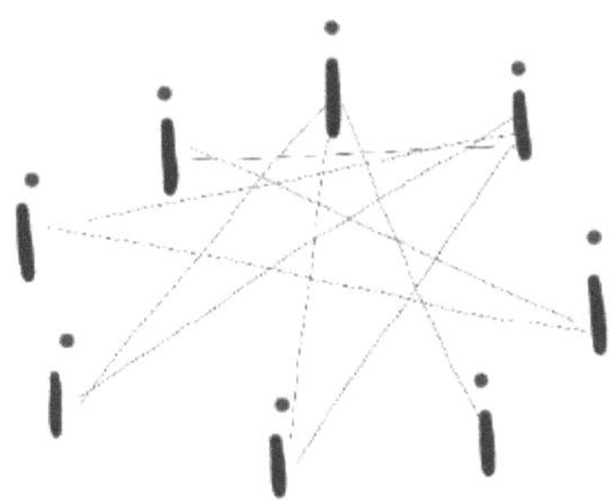

Abbildung 14: Netzkreis

Baustein VIII: Chor und Spiel

Der Chor ist in gewisser Weise eine Ästhetisierung der Gruppendynamik. Spiel im Chor bedeutet Freude an der gemeinsamen Bewegung, am Wettstreit, an der Verwandlung, am Zufall, der Überraschung – und manchmal auch am rauschhaft-spielerischen Verausgaben (vgl. Seitz 2022, 8). Das alles bekommt seinen Raum im Spiel, in einer Struktur, die nicht einengt, sondern inspiriert: „Das Spiel birgt sein eigenes Gegenteil: frei und doch an eine Ordnung gebunden, offen und doch von einem situativen Rahmen anhängig, zufällig und doch auf Regeln gründend" (Seitz 2022, 8). In der chorischen Arbeit ist ein spielerischer Zugang zu den einzelnen Bausteinen sowohl für die Gruppe als auch für die Spielleitung wichtig. Chorisches Proben soll abwechslungsreich und lustvoll sein. Das Feld des Spiels bringt die notwendige Leichtigkeit, denn das Üben chorischer Settings kann herausfordernd sein. Chorisches Spiel ist spontan, körperlich und stark von Impulsen geprägt, von schnellen Wechseln, von Spontaneität und Improvisation in und mit der Gruppe. Spielerische, stark auf Reaktion ausgerichtete chorische Formate stimmen auf das szenische Arbeiten ein. Es geht um die rasche Aufeinanderfolge von Aktion und Reaktion. Der gemeinsame Dreischritt *Aufnehmen – Bewerten – Reagieren* stellt auch für das chorische Spiel die Basis stimmiger szenischer Interaktion dar. Spiele mit chorischen Settings geben der Gruppe die Möglichkeit, körperlich-gestische Impulse aufzunehmen, zu verstärken oder zu verändern. Chorische Spielformate sind rasches Schwärmen: Der Schwarm spielt mit sich selbst und mit Impulsen von außen. Spielerische Zugänge sind nicht nur für jüngere Zielgruppen wichtig. Sie sind Auflockerung und Erholung von komplexen Übungsreihen. Spielen lenkt kreativ den Fokus weg von einem vielleicht allzu klaren Lernziel. Auf Umwegen lernt man anders. Viele Spiele haben chorisches Potential und stellen die Basics theater- und schauspielpädagogischer Gruppenarbeit dar.[79] Aus dem Spiel heraus entwickelte chorische Formate sind Energieschübe für die Gruppe.

[79] Vgl. hierzu Höhn 2018, 70 ff.

Zwischenspiel: „Time warp!“ (Südtirol 2013)

It's just a jump to the left! Vierzig Jugendliche schreien, tanzen und singen den *Time warp*. Kurz davor haben sie noch dreistimmig a capella gesungen. Am *Haus der Familie* am Ritten (Oberbozen) wird die *Rocky Horror Picture Show* erarbeitet. Spiegelchor: Jede*r spielt jede Rolle. Es werden Rollenträger*innen bestimmt, die einen bestimmten Rollenkörper über einen Gang zeigen. Alle übernehmen in der ersten Runde den Gang eines *Frankenfurters*, in der zweiten Runde die Gesten einer *Janet*. Wenn der Rollenkörper in der ganzen Gruppe angekommen ist, wird zum Song der Rolle *in role* getanzt: lauter *Brads, Janets, Frankenfurters* bewegen sich zur Musik in einer Spiegelkabinettdisco: *„Let's do the Time Warp again!“*

Chor und Spiel: Übungsteil

„In jedem Fall tritt man aus einem Spiel anders heraus,
als man hineingegangen ist.“ (Seitz 2022, 8)

Zuwerfen von (fiktiven) Gegenständen

Phase 1: Die Gruppe steht im Kreis und wirft sich einen Tennisball (Hut, Requisit) zu, dann zwei, dann drei gleichzeitig. Dann aus dem Kreis während des Werfens in einen langsamen Raumlauf mit peripherer Wahrnehmung gehen.

Phase 2: Jetzt werden, mit deutlichem Gestus, fiktive Gegenstände einander zugeworfen. Wieder beginnt die Gruppe im stehenden Kreis, dann mit Bewegung im Raum. Neue Impulse durch den Wechsel der fiktiven Gegenstände einbringen: Ball (Tennisball, Basketball, Medizinball, Golfball), Papierkugel, Tuch, Vase, Kiste. Wie verändert sich der Wurf- und Fanggestus mit den unterschiedlichen Gegenständen? Immer wieder zu realen Gegenständen wechseln und dann vergleichen.

Chorisches „Au ja!“ (Follow the Leader-Prinzip I)[80]

Das *Follow the Leader-Prinzip* stellt einen niederschwelligen und spielerischen Zugang zum Chorischen dar: Alle machen, was eine*r macht. Hier ist noch keine komplexe Schwarmwahrnehmung notwendig. Man kann das Spiel zuerst rein körperlich spielen: Gesten, Gänge, Grimassen werden von einer Person als Impuls in die Gruppe gegeben und von den anderen übernommen. Die Spielaufgabe besteht darin, vom *Leader* anzunehmen und trotzdem eine Gruppenwahrnehmung zu entwickeln.[81] Mit Dynamik und Tempo spielen! Dazu können einzelne mit der Tätigkeit verbundene Wörter und kurze Sätze treten. Es kann eine Situation vorgegeben werden: Fische auf der Flucht vor dem Hai, Fließbandarbeit. Der Impuls wird von der führenden Person angekündigt: *Lasst uns mit den Füßen stampfen!* Die Gruppe antwortet mit: *Au Ja! Lasst uns mit den Füßen stampfen!* Komplexer wird es, wenn der *Leader* ein ganzes Setting, eine Situation mit vielen Menschen und unterschiedlichen Tätigkeiten vorschlägt: *Lasst uns einen Bahnhof spielen!* Bei einem solchen *Lebenden Bild* ist vom chorischen Ensemble eine nonverbale Abstimmung nötig.

→ Übung: „Lebende Chorbilder“ (219)

Variante: Zwei Chöre mit jeweils zwei Chorführer*innen werden gebildet. Der erste Vorschlag der ersten Chorführung bestimmt das Grundsetting und der erste Chor setzt es mit *Au ja!* um. Sofort kommt der Vorschlag der zweiten Chorführung als Reaktion und Ergänzung und der zweite Chor setzt es jetzt ebenfalls mit einer *Au ja!* um.

Chorführer*in I: „Lasst uns Gorillas in einem Zoo spielen!“
Chor I: „Au ja, lasst uns Gorillas spielen!“

---

[80] Vgl. Nübling 1998b, 79f.

[81] Ich möchte hier auf Maike Plaths „Vier demokratische Führungsjoker“ (Plath 2017, 83f.) und im Besonderen auf das dort beschriebene Vetorecht hinweisen: Die Teilnehmenden können sich z.B. bei Spielen mit einem *Follow the Leader- Prinzip* auch dafür entscheiden, *nicht* mitzumachen. Das lässt Raum entstehen für eine selbstbestimmte Zustimmung jeder einzelnen Person. Siehe hierzu auch das Spiel „König und Diener“ (Plath 2017, 250f.).

Chorführer*in II: „Und lasst uns die Zoobesucher spielen!"
Chor II: „Au ja, lasst uns die Zoobesucher spielen!"

Ich wollte immer schon (Follow the Leader-Prinzip II)

Die Chorspieler*innen stehen locker verteilt im Raum. Ein*e Spieler*in gibt den ersten Impuls und formuliert einen Satz mit „Ich wollte immer schon...", z.B. „Ich wollte immer schon wilde Grimassen schneiden!" Der Chor wiederholt den Satz und geht sofort in diese Tätigkeit, in starkem Kontakt zueinander: „Ja, wir wollten alle immer schon wilde Grimassen schneiden!" Der Chor hält an dieser Tätigkeit fest, bis aus dem Spiel heraus die nächste Person den nächsten Wunsch und damit die nächste Handlungsanweisung gibt: „Ich wollte immer schon den Atem anhalten, solange ich kann!" Der Chor: „Ja, wir wollten alle schon den Atem anhalten, solange wir können!" Die Impulssätze können abgewandelt werden. Jeder Satzbeginn beeinflusst den Inhalt der Fortsetzung. „Ich will endlich ...", „Lasst uns doch endlich...", „Eigentlich will ich jetzt ..."

Chorische Phantasiereise[82]

Mit dem Chor werden erzählte Situationen nonverbal und szenisch-gestisch ausgestaltet. Der Chor kann in dieser Spielform mehr oder weniger Form haben. Er kann sich als freier Pulk durch den Raum bewegen oder in einem gemeinsamen Rhythmus mit einer Chorführung. Die Erzählerfigur gibt die narrativen Impulse. Die erzählte Geschichte wird mit Impulsen von außen angereichert in einer fortlaufenden Szene gespielt. Die erzählerischen Impulse werden von jeder Person individuell umgesetzt. Gleichzeitig steht jede*r in starkem Kontakt mit der Gruppe. Das Kollektiv handelt in einer gemeinsamen Situation, zusammen, vereinzelt, zerstreut – und doch als Chor. Mögliche Spielimpulse bei unterschiedlichen Settings:

[82] Vgl. Nübling 1998b, 77.

- Eine Gruppe Schiffbrüchiger entdeckt eine Insel: „Ihr lauft über den weichen Sand, spürt die Hitze, seht zurück auf das weite Meer. Ihr hört seltsame Geräusche, dort ein Rascheln im Busch …"

- Ein Familienessen: „Die ganze Familie sitzt um den Tisch herum und stochert im Essen. Keiner spricht. Blicke huschen hin und her. Keiner sieht dem anderen lange in die Augen…"

- Eine Busfahrt: „Die Klasse sitzt im Bus nach dem Wandertag. Alle spielen auf dem Handy, chatten oder sehen sich Videos an. Plötzlich bremst der Bus scharf ab…"

Natürliche Massen

In der Natur begegnen uns Phänomene, die bewegte und dynamische Massen sind: Regen, Feuer, Meer, Wald, Fluss, Sand, Wind, Getreidefeld. Es sind Erscheinungen an der Grenze zwischen belebt und unbelebt. Sie sind Lebensraum, Element, eine Einheit, die immer eine Vielheit ist, die sich ständig verändert. Das Meer ist Masse und Lebensraum zugleich, Masse von Molekülen, Stoffen und Teilchen, aber auch Lebensraum für Schwärme von Fischen und Plankton. Diese „natürlichen Massen" geben uns viele Impulse für das chorische Spiel. Kinder z.B. sind damit sehr gut in das Chorische einzuladen.

→ Massensymbole (49)

Die Chorgruppe bekommt eine kollektive Gestaltungsaufgabe: *Regen, Feuer, Meer, Wald, Fluss, Sand, Wind.* Die Chormitglieder verteilen sich im Raum, bilden einen Pulk oder stehen weiter auseinander und gestalten jetzt, spontan und ohne Absprache, immer als zusammenhängende Gruppe, diesen Begriff und seine Veränderungen. Die Spielleitung gibt Impulse: „Der Wind nimmt zu!", „Das Feuer wird stärker!"

Variante 1: Es werden den Gruppen zehn Minuten Vorbereitungszeit gegeben, um eigene Gestaltungsideen und kleine Geschichten mit diesen Naturerscheinungen zu erfinden.

Variante 2: Das Spiel wird mit einer angeleiteten Phantasiereise mit dem Chor verbunden. Gestaltungsimpulse sind:

Sand: Bewegungen der Dünen, Gestaltwandlung
Wind: Spiel mit Atem, Stimme und körperlicher Leichtigkeit
Wald: Kleine und kleinste Bewegungen aller Lebewesen
Fluss: Fließende Körper, alle Aggregatszustände des Wassers
Regen: Kraft und Rhythmus des Regens
Meer: Wellenbewegungen, Tiefe, Weite, Strömungen
Feuer: Richtungswechsel, schnell, laut, gierig

Chorischer Abgang/Auftritt aus demselben Grund

Dieses Improvisationsspiel von Keith Johnstone (vgl. Johnstone 2016, 266) ist eine Übung für spielerische Spontaneität und Offenheit. Sie bietet in chorischen Settings die Möglichkeit, schnelle Impulse gemeinsam mit der Gruppe umzusetzen. Mit der Anzahl der Teilnehmenden dieses Spiels steigt auch die Herausforderung, die unterschiedlichen Impulse abzustimmen. [83]

Die Gruppe steht so im Raum verteilt, dass sich alle sehen können. Niemand nimmt sich etwas vor. Das Ziel ist für die Gruppe, aus dem gleichen Grund abzugehen. Diese Mini-Szenen sollen nicht länger als 30 Sekunden dauern. Die Aufgabe besteht darin, dass jede*r im Chor jeden körperlichen Impuls aufnimmt und verstärkt, auch wenn noch nicht ganz klar ist, wohin das führt. Es ist dieses *blind offer* bestimmend für die Gruppenimprovisation. Niemand nimmt sich konkret einen motivierten Impuls vor, niemand führt, niemand versucht sich durchzusetzen, alle verstärken nur, was da ist. Kleine Gesten, Bewegungen, Zufälligkeiten werden erst einmal gespiegelt. Daraus wird dann schnell, spontan und impulsgeleitet der gemeinsame Handlungsschritt entwickelt. Das Szenenziel ist es, die Bühne zu verlassen. Wichtig dabei ist, alles Wahrgenommene rasch zu verstärken, im Vertrauen, dass sich daraus eine gemeinsame Handlung ergibt. Das bedeutet, dass in diesem Spiel der Dreischritt *Aufnehmen–Bewerten–*

[83] Als ich selbst dieses Spiel vor vielen Jahren bei einem Seminar von Keith Johnstone kennenlernte, spielten wir mit ca. fünf Teilnehmenden.

Reagieren erweitert wird zu einem Viererschritt: *Aufnehmen–Verstärken–Bewerten–Reagieren. Verstärken* kommt hier also vor *Bewertung* und vor jeder Interpretation. Man kann dieses Spiel auch *vice versa* spielen als *Auftritt aus demselben Grund:* Die Gruppe steht in der Seitenbühne oder abseits der Spielfläche und entwickelt einen gemeinsamen Abgang von dort – und schon entsteht ein gemeinsamer Auftritt auf der Bühne oder Spielfläche. Beginnt damit vielleicht eine Handlung?

Chorisches Zirkeltraining

Die Gruppe wird in Kleingruppen eingeteilt. Es sollten für dieses Spiel mindestens vier Kleingruppen sein – für jede Ecke des Raumes. Jede Ecke wird mit einer bestimmten Tätigkeit belegt, beziehungsweise es wird dort eine Station eingerichtet, es sind aber auch mehrere Stationen in unterschiedlichen Räumen möglich. Die einzelnen Abschnitte auf den Stationen sind kurz (ca. drei Minuten). Es geht um den schnellen Wechsel, um einen kreativen Stress. Das Spiel wird durch Musik unterstützt. Bei den Tätigkeiten auf den jeweiligen Stationen und den Bewegungsarten auf den Wegen sind der Fantasie keine Grenzen gesetzt.

Stationen

Station 1 „Choreo“: In dieser Ecke wird eine kleine Choreo nonverbal entwickelt, nur über die Körpersprache

Station 2 „Slomo“: (Variante 1) Karten liegen auf dem Boden (für jede Runde eine Karte) mit Tätigkeiten, Vorgängen, Gesten, die in *slow motion* synchron und in größtmöglicher Langsamkeit durchgeführt werden. (Variante 2) Im Kreis liegen Gegenstände auf dem Boden, die in *slow motion* aufgehoben werden.

Station 3 „Spiegeln“: Hier stellt sich die Gruppe in einer Reihe auf vor einer Führungsperson, die von den anderen exakt gespiegelt wird.

Station 4 „Rhythmus“: Die Gruppe findet einen gemeinsamen Rhythmus zur Musik (Füße, Hände, Bodypercussion).

Wege

Die Wege von Station zu Station können mit Handlungsanweisungen verknüpft werden. Die Wege werden mit farbigen Klebebändern markiert.

Weg 1 (von Station 1 zu Station 2): *Bewege dich ganz weich, als hättest du keine Gelenke!*

Weg 2 (von Station 2 zu Station 3): *Bewege dich eckig und mit Überspannung im Körper!*

Weg 3 (von Station 3 zu Station 4): *Gehe auf allen Vieren!*

Weg 4 (von Station 4 zu Station 5): *Springe von einem Bein auf das andere!*

In Kontakt bleiben

Die Gruppe steht im Kreis und alle berühren einander mit den Handflächen oder nehmen einander bei der Hand. Nun kommen alle in Bewegung. Die Gruppe bewegt sich aber nur so schnell durch den Raum, dass der Kreis zusammenbleiben kann und der Handkontakt bestehen bleibt. Ist das Setting vertraut, können der Gruppe Aufgaben gegeben werden, die sie als Kollektiv lösen soll, z.B. gemeinsam auf den Boden legen, in den Schulhof über das Treppenhaus gehen.

Variante 1: In der Mitte des Kreises befindet sich eine Person, die während der Übung zu allen immer den gleichen Abstand halten soll.

Variante 2: Die Person in der Mitte des Kreises führt die Bewegungen und gibt die Raumrichtungen vor und die Spieler*innen im Kreis versuchen zu ihr immer den gleichen Abstand zu halten.

Chor im Zeitraffer

Phase I (Impuls der Spielleitung): Die Gruppe macht einen Raumlauf. Die Spielleitung ruft eine Zahl zwischen *1* und *Gruppengröße–1*. Rasch (um den positiven Stressfaktor zu erhöhen, zählt die Spielleitung z.B. einen Countdown) soll die Gruppe eine Chorformation bilden mit dem angegebenen Zahlenwert. Die einzelnen Spieler*innen müssen sich spontan entscheiden: Entweder ist man in der Chorgruppe mit der genannten Teilnehmer*innenzahl – oder beim Rest. Bildet diese Restgruppe auch einen Chor, eine Kleingruppe, ein Paar oder ist es eine einzelne Person? Blickkontakt aufnehmen zwischen den Gruppen, die Spannung und die Aufmerksamkeit werden gehalten. Bewegung im Raum erfolgt im Kontakt zueinander.

Phase 2: Der Impuls zur Chorbildung kann von jede*r Spieler*in jederzeit gegeben werden. Es ist ein Übergang möglich zu:

→ Übung: „Das Gleichgewicht auf der Bühne" (152)

Der Chor als Kreis um eine Erzählung

Der Chor sitzt im Kreis. Die erzählende Person sitzt in der Mitte. In einer ersten Runde hören wir einfach der Geschichte zu. Beim zweiten Mal spricht die erzählende Person und der Chor reagiert gestisch auf die Erzählung. Einzelne Gesten aus der Gruppe werden wiederholt, setzen sich durch, werden kopiert, verstärkt, kristallisieren sich heraus. Das Gestenspiel und die Erzählung wechseln einander ab, d.h., die erzählende Person spricht im Kontakt mit der Gruppe, hält inne und erzählt weiter in Resonanz mit dem Chor. In einem nächsten Schritt bekommt auch der Chor Stimme und Sprache: Paraphrasierungen, Laute, Geräusche, Varianten des Gesagten, Kommentare und Echos sind möglich. Der Chor achtet darauf, nicht zu laut zu sein. Die Impulse, die aus der Gruppe kommen, werden von den anderen Chorspieler*innen wahrgenommen und aufgenommen. Das Innehalten und das Weitererzählen finden im nonverbalen Dialog zwischen Chor und Erzählperson statt. Mal unterbricht der Chor die Erzählung und die erzählende Person wartet, mal macht sie bewusst Pausen, in denen der Chor die Möglichkeit hat zu reagieren. Bei einem längeren Spielverlauf verlässt der Chor die Kreisformation und nutzt den ganzen Raum. Die erzählende Person ist jetzt Protagonist*in vor oder neben dem Chor.

Spiel als Szene

In diesem dynamischen *Stopp and Go*-Format findet der Übergang vom Spiel zur Szene statt: Die Gruppe läuft auf den Ballen in gefederten Schritten durch den Raum mit schnellen Richtungswechseln.

Phase 1: Die Spielleitung ruft *„Stopp!"* – Alle halten dynamisch inne, d.h. laufen weiter mit federnden Schritten am Platz. Die Spannung, gleich wieder loslaufen zu können, bestimmt das Spiel. *„Go!"* – alles läuft wieder los.

Phase 2: Jede*r in der Gruppe kann jederzeit *„Stopp!"* and *„Go!"* rufen.

Phase 3: Wörter oder Kurzsätze werden gesammelt. Für jedes Wort wird festgelegt, ob es für *Go* oder *Stopp* steht, z.B.: *„Ich habe Angst!"* für *Go* und *„Ich kann nicht mehr!"* für *Stopp*. Jede*r kann wieder jederzeit den Satz für *Go* und *Stopp* rufen, die Gruppe reagiert. Es liegt in der Verantwortung aller, einen Rhythmus entstehen zu lassen, und nicht zu viele Wechsel zu initiieren. Das Laufen am Platz kann variiert, verlangsamt, reduziert werden. Ein solches Spielformat kann nun in zwei unterschiedliche Richtungen weiterentwickelt werden: narrativ oder performativ.

Variante 1: Narrativ
Jede Variation der Texte und deren Motivation verändern die entstehende Szene und Situation. Sind es Aussagen individueller Rollen, repräsentieren sie innere Vorgänge einer Einzelperson und ist der Chor ein Spiegel dieser Emotionen? Sind es Kommandos wie *„Lauft!"* (*Go*) und *„Wartet!"* (*Stopp*) und entsteht eine Szene einer Verfolgung? So kann z.B. ein Stück beginnen, das die Themen Flucht, Angst und

Unterdrückung zum Thema hat. Es könnten Gefangene bei einem Ausbruchsversuch sein. Diese Spielform ist für szenische Chorformen mit hoher Energie, für Kampf, Flucht und Angriff geeignet. Man kann auch zwei Teilchöre bilden, die sich ineinander verschränken. Als eine Möglichkeit eines Abschlusses bleibt die Gruppe im gemeinsamen Fokus stehen – und beendet die Szene mit einem gemeinsam motivierten Abgang.

→ Übung: „Chorischer Abgang/Auftritt aus demselben Grund“ (201)

Variante 2: Performativ
Der Chor stellt in dieser Variante keine Personen, die in Panik geraten, dar, sondern agiert als performatives Bild im Sinne einer Echtzeitlichkeit und realen Körperlichkeit. Der Chor abstrahiert auf einer körperlichen Ebene eine bestimmte Thematik. Wörter wie *Angst, Hilfe, Panik, Flucht* werden als *Go* genommen, Begriffe wie *Warten* oder *Hoffnung* als *Stopp*. Es können Städte und Länder als Begriffe für ein *Stopp* und *Go* genommen werden, politische Slogans, Namen von Politiker*innen, Werbesprüche.

Zwischenspiel: „Die Chormaschine“ (Wien 2019)

Tagebucheintrag: *Die Bakchen* des Euripides (Regie Ulrich Rasche), Burgtheater Wien. Eine durchkomponierte Chor-Oper, die den Herzrhythmus verändert. Der Chor als Gefahr, das Dionysische in all seinen Schattenseiten. Als Gegenpol die Verteidigung der Vernunft in der Position des *Pentheus*. Die Maschine des Chores schreitet voran. Ich spüre jene Seiten des Chorischen, die heute gesellschaftspolitisch wesentlicher sind als die Verklärung des Dionysischen und der Ekstase. Dagegen die Verteidigung der Vernunft. Gleichwohl bleibt der Abend auch hier schwebend. Es gibt keine Verurteilungen. Jede Position, auch jene des *Pentheus* (Schwanken zwischen dem Ablehnen des Dionysischen und dem Angezogensein davon), wird in seiner Problematik gezeigt. Der Chor ist hier ein dunkel oszillierender Schwarm zwischen Flucht, Angriff und Bedrohung. Wir, das Publikum, sind gemeint und werden gleichzeitig auch gespiegelt. Auch ihr seid ein Chor. Werden wir mitmarschieren oder gegen diesen Strom schwimmen? Eine Frage des Muts? Der Chor ist hier ein Wesen, das flüchtet, angreift, mal von uns weg und mal auf uns zu marschiert. In einem Rhythmus, der bis in die Träume widerhallt.

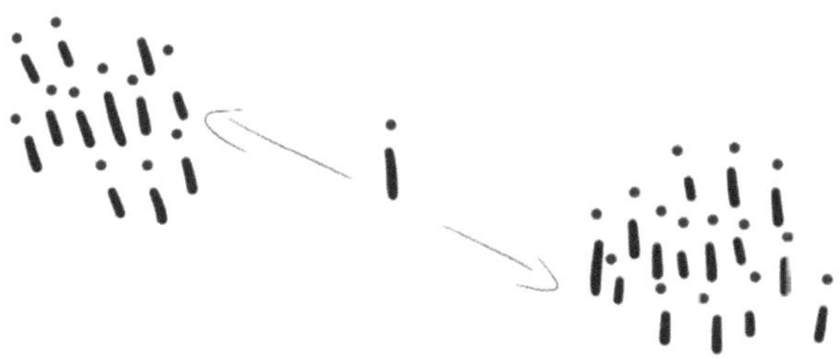

Abbildung 15: Zwischen den Gruppen

Baustein IX: Chor und Szene

Mit dem Chor eine Szene zu gestalten oder eine Szene selbst gestalten zu lassen, ist oft das Ziel der chorischen Arbeit. Szenisch verschiebt der Chor die Perspektive der Darstellung. Der Chor als theatrales Mittel bietet uns die Möglichkeit, dramaturgisch, szenisch und spielerisch neue Türen aufzustoßen. „Der Chor soll die Realität spiegeln, [...] und da die Realität immer monströser wird, muss auch der Chor zum Monster werden und immer radikaler – so wie die Gorgonen auf dem Schild der Athene" (Klett 2020, 25). „Spiegeln" heißt hier nicht kopieren, sondern verwandeln, transformieren, verfremden, vervielfachen und vergrößern. Die Chorgruppe handelt in der szenischen Arbeit in einer gemeinsam abgestimmten Spielsituation (zeitgleich, verschoben, überlappend, vereinzelt), oder vollzieht eine Tätigkeit als performendes Kollektiv in Echtzeit. Die Möglichkeiten sind vielfältig: Eine protagonistische Figur stellt sich gegen ein Kollektiv, kollektive Performanceformen, chorische Rollengestaltung, rhythmusgesteuerte Szenenarbeit. Trifft Sprachgestaltung auf Szene und Performance, fügen sich sämtliche Übungen der einzelnen *Bausteine des Chorischen* zusammen. Der Chor als postdramatisches szenisches Format schließt sowohl situative als auch performative Elemente ein.

Der narrative Chor

Chorisch handeln bedeutet nicht zwingend eine gleiche und schon gar nicht synchrone szenische Tätigkeit auszuführen. Erste szenische Versuche mit einem Chor orientieren sich an Alltagssituationen: Menschen in einem Wartezimmer, Passagiere in einem Bus, Personen, die über einen öffentlichen Platz gehen oder die sich auf Bahnhöfen aufhalten. Gesteigerte Emotionalität entsteht bei Situationen der Not (Flucht, Panik), der Begeisterung (Fangruppe) oder des Angriffs (Demonstration). Leichte szenische Aufgaben zeigen der Gruppe, was es bedeutet, in einer bestimmten gemeinsamen Situation oder Haltung zu agieren. Die Szene zeigt dann entweder eine Gruppe auf der Bühne als direkt zusammen reagierender Chor oder als eine Gruppe von Einzelnen, die sich in derselben Situation befinden. Ein Chor ist so entweder Träger der Situation oder ist in die Situation eingebettet (als reale Gruppe von Menschen oder als epischer Kommentator).

Der performative Chor

Ist der Chor ein theatrales Kollektiv, das nicht an eine Situation gebunden ist und keine Gruppe von Charakteren darstellt, sind performative Formate das Mittel der Gestaltung: die Arbeit mit choreografischen, oft verborgenen Strukturen und Bewegungsfolgen, Sprachschichtungen, assoziative kollektive Ansätze mit Text, Körper und Material. Die meisten der vorgeschlagenen Übungen können in beide Richtungen weiterentwickelt werden. Die Entscheidung dafür wird immer bei der Spielleitung und der Chorgruppe liegen und auch von Thema und Stoff, den Rahmenbedingungen und der Zielgruppe abhängen.

Chor und Szene: Übungsteil

„Für den großen, gegliederten, zusammenhängenden Sprachkörper bedarf es des Chor-Stücks, der Chor-Idee […].“ (Schleef 1997, 102)

Das „Rehe am Abend-Prinzip“ (III)

→ Übung: „Das „Rehe am Abend-Prinzip“ (I)“ (158)
→ Übung: „Das „Rehe am Abend-Prinzip“ (II)“ (187)

Nun findet dieses Prinzip eine szenische Ausgestaltung. Die Gruppe wird geteilt. Eine Hälfte der Gruppe bildet die vorsichtigen Rehe, die anderen verteilen sich im Raum so weit entfernt wie möglich von der Rehe-Gruppe. Von ihnen kommen die auditiven Impulse, auf die die Rehe reagieren. Die Wahl des Textes, der während der Übung von der Rehe-Gruppe gesprochen wird (Dialog, Gedicht, Textfläche, Märchen), dynamisiert die Szene und bestimmt das Setting.

Synchronizität

Phase 1: Drei Spieler*innen (später können es mehr werden) sitzen auf Stühlen im Kreis und erarbeiten eine Bewegungsfolge in *slow motion* (eine Alltagstätigkeit oder abstrakte choreografische Bewegungen). Mit der Zeit versuchen alle gemeinsam schneller zu werden. Ziel ist in diesem Fall eine möglichst genaue Synchronizität. Das Ergebnis wird vorgeführt, alle sitzen in einer Stuhlreihe, mit Blick nach vorne.

Phase 2: Diese Bewegungen können auch *blind offers* sein, die die Gruppe spontan und abgestimmt entwickelt. Welche Bedeutungspluralität entsteht dabei?

Phase 3: Mehrere Gruppen arbeiten parallel zu einem gemeinsamen Thema. Musik- oder Sprachaufnahmen können diese Bewegungsfolgen begleiten.

Eine Performance kollektiv entwickeln

Die Gruppe wird geteilt in „Agierende“ und „Beobachtende“. Aus einer freien chorischen Bewegungsimprovisation der „Agierenden“ greifen die „Beobachtenden“ jeweils einzelne Gesten/Moves heraus (drei) und notieren diese. Nun erarbeiten die „Beobachtenden“ aus diesem Material eine kleine Bewegungsperformance und zeigen diese den zuvor „Agierenden“. Die jetzt „Beobachtenden“ schreiben sich Wörter, Sätze, Fragen auf (ebenfalls drei), die sie mit der Performance assoziieren und lesen sie den zuvor „Agierenden“ vor. Diese nehmen sich diese Textfragmente und schreiben daraus eine theatrale Textfläche, die sie der anderen Gruppe über Mikrophon vorlesen. Die andere Gruppe performt nun spontan zu den Texten usw.

Assoziative Textchoreografie

Will man mit der Gruppe freier an einen Text herangehen und ihn durch Zerlegen für eigene Bilder und Assoziationen öffnen für die szenische Gestaltung, kann man das über getrennte Aufgaben versuchen. Nachdem ein Text gemeinsam gelesen wurde, werden Untergruppen gebildet, die sich dem Text auf unterschiedliche Weise nähern:

Gruppe 1 entwickelt assoziativ Geräusche/Rhythmen/Laute zu einzelnen Abschnitten oder Themen des Textes.

Gruppe 2 wählt einzelne Worte, kurze Sätze, Passagen aus, um sie chorisch zu gestalten (Kanon, Echo, Murmeln).

Gruppe 3 entwickelt Gestenmaterial zu einzelnen Begriffen oder Textabschnitten (Loops).

Dann werden die drei Gruppen ineinander verschränkt. Das können z.B. zwei Kreise sein, die Gruppe 1 und 3 um Gruppe 2 bilden. Nun werden - gleichzeitig, verschoben oder hintereinander - diese Textfragmente in einem klanglichen, nonverbal-gestischen und auch verbalen Spiel choreografisch-performativ gestaltet.

Chorische Fuge performativ

Eine Gruppe von fünf Personen agiert zu Musik auf der Bühne.

Phase 1 („Variieren"): Jede*r findet ein Muster (Körpergeste, Move) zur Musik. Das Muster wiederholen und loopen. Sein eigenes Muster variieren (groß/klein, schnell/langsam, hoch/tief, rund/eckig, gerade/gebogen). Immer wieder zurückkehren zur Ursprungsgeste.

Phase 2 („Annähern"): Immer wieder Bewegungsmuster der anderen übernehmen (Kopieren, dann variieren): kleine und temporäre

Gestenchöre bilden sich, ohne synchron werden zu wollen. Immer wieder zum eigenen Material zurückkehren.

Phase 3 („Übernehmen"): Jede*r bleibt bei der eigenen Geste und variiert diese nicht. Phasenweise übernimmt immer wieder jemand ohne Absprache ein Muster einer anderen Person. Die entstehenden Paare (oder Kleingruppen) versuchen nun, mit den jeweils anderen Teilnehmenden synchron zu werden (Zeit lassen!). In Synchronizität miteinander spielen, dann trennen sich die Paare (Kleingruppen) wieder.

Phase 4 („Verschmelzen"): Es entstehen synchrone Untergruppen, aus denen sich Schritt für Schritt durch chorische Improvisation ohne lenkenden Impuls von außen tanzende Chöre mit jeweils gemeinsamen Bewegungsmuster ergeben. Das Muster kann variiert werden.

Phase 5 („Parallele Chöre"): Mehrere Choreo-Gruppen arbeiten gleichzeitig zu einem gemeinsamen Thema. Die einzelnen Choreo-Gruppen vermischen sich im Raum. Jede*r weiß trotzdem immer, wo sich die Teilnehmenden der eigenen Gruppe gerade befinden.

Der Chor als Spiegelkabinett

Als Vorbereitung → Übung: „Spiegelchor" (139)

In diesem szenischen Modul gibt es immer eine*n führende*n Spieler*in. Die Verarbeitung des Spielmaterials durch den Chor baut sich schrittweise auf: von einfachen Gesten und Wörtern über kleine Handlungselemente bis hin zu komplexen, zeitlich verschobenen Spiegelungen des Chores.

Phase 1 („Geste-Wort-Spiegel"): Eine Person tritt auf die Spielfläche und macht eine ganzkörperliche Geste, verbunden mit einem Wort. Wort und Geste unterstützen einander (Nicht die Illustration des Begriffs, sondern Verstärkung und Vergrößerung sind das Ziel). Die Teilnehmenden können einzeln auftreten oder sich schon alle auf der Spielfläche befinden. Die Spieler*innen im Chor beginnen nun diese

Wort-Geste exakt zu kopieren. Zuerst sind sie aber nicht synchron mit der protagonistischen Figur. Im Lauf der Übung versucht der Chor dann ohne Steuerung von außen synchron zu werden.

Phase 2 („Einfache Handlung wird gespiegelt"): Ein*e Spieler*in improvisiert einen kurzen Handlungsablauf, z.B. Aufstehen vom Stuhl, zur Wand laufen und an die Wand lehnen. Diesen Ablauf können kurze stimmliche und sprachliche Äußerungen begleiten und ihm emotionale (situative) Vorgänge unterlegt werden: das Warten auf eine Liebesbotschaft, ungeduldig sein, wütend werden. Die Mitglieder des Chores spiegeln diese Vorgänge, Handlungen und Emotionen durch das Übernehmen einer Bewegung, eines mimischen Ausdrucks. Die Spieler*innen des Chores untersuchen das gestisch-szenische Material, ahmen nach, empfinden nach. Mit der Zeit werden eigene Ausdrucksvarianten hinzukommen. Der Bezugspunkt bleibt die protagonistische Figur. Sie gibt den Rahmen vor, innerhalb dessen gehandelt und verwandelt wird.

Phase 3 („Komplexer Handlungsablauf wird gespiegelt"): Die protagonistische Figur spielt einen längeren Handlungsabschnitt. Hier ein Beispiel: Die Person sitzt auf einem Stuhl und liest ein Buch, klappt das Buch zu, steht auf, geht zum Fenster, öffnet dieses, blickt hinaus, entdeckt etwas, schließt das Fenster wieder, setzt sich an den Tisch, sieht das Buch an und seufzt. Die Person spielt diesen Vorgang im Loop, d.h. sie wiederholt ihn mehrmals hintereinander.

Variante 1: Die Chorspieler*innen treten einzeln auf die Bühne und kopieren den gesamten Vorgang exakt, nur jede*r Spieler*in zeitversetzt.

Variante 2: Jede*r Darsteller*in im Chor nimmt sich nur ein Detail des Vorgangs heraus und loopt dieses. Nachdem es kopiert wurde, wird es nach und nach verändert, verstärkt, interpretiert.

Variante 3: Es wird nun entschieden, ein einzelnes Element der protagonistischen Figur vom Chor kollektiv herauszugreifen: das Seufzen, der Blick zum Buch, das Zuklappen des Buches, der Gang zum Fenster. Dieses eine Detail wird zuerst kopiert, dann untersucht, verändert und von allen auf individuelle Weise gestaltet.

Chorische Rollenstimmen I (Rollenbilder)

Die Gruppe steht einer Person (Rollenträger*in) im Halbkreis gegenüber, mit dem Rücken zu ihr. Auf ein bestimmtes Stichwort wendet sich die Gruppe um und präsentiert der Person (Rollenträger*in), die vor dem Chor steht, gleichzeitig ihre Angebote. Jede Phase hat ein bestimmtes Thema. Alle Gesten oder Sätze werden geloopt.

Phase 1: Gesten der Rolle/Figur
Phase 2: Typische Sätze der Rolle/Figur, mit einer Geste verbunden
Phase 3: Innere Stimmen der Rolle/Figur

Diese Übung ist ein Angebot vom Chor für Protagonist*innen aus unterschiedlichen Perspektiven Ideen für die eigene Rollengestaltung zu bekommen. Diese Übung kann auch eingesetzt werden, wenn die Rolle schon erarbeitet ist, als ein kollektiver Impuls, wie die Rolle in einem bestimmten Probenstadium von den anderen wahrgenommen wird.

Chorische Rollenstimmen II (Flüsterchor)

Es wird ein Sitzkreis um eine*n Spieler*in gebildet. Der Chor flüstert gleichzeitig und überlappend Meinungen und Sichtweisen zur Rolle: *Wie wirkt die Rolle auf mich? Was fällt mir an ihr auf? Was interessiert mich, zieht mich an, stößt mich ab, macht mich wütend? Was imponiert mir?* Diese Übung kann auch in Bewegung ausgeführt werden: Der Kreis bewegt sich während des Flüsterns um den*die in der Mitte sitzende*n Spieler*in. Diese*r hört (mit geschlossenen Augen) aufmerksam zu, fühlt den einzelnen Aussagen nach.

Chorische Rollenstimmen III (Rollenperspektiven)

Phase 1: In der Mitte des Kreises steht ein leerer Stuhl, der eine Protagonisten-Rolle stellvertretend repräsentiert (z.B. Antigone). Im Kreis steht (oder schreitet in einem gemeinsamen Rhythmus) der Chor: Er ist jetzt ein Antagonist*innen-Chor (z.B. Kreon) mit vielen Stimmen. Dieser Kreon-Chor kann jetzt alle Argumente gegen den Stuhl, den Stellvertreter Antigones, anbringen: durcheinander, geordnet, in Reihenfolge, synchron oder asynchron.

Phase 2: Wechsel der Perspektive. Jetzt ist der Chor die Stimmenvielfalt Antigones und der leere Stuhl ist der Stellvertreter Kreons.

Phase 3: Nun kann der Stuhl besetzt werden mit den jeweiligen Darsteller*innen. Antigone hört alle Stimmen Kreons, Kreon jene Antigones.

Chorische Rollenstimmen IV (Chor gegen Chor)

Nun wird der Chor geteilt in einen Antigone-Chor und einen Kreon-Chor. Die beiden Chöre stehen einander als Pulks, Reihen oder Halbkreise gegenüber. Jetzt wird ein Chor-Dialog eröffnet und die beiden Gruppen beginnen zu argumentieren: Einzelstimmen im Durcheinander der Argumente und Wiederholungen wechseln einander ab.

Phase 1: Die Wortmeldungen sind durcheinander, ungeordnet und frei. Die Gruppe regelt das im Spiel selbst. Diese chaotische Phase ist wichtig.

Phase 2: Die Wortmeldungen werden (von der Spielleitung, von den Gruppen selbst) in einer Reflexionsphase geordnet. Eine Reihenfolge der Wortmeldungen wird bestimmt.

Chorische Impulskontrolle

Diese Übung ist besonders wertvoll, wenn es um die Darstellung von Gewalt in jeglicher Form geht und die Gruppe lernen kann zu unterscheiden zwischen dargestellter Gewalt, eigener Körperenergie und dem achtsamen körperlichen Kontakt zur Gruppe. Sie kann an die Übung „Chorische Rollenstimmen IV" anschließen.

Wenn die Gruppe in einer sehr aufgeladenen Energie ist und z.B. die Konfrontation mit der anderen Gruppe über Sprache und Gestus geprobt hat, stehen einander die beiden Gruppen gegenüber. Sie gehen sehr langsam aufeinander zu und durchdringen sich in einer Kammformation, d.h. jede*r geht zwischen zwei anderen durch. Alle berühren einander nur leicht an den Schultern. Nachdem sich die beiden Gruppen so begegnet sind, drehen sich alle um und gehen wieder über in das konfrontative Spiel.

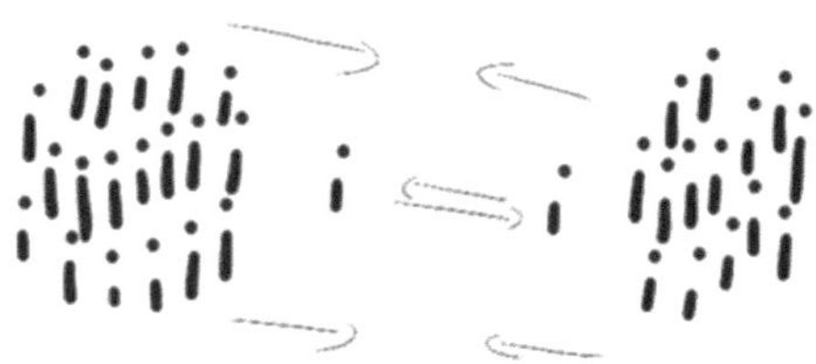

Abbildung 16: Zwei Chöre

Chor der Zerstreuten[84]

Phase 1: Alle Teilnehmer*innen sind auf der Spielfläche. Jede*r entscheidet sich für einen Song, der über Kopfhörer gehört wird (Es können zu bestimmten Themen Songs zusammengestellt werden, es können aber auch alle den gleichen Song hören oder alle einen Song und ein*e Spieler*in einen anderen. Das Ergebnis wird sich entsprechend

[84] Diese szenische Spielform ist inspiriert durch die Performance „The show must go on" von Jérôme Bel (2008).

verschieben. Die Lautstärke der Kopfhörer wird so einstellt, dass man die anderen hören kann. Alle verteilen sich gleichmäßig im Raum.

Phase 2: Die Aufgabe besteht darin, immer einen kurzen bestimmten Teil des Songs (z.B. eine *line* aus dem Refrain) laut mitzusingen. So ergibt sich ein Chor der zufälligen Stimmen. Neue Zusammenhänge ergeben sich.

Phase 3: Je nach Songverteilung ergeben sich gruppendynamische Veränderungen: Es stellt sich z.B. heraus, dass eine Gruppe von fünf Spieler*innen den gleichen Song hat. Wie reagieren sie zusammen, bilden sich Gruppen, ergibt sich ein Chorgesang, vereinzeln sich manche?

Phase 4: Jede*r Spieler*in geht dann ab, wenn der Song beendet ist. Man lässt das Spiel so lange laufen, bis alle Songs zu Ende sind. Auch hier kann mit Impulsen gearbeitet werden: längere und kürzere Songs kombinieren, Songs zweimal aufnehmen, damit einzelne Spieler*innen länger auf der Bühne bleiben etc.

Aus dieser Spielform kann Material für szenisches Arbeiten herausgegriffen werden. Ist dieses Setting der Beginn eines Stückes, der Übergang von Szene zu Szene oder das Ende? Ist der Song Teil des Rollenmaterials? Entsteht aus dem Spiel mit den Songs eine gestische und körperliche Choreografie?

Der Chor im Zeitstrahl I (Tagesablauf)

Der Chor der Spieler*innen durchläuft im kollektiven gleichzeitigen Handeln körperlich, gestisch und spielerisch vierundzwanzig Stunden. Diese Übung kann mit Rollen oder Charakteren gemacht werden, die schon recherchiert sind, aber ebenso gut mit Figuren, über die man noch nicht so viel weiß. Sehr geeignet für dieses Format sind auch individualisierte Kollektive wie z.B. eine Fußballmannschaft: Jede*r Teilnehmende entscheidet sich für eine Position in der Mannschaft. Eine dramaturgisch und szenisch komplexere Variante wäre, dieselbe Figur von allen parallel in der Improvisation spielen zu lassen, ohne

Kontakt untereinander. So erhält man viele Entwürfe und Ideen zu möglichen Verhaltensweisen und Tätigkeiten eines Charakters. Ziel ist ein individualisiertes gleichzeitiges kollektives Spiel aller Teilnehmenden. Es können auch hier Gruppen geteilt werden. Es ist sehr spannend, diesen Prozess zu beobachten.

Phase 1: Jede Person sucht sich im Raum einen Platz für ihre Figur, mit einfachen Einrichtungen wie Tisch, Stuhl, einem typischen Objekt, einer Matte am Boden.

Phase 2: Die Improvisation beginnt. Die Spielleitung gibt als Zeitmaß in einem bestimmten Takt (z.B. drei Minuten) und für eine festgelegte Stundenanzahl (z.B. vierundzwanzig) immer die Tageszeiten (in chronologischer Reihenfolge, das ist aber nicht zwingend) bekannt. Die einzelnen Handlungen und Vorgänge passen sich an die jeweiligen Zeiten an. Die einzelnen Spieler*innen improvisieren jetzt für sich. In der Vorstellung verbringt die Figur diesen Tag allein. Die Spieler*innen folgen Impulsen und der Handlungslogiken ihrer Figur. Sprache kann, muss aber nicht eingesetzt werden (z.B. Telefonat, laute Gedanken). Es wird kein Kontakt zwischen den Figuren hergestellt. Sinnvoll ist ein 24-Stunden-Zirkel.

*Fortgeschrittene Chor-Gruppen brauchen die Zeitangabe von außen nicht mehr. Hier gibt ein*e Teilnehmende*r den nächsten Zeit-Impuls z.B. über das motivierte Nennen der Uhrzeit aus der Handlung heraus. Jede*r kann auf diese Weise einmal den Impuls zum nächsten Handlungspunkt geben.*

Der Chor im Zeitstrahl II (Lebenslauf)

Jetzt werden in Folge statt der Tageszeiten Altersstufen angegeben.

Phase 1: Aufbau des Settings wie bei der Übung *Tagesablauf*: einen Ort der Figur einrichten und mit dem Alter der Rolle (im Stück) starten.

Phase 2: Jetzt wird die Figur älter. Man sagt als Spielleitung in diesem Fall nicht das konkrete Alter, sondern markiert Jahressprünge: zehn

Jahre älter, zwanzig Jahre älter etc. Figuren, die sterben, legen sich auf den Boden. Dann geht man wieder die Altersstufen zurück. Jetzt kann man Jahreszahlen nennen, z.B. wird von hundert Jahr für Jahr zurückgezählt. Jede Figur wird wieder lebendig in ihrem letzten Lebensjahr. Nun werden alle Figuren immer jünger, bis sie ein neugeborener Mensch sind. Das in Phase 1 aufgebaute Setting wird sich im Spiel mehr und mehr auflösen, weil Orte und Umgebungen je nach Alter wechseln. Es ist dadurch möglich, dieses Spiel in einer raumgreifenden Variante in freier Bewegung und freiem Kontakt zueinander spielen zu lassen. Auf diese Weise entstehen kleine Improvisationen aus der Bewegung heraus.

Lebende Chorbilder

Diese Übung ist auch für große Gruppen möglich. Im Prinzip handelt es sich um Situationen, in denen jede*r Spieler*in den eigenen Vorgang am Platz spielt. Aus der Summe der Einzelhandlungen ergibt sich so ein bewegtes, also „lebendes Bild“. Diese Arbeit kann in mehreren Schritten erfolgen:

Phase 1: Standbilder werden mit der ganzen Gruppe entwickelt.

Phase 2: Die Standbilder werden belebt, in dem die einzelnen Figuren geloopte Gesten in ihrem Bild machen.

Phase 3: Dann werden die Gesten nicht mehr geloopt, sondern kleine Alltagshandlungen werden aus dem Standbild heraus gespielt und durchgehalten.

Phase 4: Ein Thema/Ort wird gefunden (Schwimmbad, Baustelle, Flughafen). Jede*r Spieler*in sucht sich einen Platz und eine eigene selbstständige Handlung, die allein durchgeführt werden kann. Nun folgt das gleichzeitige Spiel von allen. Im ersten Schritt erfolgt noch keine Kontaktaufnahme und keine, oder nur ganz sparsam, wird Sprache verwendet. Später ist eine Kontaktaufnahme zwischen den Figuren in kurzen Phasen möglich, ohne Ortswechsel.

Phase 5: Einführen chorischer Momente der Gleichzeitigkeit: Ein Flugzeug fliegt über den Platz: Alle schauen nach oben (*Aufnehmen–Bewerten–Reagieren),* dann spielt jede*r weiter in der jeweiligen Handlung.

Gruppendruck I (Antigone-Challenge I)

Phase 1: Alle tanzen zu einer harten, schnellen Musik. Immer wieder tanzt ein*e Spieler*in in die Mitte, gibt Moves vor, die anderen übernehmen. Jede*r tanzt nach Möglichkeit einmal in der Mitte.

Phase 2: Jetzt gehen alle zur Musik in einen Raumlauf mit hoher Energie.

Phase 3: Die Spieler*innen gehen aneinander vorbei und geben immer wieder in unregelmäßigen Abständen einen stimmlichen Impuls zum anderen: *Ba!* Das Gegenüber reagiert ebenfalls mit einem *Ba!*

Phase 4: Blickkontakt zwischen den Paaren, die sich finden, aufeinander zugehen, voreinander stehen bleiben. Jeweils hintereinander mit Energie (wie, um den anderen zu erschrecken, sich zu wehren) ein *Ba!* zum anderen. Spannung halten, weitergehen und neue Paare bilden.

Phase 5: Ein*e Spieler*in bleibt stehen, die anderen laufen weiter. Jetzt richten sich alle *Bas!* (mit körperlichem Abstand!) gegen den einen Teilnehmenden, immer wieder. Die einzelne Person versucht dem standzuhalten und bewegt sich nicht. Auf ein Zeichen der protagonistischen Person (Heben der Hand) verstummt der Chor und bleibt stehen. Jetzt kann ein Text (Rede, Monolog) des *der Protagonist*in folgen.

Hier erarbeiten die Chöre selbstständig Entwürfe. Es müssen nicht alle unten aufgezählten Gestaltungselemente in einer einzigen Runde ausgewählt werden.

Phase 1: Zwei Teilchöre werden gebildet und trainieren in Eigenarbeit einen kleinen Text chorisch. Der Text wird auf die einzelnen Sprecher*innen verteilt, Unisono-Stellen werden festgelegt. Dazu stehen oder sitzen die Gruppen im Kreis. Der Sprache wird ein selbst entwickelter Rhythmus unterlegt, der auch körperlich gestaltet wird. Dazu können Geräusche, Atem, Laute, einzelne Worte, Rufe treten. Der zu entwickelnde Gestus des Chortextes ist gegen jemanden gerichtet als Vorwurf, verbaler Angriff oder in Empörung (Eine gute Übung dafür: Jede*r im Kreis wiederholt den eigenen Satz zur Gruppe, als hätte er ihn schon hundertmal gesagt und alle würden ihn immer noch nicht verstehen).

Phase 2: Die beiden Chöre stehen sich jetzt in einem Abstand von gut drei Metern gegenüber, in der Haltung der Konfliktbereitschaft. Nun beginnt der erste Chor seinen Part. Der Abstand zwischen den Chören bleibt auch im Spiel gleich und soll sich nicht verringern. Dann antwortet der zweite Chor, reagiert auf das Gehörte, bleibt aber beim geprobten Gestus und integriert die eigenen Impulse. Der Wechsel der Sprechzeiten wird anfangs von der Spielleitung vorgegeben, später können die Impulse zum Wechsel von den Gruppen selbst kommen.

Phase 3: Jetzt können die Phasen kürzer werden, die Wechsel schneller erfolgen, die Reaktionen dadurch direkter werden.

Phase 4: Zwei Spieler*innen stehen als Chorführer*innen einander gegenüber, jeweils mit einem Chor hinter sich. Diese Einzelspieler*innen sind textlich Teil ihrer Gruppe, haben jedoch längere Textpassagen. Jetzt startet der erste Chor, dann antwortet der zweite. Hinzu kommt jetzt, dass es immer wieder Passagen gibt, in denen die Solist*innen einzeln sprechen (Das kann vorher festgelegt werden oder aus dem Impuls kommen). Man kann das aber auch sehr strukturiert gestalten, z.B.: Rede erster Chor, Gegenrede zweiter Chor, Rede erste*r Solist*in, dann zweite*r Solist*in.

Phase 6: Mehr und mehr kann der Textanteil der Solist*innen gesteigert werden, bis am Ende die Gruppe nur mehr mit Lauten, Echos und Rhythmus unterstützt und die beiden Solist*innen mit der Energie des Chores im Rücken einen dialogischen Konflikt gestalten.

Gruppendruck II (Antigone-Challenge II)

Ein*e Spieler*in steht dem gesamten Chor gegenüber. Der Chor erhält im Vorfeld Texte: Fragen, Vorwürfe, Angriffe gegen die protagonistische Person (*Warum hast du das getan? Warum machst du nicht das, was wir machen? Warum bist du weggelaufen? Was soll das? Du bist ein*e Verräter*in!*). Der Chor bereitet sich darauf vor und teilt die Texte einzelnen Sprecher*innen zu. Immer wieder entstehen Unisono-Stellen. Es gibt eine Chorsprechzeit und eine Solist*innen-Sprechzeit. Anfangs kann es hilfreich sein, wenn die Spielleitung das Zeichen zum Sprechwechsel gibt. Später kann das gestisch von Protagonisten*innen und/oder Chorführer*innen übernommen werden.

Phase 1 *Chorsprechzeit:* Jedes Chormitglied spricht den eigenen Satz, das Wort, den Ausruf. Der Chor spricht gleichzeitig, aber nicht synchron: ein aufgeregtes Gemurmel, in dem immer wieder die einzelnen Sätze wiederholt werden. Die Person in der protagonistischen Position hört nur zu und hält dem stand.

Phase 2 *Solist*innensprechzeit:* Jetzt kann diese Person ihre Argumente formulieren (festgelegter Monolog oder Improvisation) und der Chor hört zu, schweigt aber.

Phase 3: Es wechseln Chor und Solist*innenenrede und der Dialog schaukelt sich hoch.

Diese Übung ist eine szenische Variante der Übung →: „Rhythmus-Chor-Struktur“ (164)

Diesem Format liegt wieder eine achttaktige Struktur zugrunde: Die Schläge 1-4 sind individuellen Handlungen vorbehalten, auf die Schläge 5-8 werden synchrone Bewegungen des ganzen Chores durchgeführt. Hier wird als Material ein Blatt Papier verwendet.

Phase 1: Die Gruppe sitzt um einen großen Tisch herum oder es wird mit Stühlen ein Quadrat gebildet. Alle sitzen mit der Blickrichtung zueinander.

Phase 2: Jede*r Teilnehmende bekommt ein Blatt Papier. Zuerst wird dieses Blatt erforscht: Was ist alles mit ihm möglich? Was macht es für Geräusche? Was kann man alles mit einem Blatt Papier machen, ohne es zu zerstören?

Phase 3: Aus diesem Erforschen des Blatts Papier soll jede*r vier klare Bewegungen entwickeln (das Blatt falten, auf den Oberschenkel legen usw.).

Phase 4: Ein Metronom gibt einen langsamen Takt an. Jede*r bringt die eigenen vier Bewegungen auf jeweils einen Schlag. Das wird so lange geübt, bis die Gruppe die vier Bewegungen auf den gleichen Schlag beherrscht.

Phase 5: Jetzt folgt die Einstudierung des synchronen Teils. Für die Schläge 5-8 wird allen die gleiche Handlungsanweisung gegeben: Aufstehen (5), Zerreißen des Blatt Papiers in zwei Bewegungen (6, 7) und Wegwerfen der Papierschnipsel in weitem Bogen (8).

Phase 6: Szenische Umsetzung (nonverbal). Wir befinden uns in einem Büro. Man hört den Schlag eines Metronoms. Alle spielen gelangweilt mit einem Blatt Papier, ihren Unterlagen. Unmerklich entstehen wiederholte Bewegungen, Gesten mit dem Blatt Papier entwickeln sich, diese werden geloopt. Auf ein verborgenes Zeichen eines Chormitglieds beginnt das innere Zählen des Chores: Die Schläge 1-4 werden wiederholt, sooft es die Gruppe festgelegt hat. Dann steht die Bürogemeinschaft auf (5), zerreißt die Akten (6, 7) und wirft sie in die Höhe (8).

Phase 7: Szenische Umsetzung (mit Text). Es werden zwei Chorgruppen gebildet: Der Chor 1 erhält das Wort Nein, das zu den Bewegungen auf die Schläge 5-8 laut ausgesprochen wird. Der Chor 2 erhält einen Satz, der auf die Schläge 5-8 verteilt und zu den Bewegungen gesprochen wird: Ich (5) kann (6) nicht (7) mehr (8). Jetzt kommt die Verbindung beider Chorgruppen. Alle sitzen, verteilt im Raum entweder als zwei geschlossene Gruppen auf zwei unterschiedlichen Tischen oder so, dass man die einzelnen Gruppen nicht erkennt. Es wird festgelegt, dass z.B. der Chor 1 den Ablauf von 1-8 durchführt und sich dann z.B. erschöpft wieder setzt, worauf der Chor 2 den Ablauf startet und danach z.B. aus dem Raum läuft. Es ist in der Folge möglich, solche Abläufe von zwei oder mehreren Chorgruppen als szenischen Kanon zu inszenieren. Das Material kann ein Blatt Papier, es kann aber auch ein Brief, ein Kleidungsstück oder ein Spiegel sein. Jedes Objekt führt zu anderen szenischen Ideen und Lösungen – je nachdem, ob die Chorgruppe mit gleichen Objekten oder mit lauter verschiedenen Dingen spielt.

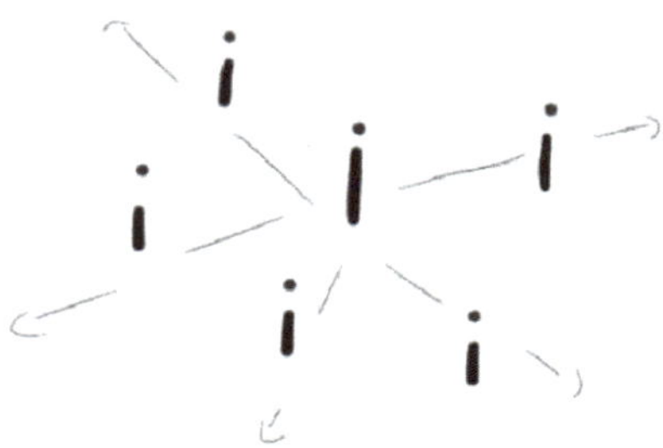

Abbildung 17: Flocking

Zwischenspiel: „Die Gruppe formiert sich" (Wien 2009)

Auf der Bühne in der Schulaula ist gerade jemand angeschrien worden. Figur A schreit Figur B an: „Ich kann das so nicht mehr!" Sie geht. Figur B bleibt zurück. Ende. Alle klatschen. Lars (Darsteller Figur A) kommt auf die Bühne zurück. Lena (Darstellerin Figur B) und Lars verbeugen sich. Beide setzen sich an die Bühnenkante. Ein Gespräch beginnt. Fragen werden an die Schüler*innen gestellt: „Was habt ihr gesehen?" „Warum, denkt ihr, hat sich Figur A so verhalten? Und warum hat Figur B geschwiegen?" Lena und Lars reden, fragen, animieren: Wenige Antworten kommen zurück, noch weniger Fragen. Stille. Lena flüstert Lars etwas ins Ohr. Er sagt: „Ja, o.k., das machen wir." Lena wendet sich wieder an das Publikum: „Wer von euch findet, dass die Figur A richtig gehandelt hat, steht bitte auf, ohne zu sprechen." Stille. Blicke gehen hin und her. Kichern. Dann steht plötzlich eine Schülerin auf. Dann ein Schüler, dann noch einer. Eine Gruppe formiert sich. Am Ende stehen alle, außer Johanna. Sie bleibt sitzen. Jetzt beginnt das Gespräch.

Baustein X: Chor und Rückmeldung

Wie gibt ein Kollektiv Rückmeldung? Wie findet es zu einer Abstimmung, einem Feedback, einem Abschluss von Prozessen? Wie können solche Prozesse künstlerische und choreografische Gestalt annehmen? Chorische Formen der Rückmeldung haben etwas Rituelles und gleichzeitig Spielerisches. Ich möchte die vorgestellten Übungssettings, die ich zusammenfassend als Rückmeldungsformate bezeichne, in drei Kategorien einteilen: *Feedbackformate, Abstimmungsformate* und *Abschlussrituale von Proben und Unterrichtseinheiten*. Alle diese Formate dynamisieren den Rückmeldungsprozess, machen aus ihm eine körperliche Erfahrung mit der Gruppe.

In *kollektiven Feedbackformaten* profitieren nicht nur die Feedback-Nehmenden, sondern auch die Feedback-Gebenden. Es werden prozessorientierte Feedbackformate beschrieben, die auf Proben oder im

Unterrichten laufen können. Die vorgeschlagenen Feedbackformate sind auch als Gesprächsanlässe zu verstehen. Es sind Impulse, die Reflexion nach sich ziehen.

In *kollektiven Abstimmungsformaten* ist die Position des Einzelnen im Zusammenhang, Gegensatz oder in Abhängigkeit von der Gruppe entscheidend.

In *kollektiven Abschlussritualen* bekommen innere Bilder, Gedanken und Gefühle Raum. Es werden Erfahrungen und Lernschritte manifestiert und die durchlebten Probenprozesse körperlich gemeinsam mit der Gruppe zu einem Ende geführt.

Das chorische Prinzip kann solche Rückmeldungsphasen bereichern: durch die energetische Präsenz der Gruppe, die Verstärkung, Ergänzung oder Spiegelung der eigenen Position. Durch die Summe vieler unterschiedlicher Einzelaussagen wird die eigene Aussage relativiert und individualisiert zugleich – in Gleichzeitigkeit mit Vielen.

Kollektive Feedbackformate

Feedback kann sich an die Spielleitung, an die Gruppe sowie an Einzelne richten. Zwei unterschiedliche Haltungen sind für die einzelnen Feedbackgebenden im Chor grundsätzlich zu unterscheiden:

- Was habe ich beobachtet? Wie kann ich Dich unterstützen? (Das *Du* steht im Zentrum. Keine Interpretation des Beobachteten.) Beispiel: „Ich habe beobachtet, dass du sehr schnell geatmet hast."

- Was geht in mir vor? Was haben die einzelnen Prozesse in mir ausgelöst? (Das *Ich* steht im Zentrum.) Beispiel: „Als ich dir zugesehen habe, wurde auch mein Atem schneller und ich habe bemerkt, dass ich aufgeregt werde."

Gestaltet ein Kollektiv eine nonverbale Feedbackphase, ist der bewegte Körper im Raum das Ausdrucksmittel. Zwei chorische Feedbackwege möchte ich beschreiben: *Soziale Choreografien* und *Images.*

Soziale Choreografien

Soziale Choreografien werden von Personen gestaltet. Sie reflektieren mit ästhetischen Mitteln und stellen so eine Verbindung von sozialen und ästhetischen Kategorien her: „Die grundlegende Behauptung, die in dem Begriff, soziale Choreografie' steckt, ist, dass in der choreografischen Ordnung des Sozialen eine politische Dimension steckt und diese in der Bewegungsordnung der Körper ihren sichtbaren Ausdruck findet" (Klein 2013/2012, 4). Die Personen nehmen durch ihre Position im Raum auch zu Inhalten oder Fragen Stellung. Es sind bewegliche Frage- und Reflexionsräume, in denen man sich innerhalb der Gruppe „einander zeigt und zueinander in Beziehung setzt" (Lehmann 2018, 45). Rückmeldungsformate, die mit den Gruppen körperlich im Raum stattfinden, übertragen manche chorische Prinzipien in das Feld des Feedbacks. Sie sind Formate der gruppendynamischen und multiperspektivischen Kommunikation. Hier kann ein „Austausch über viele Kanäle nahezu gleichzeitig geschehen" (Kramer 2019, 10). Und es ist immer das ganze rückmeldende System, die Gruppe, involviert. In den hier vorgestellten *sozialen Choreografien* werden im Sinne der Aufstellungsarbeit Orte mit bestimmten Aussagen, Fragen, Themen oder Inhalten belegt (vgl. Kramer 2019, 15).[85] Chorisch sind diese Übungen, weil es in solchen Feedbacksettings keine Protagonist*innen gibt. Jede*r Einzelne gibt Auskunft im Schutz und im Kontext der Gruppe, aber auch in Spannung zu ihr und in Auseinandersetzung mit ihr: eine individualisierte, aber kollektiv vernetzte Selbstauskunft in Gleichzeitigkeit mit allen anderen. „Bei einer Aufstellung ist automatisch die Äußerung adressiert, d.h. man weiß von ‚jedem' im Raum den Standpunkt" (Kramer 2019, 19).

Solche Rückmeldungsformate können in der theatralen Arbeit von Gruppe zur Gruppe geschehen und/oder an die Spielleitung gerichtet sein. Es können Landkarten, Skalen und Felder für das Stellen bestimmter Feedbackfragen/Themen angeboten werden. Der entscheidende Faktor ist, dass die gesamte Gruppe bei diesem Feedback

[85] Die systemische Aufstellungsarbeit hat Bezüge zum Psychodrama von Jacob Levy Moreno (1889-1974) und zur systemischen Therapie. Für den chorischen Kontext sind hier ausdrücklich Aufstellungen zu Sachthemen gemeint. Beziehungsfragen werden ausgeschlossen (vgl. Kramer 2019, 16).

gleichzeitig im gemeinsamen Raum agiert. Die Wege, die eingenommenen Positionen, die Abstände, die Ortsveränderungen einzelner Personen: Alle diese nonverbalen Rückmeldungen ergeben eine Feedbackchoreografie, die, wenn sie, ohne zu sprechen, in körperlicher Konzentration und Aufmerksamkeit durchgeführt wird, chorische Qualität erhalten kann.

Images

Chorische Images sind körperlich und gestisch ausgestaltete Rückmeldungen mit einer Richtung: Der Chor tritt in die schon seit der Antike eingenommene Rolle als Kommentator des Geschehens. Er gibt der einzelnen spielenden Person, der anderen Gruppenhälfte, der Spielleitung ein ästhetisch geformtes Feedback. *Chorische Images* sind vor allem ein Werkzeug für ein Feedback im künstlerischen und kreativen (Proben-) Prozess.

Kollektive Abstimmungsformate

Wenn wir von Schwarmabstimmungen reden, orientieren wir uns an der Tierwelt. Vögel, Fische und Insekten stimmen natürlich nicht über Themen ab, aber sie stimmen sich gegenseitig ab. Das einzelne Schwarmmitglied braucht dafür kein Bewusstsein für das gesamte Kollektiv, sondern nur eine hohe Aufmerksamkeit für „lokale Interaktionen" (Gunsilius, Kowalski, 100). In kollektiven, nonverbalen und in unserem Zusammenhang chorischen Abstimmungsformaten sind der Körper und die Geste die zur Verfügung stehenden Ausdrucksmittel.[86] Der Schwarm stimmt in und mit Bewegung ab. Der zurückgelegte Weg und die dann eingenommene Position im Raum geben über meine Entscheidung Auskunft.

„Für eine Didaktik zum kollektiven Entscheiden ist das Schwarmverhalten […] zentral: Es zeigt […] einen Abstimmungsmechanismus, der auf Rhythmen basiert und aus der Bewegung selbst hervorgeht und in dem Synchronisierungen von Bewegungsablaufen dezentral ablaufen. Die Betrachtung der

[86] Interessant sind in diesem Zusammenhang die Untersuchungen und Recherchen zu performativen Abstimmungsverfahren von Maike Gunsilius im Rahmen der Performance *entscheiden spielen* (vgl. Gunsilius, Kowalski 2021, 99 ff.).

> tierischen Verhaltenswelt steht im Kontrast zu bestehenden menschlich-rationalen Ordnungsstrukturen […].“ (Gunsilius, Kowalski 2021, 101)

Solche Abstimmungsverfahren finden auf einer intuitiven Ebene statt. Gleichzeitig wird das Entscheidungsbild der Gruppe aus der Summe aller Einzelentscheidungen als choreografische Skizze im Raum abgebildet. Eine gestellte Entscheidung oder Abstimmung zeigt, wo jede*r Einzelne steht und wo die anderen stehen:

> „Es geht also um körperliche und bewegte Entscheidungsprozesse, denn es fallen Entscheidung und Umsetzung ineinander und die Entscheidung kann nur aus der Bewegung entstehen und in dieser immer wieder verändert werden.“ (Gunsilius, Kowalski 2021, 149)

Ohne Bewegung also kein Entscheiden und kein Entscheiden ohne Bewegung. Hier ist es also kein Standort, auf dem ich stehe und also auch kein fester Standpunkt, den ich einnehme, sondern eine Drift, der ich mich anschließe, eine Richtung, die ich mitzubestimmen versuche: eine Tendenz. Für Schwarmabstimmungen braucht es vor allem Platz. Eine Gruppe, die entscheidend schwärmt, braucht Wege, Felder und Ausweichmöglichkeiten. Gut funktioniert das z.B. im Freien. Zusammenfassend kann man für die Kategorien *Kollektive Feedbackformate* und *Kollektive Abstimmungsformate* sagen:

- Es gibt *Fragen*, die der Chor durch bestimmte Gesten oder Handlungen beantworten kann.

- Es gibt *Fragen*, zu denen sich die Mitglieder des Chores als Antwort auf eine bestimmte Position im Raum stellen.

- Es gibt *Aussagen*, zu denen sich die Mitglieder des Chores verhalten können durch ein Stellen auf eine bestimmte Position im Raum.

- Es gibt eine *Auswahl von mehreren Aussagen*. Verschiedene und vorher bestimmte Positionen im Raum repräsentieren die unterschiedlichen Antwortmöglichkeiten Jede*r zeigt die eigene Entscheidung durch eine klare Position im Raum (oder durch eine Position im Dazwischen). Hier kann jede*r Einzelne für sich Entscheidungen deutlich machen.

- Es gibt eine *Auswahl von mehreren Aussagen,* über die der Schwarm als Kollektiv in Bewegung abstimmt. Hier trennt sich die Gruppe nicht im Entscheidungsprozess.

Kollektive Abschlussrituale

Nonverbale gruppendynamische Abschlussrituale im Zusammenhang mit chorischen Theaterformen sind gestaltete Übergangsräume. Sie haben eine feste Form und alle agieren noch im Setting der Gruppe, aber schon beginnt die einzelne Person sich Schritt für Schritt aus dem theatralen Kontext, der Rolle oder der chorischen Spielaufgaben zu lösen. Solche Rituale dienen auch der Manifestation von Probeneindrücken und Spielerfahrungen bei einzelnen Teilnehmenden. Ereignisse während der Probe, Schwellenerfahrungen, innere Bilder, körperliche Spannungen. Die in der chorischen Arbeit oft körperliche und stimmliche Nähe zu den anderen Spielenden weicht wieder einer Alltagsdistanz: Das Verlassen des gemeinsamen chorischen Erfahrungsraums bedeutet auch eine Vereinzelung. Rituale dienen hier als Werkzeug der Übergangsgestaltung.

Chor und Rückmeldung: Übungsteil

„Wer sich nicht festlegt, wer sich nicht entscheidet, der kann sich nicht überraschen oder verwundern lassen." (Kramer 2019, 23)

Die vorgestellten Settings sind grundsätzlich aus chorischer Perspektive auf zwei Arten möglich: (1) Halbe Gruppe vor halber Gruppe. So besteht die Möglichkeit, die jeweiligen Reaktionen der performenden „Feedbackgebenden" zu beobachten und zu notieren für ein späteres Reflexionsgespräch. Vorher zusammengestellte Fragen, die Impulse für die jeweiligen Positionierungen sind, können von den Zusehenden laut formuliert werden. (2) Performt die ganze Gruppe, ist die Spielleitung in der beobachtenden Position und stellt auch die Fragen.

Die Gruppe nimmt sich dann als feedbackgebende Einheit während der Rückmeldung wahr.

Feedbackformat I: Soziale Choreografie [87]

Es wird zunächst ein Skript erstellt, in dem Feedback-Fragen mit dazugehörigen Antwortmöglichkeiten in Form choreografischer Handlungsanweisungen oder als einzunehmende Positionen im Raum verzeichnet sind. Ein Beispiel: Die Gruppe steht am Rand der Spielfläche. Die Spielleitung (diese Position kann jede Person in der Gruppe einnehmen) stellt nun die einzelnen Fragen mit den jeweiligen Handlungsanweisungen: „Wer sich mit der Figur A solidarisiert, geht nach links, wer nicht, nach rechts! Oder: „Wer sich mit der Figur A solidarisiert, bleibt stehen, wer nicht, legt sich auf den Boden!"

Auf diese Feedbackaufgabe reagiert jede teilnehmende Person nonverbal mit einer Positionierung im Raum oder dem Ausführen der bestimmten Tätigkeit. Alle nehmen alle wahr: Wo stehe ich, wo die anderen? Die einzelne Person im Kollektiv entscheidet individualisiert, aber im Kontext der Gruppe. Viele unterschiedliche Haltungen werden gleichzeitig sichtbar, aber es zeigen sich auch Tendenzen. Man kann dies Übung auch stärker choreografieren, indem alle in den Momenten vor der nächsten Frage die Spannung halten (*hold*) – und dann mit Konzentration nach erfolgter Frage ihre unterschiedlichen Positionen im Raum einnehmen.

Feedbackformat II: Systemkreis

Die nonverbale Reaktion auf eine Aussage oder Frage zeigt schnell eine Gruppenstimmung mit der gleichzeitigen Abbildung einzelner Positionen. Das Chorische an dieser Übung ist die Gleichzeitigkeit der Reaktionen. Sie zeigt die Gruppe als System. Diese Übung eignet sich auch sehr gut als rituelle Klammer einer Einheit, indem man zu Beginn und als Abschluss einen Kreis

---

[87] Siehe Lehmann 2018. Die vom LAFT Berlin veröffentlichte Publikation *Zwischen Publikum und Bühne* stellt innovative Vermittlungsformate für darstellende Künste zwischen Publikum und Künstler*innen vor. Hier wird ein Format daraus in einer Abwandlung für ein Feedback-Setting beschrieben.

stellen lässt. Oft liegen die Positionen der einzelnen Teilnehmenden der Gruppe zu den oft gleichen Aussagen vor und nach der Einheit weit auseinander. Wichtig bei dieser Feedback-Stellungsarbeit: Sachfragen und keine Beziehungsfragen stellen! Das bedeutet z.B. keine Aussagen zu oder über Personen der Gruppe zu formulieren, zu denen dann Stellung genommen werden soll.

Variante 1: Systemkreis mit Fragen der Spielleitung
Die Gruppe steht im Kreis mit dem Gesicht zur Mitte. Die Spielleitung markiert den Mittelpunkt des Kreises mit einem Objekt und formuliert dann Aussagen, zu denen sich die Gruppe verhalten kann: *„Ich bin aufgeregt", „Ich freue mich auf die nächste Einheit", „Ich habe heute einen besonderen Moment erlebt."* Je mehr die einzelne Person der Aussage zustimmt, desto näher stellt sie sich zum Gegenstand, je weniger Zustimmung, desto weiter entfernt wird die Position gewählt. Die Teilnehmenden bewegen sich auf einer Linie vor und zurück, nicht seitwärts, d.h. die Kreisform bleibt (bei Variante 1 und 2) der Bezugsrahmen.

Variante 2: Systemkreis mit den Fragen der Teilnehmenden
Eine Person tritt nun in die Mitte des Kreises und formuliert eine Aussage, zu der sich alle anderen auf ihrer Linie stellen können: je näher zur Person, desto mehr Zustimmung, je weiter weg, desto weniger. Wichtig ist, sich zur Aussage und nicht zur Person in ein Verhältnis stellen. Die Person in der Mitte formuliert nun Aussagen, zu denen sich alle verhalten können: *„Ich bin müde", „Der Text gefällt mir sehr gut", „Ich spiele meine Rolle gerne."*

Variante 3: Systemkreis mit wechselndem Bezugspunkt
Mehr räumliche Dynamik bietet eine Variante mit einem wechselnden Aufstellungs-Bezugspunkt: Der Kreis als Bezugsrahmen wird hier aufgegeben. Die Gruppe steht im ganzen Raum verteilt. Eine Person formuliert nun eine Aussage von ihrem Platz aus. Alle Teilnehmenden ordnen sich jetzt zu dieser Person (ihrer Aussage) zu: Sie ist jetzt die Mitte dieser Aufstellung. Mehr Nähe zu dieser Person heißt mehr Zustimmung zur Aussage der Person, mehr Entfernung eine entsprechend kleinere Zustimmung. Jede*r einzelne Teilnehmende kann eine

Aussage treffen und wird damit der neue Bezugspunkt. Wenn die Konzentration zwischen den einzelnen Fragen und Stellungnahmen gehalten wird und alle (ohne zu sprechen) agieren, kann diese Übung den Charakter einer Choreografie bekommen.[88] Diese Variante braucht Platz.

Nach solch einem Feedback-Stellen kann, muss aber nicht unbedingt ein Gespräch folgen. Es kann für die Gruppe ein intensives Erlebnis sein, wenn nach einer letzten Frage von der Spielleitung die Ansage kommt: „Das lassen wir jetzt so stehen. Wenn in der Folge noch Fragen bei euch aufkommen, bringt sie das nächste Mal mit." Dies wird immer von der Situation und der Gruppe abhängen.

Feedbackformat III: Image of the character

Die Übung → „Chorische Rollenstimmen I (Rollenbilder)" (214) kann im Feedback-Setting als ein semi-szenisches Szenen- und Rollenfeedback verwendet werden. Jede*r Spieler*in steht einmal vor der Gruppe und holt sich Feedback für eine einer Szene oder generell für die Rollengestaltung.

Feedbackformat IV: Feedback-Fries

Hier werden Eindrücke und Gefühle, die beim Betrachten einer Szene entstanden sind, körperlich und sprachlich ausagiert. Entscheidend für solche Feedbackformate ist, dass man mit der Gruppe im Vorfeld eine wertschätzende Feedbackkultur entwickelt. Es wird in halber Gruppe für die anderen gespielt. Eine Frage wird gestellt, z.B. „Wie ging es dir beim Betrachten der Szene?" „Was hast du gesehen?" „Was hat das in dir ausgelöst?" „Was möchtest du der Person A noch sagen?" Nach einer Zeit des individuellen Brainstormings wird von den Spieler*innen nach und nach ein zusammenhängendes, wenn möglich

---

[88] Es gibt eine Vielzahl an Möglichkeiten für derartige *Soziale Choreografien*: Skalen (eindimensional), Karten und Felder (zweidimensional), mit denen jeweils einzelne Positionen innerhalb der Gruppe (des Chores) bestimmt werden können. Weiterlesen bei: *Aufstellungsarbeit im Klassenzimmer* (Kramer 2019).

körperlich verflochtenes Standbild (Fries) gebaut. Jede*r Teilnehmer*in überlegt sich einen Satz, den er*sie als Feedback geben möchte. Auf ein Zeichen der Spielleitung beginnt der Fries zu sprechen. Folgende Varianten können einzeln oder aufbauend ausprobiert werden:

- Alle sprechen gleichzeitig.
- Alle sprechen gleichzeitig mit fließender Bewegung.
- Alle sprechen einzeln und hintereinander.
- Alle sprechen einzeln in fließender Bewegung.

Es zeigt sich ein bewegter und sprechender Fries. Alle Varianten können flüsternd beginnen und Schritt für Schritt immer lauter werden.

Feedbackformat V: Feedback-Echo

Dieses Spiel ermöglicht ein sehr schnelles und spontanes, improvisiertes und humorvolles Feedback. Dadurch, dass eine Einzeläußerung durch den Chor kritiklos gespiegelt und verstärkt wird, löst sie sich von dieser Person. Sowohl Dinge, die gut gelaufen sind, als auch Erlebnisse des fröhlichen Scheiterns werden mit dem Chor in der gleichen Leichtigkeit geteilt.

Ein*e Spieler*in läuft auf die Spielfläche und spricht, flüstert, singt, ruft einen Satz, den er*sie mit den anderen im Moment teilen möchte: *Ich fand die Szenen heute spannend!* Darauf laufen alle zu ihrem*er „Chorführer*in“ und wiederholen den Satz in der gleichen Energie in Wir-Form (wichtig!): „Ja, wir fanden die Szenen heute spannend!“ Spieler*in: „Ich fand mich heute total müde!“ Chor: „Ja, wir waren heute total müde!“. Auch die Spielleitung kann als Abschluss einen Satz rufen: „Unser Stück ist viel zu lang!“ Der Chor: „Ja, unser Stück ist viel zu lang!“ Wichtig ist bei diesem Spiel, dass jede Aussage, egal welchen Inhalt sie hat, mit der gleichen Begeisterung vom Chor wiederholt wird.

Abstimmungsformat I: Gestische Abstimmung

Die Gruppe kann hier nonverbal mit einer in der Handlungsanweisung genannten Geste/Tätigkeit/Position zu einer ganz konkreten Frage Stellung nehmen. Das kann für eine Abstimmung z.B. die Körperhaltung, eine Geste, ein Ortswechsel, das Verwenden eines Requisits oder die Art der Bewegung sein: *Wer dafür ist, nimmt die Kopfbedeckung ab, setzt sich auf den Boden, friert ein, kommt nach vorne etc.* In solchen Settings kann die Gruppendynamik dazu führen, dass eine einzelne Person im Abstimmungsprozess plötzlich allein auf ihrer Position steht. In Sekunden entsteht die Konstellation, die diese Person herausstellt gegenüber den anderen. Stehen noch dazu viele oder gar alle auf einer gemeinsamen anderen Position, entsteht im Raum das Bild eines Chores und einer protagonistischen Position. Es kann eine spannende Schwellenerfahrung sein, diese Position auszuhalten. Es kann aber auch der Sog der Gruppe dazu führen, dass bestimmte Entscheidungen abhängig von der Mehrheit getroffen werden: Es entsteht eine Spannung der eigenen Position gegenüber einem Kollektiv.

→ *„Dann muss der Chor agieren!“* – Ein Gespräch mit Reiner Steinweg (252)

Es kann durch solche Formate aber auch während der Probe zu einer theatralen Abstimmung kommen, die direkt Einfluss auf die Szene hat: *Nachdem Elektra ihren Satz gesagt hat, legt jeder von euch im Chor die Axt zu Boden. Wenn alle Äxte abgelegt sind, beginnt das Lied. Ihr entscheidet also, wann es weitergeht. Findet gemeinsam das richtige Tempo!* So mündet ein Abstimmungsformat in eine kollektive szenische Entscheidung.

Bei komplexeren Fragestellungen bedarf es der Möglichkeit einer Positionierung auf einem vorher klar definierten Feld, einer Karte.

Abstimmungsformat II: Felder und Karten

In diesem Setting stellt die Bodenfläche des Raumes eine Landkarte dar. Diese Karte wird benutzt, um mit der Gruppe Themen zu stellen mit Positionen der einzelnen Körper auf der Fläche: „Die gesamte Gruppe (das ‚Wir') steht am Ende der Aufstellung gemeinsam auf der Karte" (Kramer 2019, 84). Der Begriff der Landkarte ist sehr breit gedacht. Die Karte ist eine Matrix, auf der Dinge körperlich verortet, sichtbar gemacht und zueinander in Bezug gesetzt werden können. Beispiel für eine Abstimmung, die auf einer solchen Karte mit der Gruppe gestellt werden kann, ist z.B. die Rollenwahl. Der Chor geht in einen Raumlauf und in ein gemeinsames hold. Dann folgen die jeweiligen Handlungsanweisungen. Die eigene Wahl wird durch die Position, auf der die Aussage am Boden („Karte") liegt, gezeigt. Hier ein paar beispielhafte Fragen an das Kollektiv:

- *Welche Rolle, die auf die Karte geschrieben ist, möchtest du spielen?*
- *Welche Rolle, die auf die Karte geschrieben ist, möchtest du nicht spielen?*
- *Stelle dich zu einem Satz auf der Karte, dem du zustimmen kannst.*
- *Stelle dich zu einem Satz auf der Karte, der dich wütend macht.*
- *Welche der Eigenschaften, die auf die Karte geschrieben sind, möchtest du einer Rolle (z.B. Antigone) geben?*

Bei der Arbeit mit solchen chorischen Aufstellungsformaten folgt der Bewegung im Raum eine Position im Stillstand. Wenn alle ihre Position eingenommen haben, ist eine Entscheidung gefallen oder ein Feedback gegeben. Die Choreografie ist der zurückgelegte Weg. Und mein Weg hin zur eigenen Position – im Zusammenhang mit allen anderen eingeschlagenen Wegen – ist die Strecke meiner Entscheidungsfindung.

Abstimmungsformat III: Schwärmen

Wenn Schwärme abstimmen, wird der Prozess dynamischer. Hier kommen viele *skills* zum Einsatz, die bei der chorischen Arbeit im Fokus stehen, gerade was die Bausteine Wahrnehmung, Körper und

Raum betrifft, vor allem der geteilte Fokus zwischen mir, den Spieler*innen und dem Raum. Ein Schwarm führt keine Debatten. Er tauscht sich nicht verbal über Argumente aus. Der Entscheidungsmodus ist die Bewegung von vielen in Verbindung miteinander.

Phase 1 (Schwärmen üben): Die Gruppe wird zuerst durch allgemeine Schwarmübungen auf dieses Verhalten körperlich eingestimmt.

→ Übung: „Vögel I (Flocking)“ (128)

Phase 2 (Probelauf): Es wird das Abstimmen im Schwarm geübt, noch ohne wirkliches Thema. Es werden auf dem Boden zwei Felder (vier mal vier Meter oder größer) mit bestimmten Farben markiert (Feld 1 rot, Feld 2 gelb). Es wird eine Probeabstimmung durchgeführt. Man soll sich als Schwarm für eine Farbe entscheiden. Alle müssen immer in Bewegung bleiben, selbst, wenn sich eine Tendenz abzeichnet, bricht die Bewegung nicht ab (ständiges Abgleichen und Verändern). Die Aufgabe für jedes einzelne Schwarmmitglied besteht darin, sich an den jeweiligen fünf Nachbar*innen zu orientieren. Gibt es eine Tendenz des Schwarms? Habe ich als Schwarmmitglied eine Tendenz?

Phase 3 (Abstimmung): Der Schwarm soll entscheiden, wohin z.B. die Klassenfahrt geht. Es werden also Felder auf dem Boden markiert:

Feld 1: Schreinerei mit Workshop
Feld 2: Museumsbesuch mit Malkurs
Feld 3: Bergwandern

Der Klassenverband schwärmt so lange über die Felder, bis sich eine Tendenz abzeichnet oder sich ein deutlicher Gegensatz herauskristallisiert. Dann wird ausgewertet. Es können mehrere Runden mit Gesprächen durchgeführt werden.

Phase 4 (Reflexion): Es werden die Schwarmerfahrungen beim Entscheidungsprozess ausgetauscht: Konnte ich mich durchsetzen? Ist das wichtig? Komme ich in der Entscheidung vor? Habe ich mich als Teil des Schwarms und als Teil der Entscheidung empfunden?

Abschlussritual I: Mein Weg, meine Geste, meine Worte

Die Gruppe stellt sich in einer Reihe auf, den Blick nach vorne. Mehrere Meter vor der Gruppe wird parallel zu ihr eine Linie am Boden gezogen.

Phase 1 (nonverbal, mit Musik): Jede*r Teilnehmende geht in einer geraden Linie nach vorne. Der Startzeitpunkt wird individuell gewählt. Jede*r zeigt mit geloopten Gesten die eigenen Kommentare und Statements, die ihm*ihr als spontane Reaktion auf das Gewesene (z.B. die Probeneinheit) einfallen. Ist man an der Linie angekommen, geht man langsam in neutraler Haltung im Fokus zurück an den Ausgangspunkt. Mehrmals wiederholen und die Übung in Fluss kommen lassen.

Phase 2 (verbal, ohne Musik): Jede*r geht zu einem unterschiedlichen Zeitpunkt in einer geraden Linie nach vorne (Startzeitpunkt wird individuell gewählt) und formuliert sprachlich, assoziativ und frei alle Dinge, die ihm*ihr zu der Einheit einfallen: Sätze, Begriffe, Zitate, Gefühle. Ist man vorne angekommen, geht man langsam in neutraler Haltung zurück und hört den Äußerungen der anderen zu.

Phase 3 (verbal und nonverbal, ohne Musik): Gesten und Sprache werden jetzt verbunden.

Variante: Nach ein paar Wiederholungen gehen die einzelnen Spieler*innen nicht mehr zurück, sondern weiter nach vorne und verlassen das Setting, werden zu Zusehenden. So verringert sich die Zahl der Spielenden und die einzelnen Stimmen sind deutlicher zu hören. Es ist auch möglich, die Übung von Beginn an mit der halben Gruppe durchzuführen.

Bei einem solchen Abschlussritual ist es möglich, als lehrende oder regieführende Person mitzugehen. Es besteht auch die Möglichkeit, diese Übung als Einleitung zu einem sprachlichen Feedback rein gestisch zu machen.

Abschlussritual II: Alle in meinen Rücken

Diese Übung ist ein mächtiges Tool für den Chor als Unterstützung und Kraftquelle. Sie ist ein emotionales Feedback.

Ein*e Spieler*in stellt sich breitbeinig im Raum auf. Nach und nach treten die anderen hinter die Person und legen die Handfläche auf den oberen Rückenbereich. Nur so viele Spieler*innen stehen hinter der Person wie Handflächen Platz finden. Wenn alle im Kontakt sind, kann jede*r der Person einen stärkenden Satz zu ihrer Rolle oder ihrem Spiel in den Rücken sprechen.

Erweiterung 1: Die Person gibt zusätzlich Gewicht an die Hände ab und lässt sich mit Körperspannung leicht nach hinten sinken.

Erweiterung 2: Die Gruppe im Rücken gibt einzelnen Sätzen ein Echo.

Cool down I: Chorischer Kontakt im Sharing

Die Gruppe sitzt im Kreis. Alle drehen sich nach rechts und legen die Hände auf den Rücken der vor ihnen sitzenden Person. Die Augen werden geschlossen. Sind alle im Kontakt, kann jede*r etwas zur ganzen Gruppe sagen. Es wird keine Reihenfolge festgelegt, sondern das Risiko der Überlappung wird eingegangen.

Cool down II: Chorisches Atmen im Sharing

Die Übung „Atmen Kopf an Bauch" kann auch für einen Sharing-Prozess verwendet werden. Auch hier geht es um den Kontakt der Gruppenmitglieder im Moment des Teilens. Sie schafft eine große emotionale Verbindung innerhalb der Gruppe. Sie braucht Zeit, Vertrauen und Stille.

→ Übung: „Atmen Kopf an Bauch" (158)

Wird diese Übung als Setting für einen Sharing-Prozess verwendet, kann jede*r aus dieser Stellung heraus der Gruppe oder einzelnen

Teilnehmenden noch Dinge sagen, die formuliert oder geteilt werden wollen. Zwischen den einzelnen Äußerungen werden unbedingt Pausen gelassen. Die Übung wird, von der letzten Person langsam beginnend, Schritt für Schritt aufgelöst.

Eigene Wege finden

Die Bausteine des Chorischen möchten mehr als ein Werkzeugkasten sein. Die Übungen und Spiele bieten einen vielfältigen Erfahrungsraum, der durch eigene Varianten und Veränderungen erweitert werden kann. Die eigene Haltung und die subjektive Aneignung der hier gemachten Vorschläge prägen die Prozesse der chorischen Arbeit: „Ich denke über das Chaos nach, das ich verursacht habe und dessen Teil ich bin" (Sack 2019, 7). Es geht darum, gemeinsam mit der Gruppe einen ganzheitlichen, körperlichen, spielerischen, energiegeladenen und reflektierten Umgang mit chorischen Mitteln zu erreichen. Das Verständnis für die Herausforderungen in der jeweiligen Probe, die Vorbereitung der Spielleitung, das ausgewogene Verhältnis von spielerischer Leichtigkeit, Anforderung und Bewältigbarkeit: Das alles zusammen bildet die Basis für ein nachhaltiges und vertieftes chorisches Gestalten. Es geht gleichzeitig um die Wege *zum* Chorischen und die Erfahrungen *mit dem* Chorischen.

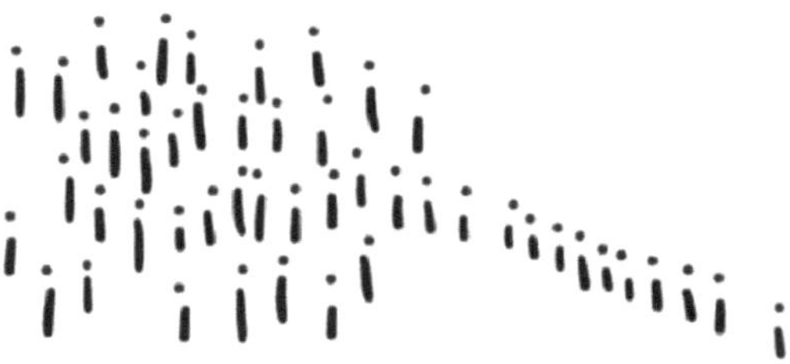

Abbildung 18: Kollektiv und Weg

Felder des Chorischen

„Zeremoniell Ritual Schritt“ (Einar Schleef)

Drei Felder, drei Gespräche: Der dritte Teil nimmt die reflektierte Praxis des Chorischen in den Blick. Drei konkrete Anwendungsfelder zeigen, jeweils von Fachgesprächen begleitet, wie *Wege* und *Bausteine* zusammenkommen: in der Ausgestaltung des Chores in der *Lehrstückarbeit (Brecht)*, im Einsatz des Chores im *Theater der Unterdrückten (Boal)*, und bei kollektiven Prozessen des *ästhetischen Forschens (Helga Kämpf-Jansen)*. Alle diese Felder schließen die Erzählformen des Narrativen sowie des Performativen ein. Aber die geschilderten Methoden weisen über sich hinaus: Das Lehrstück aus chorischer Perspektive und chorisch gedachtes Forumtheater können auch die Arbeit mit zeitgenössischen Textflächen, griechischen Tragödien oder choreografischen Bewegungsmustern bereichern. Kollektive ästhetische Forschungsprozesse sind Räume für Stoff- und Materialsammlung ebenso wie ein Einstieg in eine Schreibwerkstatt für chorische Stücktexte. Die *Felder des Chorischen* schließen Kontakt zu den *Wirkungsräumen des Chorischen* und suchen die Verbindung von ästhetischer, pädagogischer und politischer Perspektive in der chorischen Praxis.

Allen Feldern gemeinsam ist daher das Forschen mit einem ästhetischen Blick, der politisch und pädagogisch wachsam bleibt. Es sind daher nicht nur Praxisfelder, sondern vor allem *Felder der Haltung*.

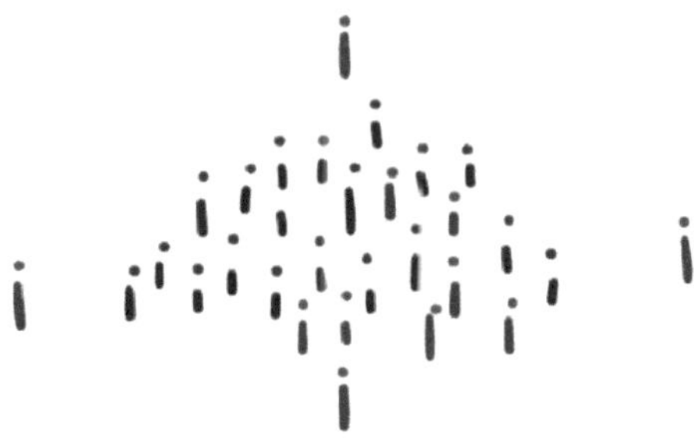

Abbildung 19: Positionen

Zwischenspiel: „Der Jasager und der Neinsager" (Augsburg 2020)

Ich spiele den *Großen Chor.* Mein Sohn sitzt am Schlagwerk. Es geht um einen Jungen, der von einer Gemeinschaft, die auf dem Weg in ein anderes Dorf ist, einen Felsen hinuntergestoßen werden soll: als Opfer für das Kollektiv, weil die Gruppe nur ohne ihn, der krank ist, in der Extremsituation ihr Ziel erreichen kann. Alle warten auf das erlösende Wort des Jungen zu dieser Tat, sein Einverständnis, wie es der Ritus verlangt. Sagt er *Ja* oder *Nein*? Bei Brecht sagt er in der ersten Fassung des Stückes *Ja* und in der darauffolgenden Fassung *Nein.* Beide ergeben erst eine Einheit. Ich höre die Sätze, die ich als Chor im *Neinsager* spreche, beim *Jasager* vom Chor gesungen: „Wichtig zu lernen vor allem ist Einverständnis." Der Satz löst Gedanken in mir aus: Wo habe ich in der Vergangenheit mein Einverständnis gegeben, zu früh, zu unbedacht – mit Folgen für mein ganzes Leben. Wo habe ich nicht *Nein* gesagt, wo zu schnell *Ja*? Welches *Ja* bereue ich, welches *Nein* würde ich gerne zurücknehmen? Es verschiebt die Bedeutung, wenn ich als Einzelspieler den *Großen Chor* spreche, oder ein tatsächlich großer Chor diesen Text singt. Der singende Chor wendet sich als wirkliches Kollektiv an das Publikum. Ich spreche den Text aus einer chorischen Position heraus. Hier spricht einer für Viele, dort sind es tatsächlich Viele und die Musik verstärkt die Wirkung der Botschaft. Beim Singen der Gruppe höre ich das *Ja* eines *Einverständnisses* durch. Beim solistischen Sprechen höre ich mich selbst den Zweifel formulieren, das *Nein* im *Ja.*

Feld 1: Der Chor als *learning play*

„Es handelt sich beim Lehrstück offenkundig um ein Spiel, das ständig selbst auf dem Spiel steht […].“ (Bunk 2015, 306)

Wenn Kollektive sich zu Wort melden, werden wir immer als Ganzes befragt. Wer spricht als Kollektiv in wessen Namen? Welches Kollektiv formiert sich zum Chor, gegen oder für wen? Zu wem spricht der Chor: zu sich selbst, dem Publikum, den eigenen Mitstreiter*innen auf der Spielfläche? Das Lehrstück von Brecht ist der Versuch, Gruppen und in einem weiteren Schritt Gesellschaften in ein kollektives Denken und Handeln zu bringen. Ich habe mir immer wieder die Frage gestellt, wie Kollektive eigentlich denken, handeln und lernen? Als Schwarm? Als eine Gruppe verschiedener Einzelner? Was kann das Kollektiv als Chor, was Einzelne nicht vermögen? Ich selbst bin dem Lehrstück zuerst während des Studiums der Theaterwissenschaften begegnet, später in einer Theatergruppe, in der wir mit einzelnen Textbausteinen aus den Lehrstücken experimentiert haben, und dann im Zuge der Beschäftigung mit Theaterpädagogik in sozialen Feldern im Rahmen eines Lehrauftrags an der Hochschule Augsburg. Nicht zuletzt bleibt aber die eigene Spielerfahrung als *Großer Chor* bei einer Aufführung von *Der Jasager und der Neinsager* im Rahmen des Brechtfestivals Augsburg im Jahr 2020 prägend.[89]

Gebrauchsvorschläge Brechts zum Chor

Im Lehrstück Bertolt Brechts wird das Theater als Werkzeug benutzt und befragt gleichzeitig. Kurz zusammengefasst hier nochmal die wichtigsten Fakten:

- Es handelt sich bei den Lehrstücken Brechts um eine eigene Stückkategorie, an der er um 1930 schwerpunktmäßig gearbeitet, aber sein ganzen Autorenleben lang festgehalten hat. Lehrstücke sind z.B. *Ozeanflug (1929), Die Ausnahme und die*

[89] Es handelte sich um eine Kooperation des Brechtfestivals Augsburg 2020 mit dem Gymnasium bei St. Stephan in Augsburg. Siehe: https://st-stephan.de/der-jasager-und-der-neinsager (Aufruf 22.3.2023).

Regel (1930), Der Jasager und der Nein-Sager (1930), Die Maßnahme (1930), Der böse Baal der asoziale (Fragment, um 1930).

- „das lehrstück lehrt dadurch, daß es gespielt wird, nicht dadurch, daß es gesehen wird. prinzipiell ist für das lehrstück kein zuschauer nötig, jedoch kann er natürlich verwertet werden." (Brecht nach Steinweg 1976b, 164)

- Es gelten die Regeln des epischen Theaters, hinzu tritt phasenweise aber auch Einfühlung als Lernprozess. Wichtige Elemente sind Wiederholung, Unterbrechung, Rollenwechsel und Reflexion.

- „die form der lehrstücke ist streng, jedoch nur, damit teile eigener erfindung […] desto leichter eingefügt werden können." (Brecht nach Steinweg 1976b, 164)

- Die Texte sind Material für Erfahrungen. Themen sind soziales und „asoziales" Verhalten. Gewalt, Zuspitzung von Konflikten und Krisen, das Verhältnis von Individuum und Gesellschaft.

- Die Lehrstückarbeit nach Brecht seit 1960 hat, angeregt durch die Forschungen von Reiner Steinweg[90], viele unterschiedlicher Wege aufgezeigt, mit dem Lehrstück umzugehen und mehr den pädagogischen oder den theatralen Aspekt zu betonen.[91]

- Chöre sind ein zentraler Bestandteil der Lehrstücke.

Die Gebrauchsvorschläge Brechts zum Chor im Zusammenhang seiner Lehrstückkonzeption geben viele Impulse für die eigene chorische Praxis – weit über die Lehrstückarbeit selbst hinaus.[92] Zwei

---

[90] Siehe: Steinweg 1976a und 1976b.

[91] Siehe Ritter 2021, 63.

[92] Zu erwähnen sind in diesem Zusammenhang die Untersuchungen Ute Pinkerts zur Berliner Lehrstück Praxis „im Kontext der Spiel- und Theaterpädagogik der siebziger Jahre" (Pinkert 2005, 142). Pinkert stellt Reiner Steinwegs „(Re-)Konstruktion einer Theorie der Brecht´schen Lehrstücke als Konzept einer politisch-ästhetischen Erziehung"

Aspekte interessieren mich an der Chorarbeit im Lehrstück: auf der einen Seite die dynamische Chorerfahrung zwischen *Ich* und *Wir*, und andererseits die Vielfalt der chorischen Spielformen selbst. Das Lehrstück ist von seiner gesamten Anlage her ein kollektiver Spielprozess.

Der Fokus auf den Chor verstärkt diesen Aspekt. Der Chor im Lehrstück ist eine Lern- und „Spiel-Maschine" (Koch 2016, 93), ein multi-funktionales szenisch-kollektives Werkzeug. Im Sinn des partizipativen, theatralen und kollektiven Lernens gefällt mir der Gedanke, das Lehrstück vom englischen Begriff des *learning plays* her zu verstehen. Diese Lesart betont den dynamischen Lernprozess gegenüber der Lehre und den Spielcharakter gegenüber einem abgeschlossenen Stück (vgl. Vaßen 2021, 410). Keine Lehre also, sondern Theaterarbeit als *work in progress* wird hier praktiziert, und damit eine spielerische Lernerfahrung bereitgehalten. Es ist ein Wechseln zwischen der Einordnung und der Verbindung mit anderen – ohne sich im Kollektiv zu verlieren – und der Freiheit zur eigenen Entscheidung: „Freilich, auch die Einfügung jetzt soll den Einzelnen nicht auslöschen, auch die Absonderung dann soll das Kollektiv nicht sprengen" (Brecht nach Steinweg 1976a, 121). Es geht also nicht um Gehorsam. Einverstanden sein mit den Entscheidungen eines Kollektivs schließt Reflexion, produktiven Widerspruch und die eigene Erfahrung mit ein: „einverstanden sein heißt auch nicht einverstanden sein" (Steinweg 1976b, 62).

Folgende Eigenschaften interessieren Brecht am Chor generell: „Der Chor als Interessensgemeinschaft, die Verfremdung durch den Chor, der Gedanke des Ensemblechors und der Chor als anti-individualistische gesellschaftliche Utopie" (Sommer 2011, 63). Im Zentrum des Lehrstücks steht das körperlich-gestische Spiel, verbunden mit der Utopie des sozialen Einübens von Haltungen.[93] Der Chor wirkt wie ein Verstärker beider Ansätze. Die gestisch-theatrale Arbeit wird vergrößert, verdeutlicht und differenziert durch die Chorgruppe, und die soziale Gruppe übt als Chor an sich selbst. Im Lehrstück hat man es mit geschriebenen Chortexten zu tun. Diese Chortexte

(Pinkert 2005, 146) in den historischen Kontext und beschreibt die kritische Fachdiskussion um Steinwegs Ansatz.

[93] Zum Gebrauch des Chores bei Brecht siehe ausführlich: Baur 1999, 51ff. Aus theaterpädagogischer Perspektive: Sommer 2011, 63ff.

repräsentieren in unterschiedlichen Formen variable Kollektive, die sich zu Wort melden (innere Stimmen, Menschengruppen, Kommentare). Aber sie sind mehr als das: Die Sprache ist verdichtet und geschärft, „zugespitzt wie ein archaisches Werkzeug" (Weisberg 2010, 70). Mit dieser vorgegebenen Form gilt es sich als Chorgruppe auseinanderzusetzen.

Gemeinsames „Ich-Singen"

Bei manchen Lehrstückvorlagen handelt es sich um vertonte Texte. Das verschiebt auch die Perspektive des Chorischen. Die Schwerpunkte verlagern sich durch die musikalische Vorgabe: „Anzustreben ist ein sehr straffes, rhythmisches, präzises Singen. [N]icht gefühlvolle Darstellung, sondern deutliche […]" (Eisler nach Steinweg 1976b, 134). Hier werden ein vorgegebener Rhythmus und ein Gestus eingeübt und sich angeeignet. Beim gesprochenen Wort wird ein Rhythmus im Dialog aus der Sprache entwickelt, erforscht und ausprobiert. Das Einüben einer vertonten musikalischen Vorgabe schränkt die assoziative Freiheit und Offenheit naturgemäß ein. Wenn eine dirigierende Person klar führt und auch Vorgaben macht, verändert sich der Kollektivbegriff. Und wenn eine Gruppe von Schüler*innen singt: „Wichtig vor allem zu lernen ist Einverständnis", dann kann das, auch wenn diese Aussage so nicht beabsichtigt ist, auch heißen: *„Wir singen vom Einverständnis so, wie uns jemand gesagt hat, dass wir singen sollen!"*
Der im Lehrstück vor Publikum singende oder sprechende Chor ist also immer „eine verschärfte, weil aktiv beteiligte Instanz des Zuschauers" (Ritter 2010, 67). Aber der Chor im Lehrstück ist noch viel mehr. Er ist eine komplexe und variable Plattform der Ich-Verhandlung, denn „der Spielende vertritt bei seinem Spiel immer auch eine kollektive Perspektive und nimmt gleichsam eine chorische Haltung ein" (Bunk 2015, 306). Dass ich z.B. als Einzelperson im *Neinsager* den *Großen Chor* spreche, ein Kollektiv vertrete, also innerlich *Wir* sage, ist ein gutes Beispiel für eine solche „chorische Haltung". Mein Text verweist im Moment des Sprechens über meine Person hinaus. Wer spricht aber in wessen Namen, wenn ein tatsächliches Kollektiv aus Schüler*innen den gleichen Text singt: Welches Kollektiv formiert sich hier zum Chor?

Wenn viele sich als *Ich* formulieren, nennt Brecht es im Zusammenhang mit dem Lehrstück *Ozeanflug* das „gemeinsame Ich-Singen" (Brecht nach Steinweg 1976b, 69). Der Flieger, der hier auf sich gestellt den Ozean in seiner Maschine überquert, ist nur scheinbar ein einzelnes *Ich*. Alle, die an der Maschine mitgearbeitet haben, sind mit dabei. Es ist deshalb nicht nur ein verfremdendes Theaterelement, wenn mehrere Personen „Ich" sagen. Es verdeutlicht, dass dieses *Ich* an sich schon eine kollektive Kategorie ist.[94] Dadurch, dass der Chor „Ich" singt, wird einem scharf abgegrenzten Ich-Begriff eine Absage erteilt.

Überträgt man diese Gedankenfigur auf den Theaterbetrieb, so ist der Flieger hier die Regieposition. Das Endergebnis, die Inszenierung, ist ein Produkt des Schwarms. Alle sind Mitgestalter*innen gewesen. Sie werden im Theater aber meistens nicht in dem Maß sichtbar, wie es ihrer Beteiligung entspräche. Sie bilden den stummen Chor einer kreativen Energie, ohne die die regieführende Person nicht inszenieren (fliegen) könnte. So hat dieses „gemeinsame Ich-Singen" als konkrete chorische Erfahrung eine politische Dimension: die Sichtbarmachung und Emanzipation vieler Einzelner durch das Kollektiv. „[D]as gemeinsame Ich-Singen" [ist] eine wichtige pädagogische Grundlage dafür, die Emanzipation des Einzelnen im Kollektiv zu organisieren […]" (Bunk 201, 306). Es sind nicht große Einzelne, sondern Kollektive, die Geschichte machen und Geschichten erzählen. Diese Haltung kann in der Verschränkung ästhetischer, politscher und pädagogischer Perspektiven keine theatrale Form besser darstellen als der Chor. Das geht aber nicht ohne Risiko: „In Gefahr geraten nicht nur das Individuum und die kollektive Spielgemeinschaft, sondern auch das Theater selbst […]" (Bunk 2015, 306).

---

[94] Zum Chor als vielstimmiges *Ich* bei Brecht siehe: Sommer 2011, 65.

Der chorische Gestus

> „Zu unterscheiden sind zumindest die ‚Geste' vom ‚Gestus' als einem Bündel von Gesten oder auch als ‚sozialer Gestus' so wie das ‚Gestische' als Bezeichnung einer bestimmten Darstellungsform." (Müller-Schöll nach Burk 2015, 278)

In engem Zusammenhang mit der körperlichen Arbeit im Chor steht der Begriff des *Gestus* und des *gestischen Handelns*. Warum ist das chorische Prinzip gestisch? Tätigkeiten, Handlung, Bewegung und Sprache entstehen aus dem Zusammenspiel von körperlichen und sprachlichen Haltungen. Haltung schließt sowohl die körperlich sichtbare Haltung als auch die innere Haltung zu jemanden ein. Beides kann sich sowohl körperlich als auch sprachlich äußern.

> „[Die Geste] ist in der Regel eine kodierte Körperbewegung. Das heißt, sie ist eine wiederholte Bewegung, in der sich bestimmte Bedeutungen durch soziale Praxis eingeschrieben, verfestigt und meist auch konventionalisiert haben." (Kurzenberger 2010, 149)

Die Geste unterbricht, macht deutlich, hält an: die Handlung die Erzählung, das Narrativ. Die Geste ist selbst ein Innehalten. Dieses Unterbrechen, An- und Innehalten kann für die chorische Arbeit spannend sein. Die Unterbrechung und Analyse des *Gestus* spielen im Lehrstück von Brecht eine zentrale Rolle. Der Begriff *Gestus* umfasst bei Brecht mehrere Ebenen:

> „Unter Gestus sei verstanden ein Komplex von Gesten, Mimik und (für gewöhnlich) Aussagen, welche ein oder mehrere Menschen zu einem oder mehreren Menschen richten. [...] Ein Gestus kann allein in Worten niedergelegt werden [...]; dann sind bestimmte Gestik und bestimmte Mimik in diese Worte eingegangen und leicht herauszulesen [...]. Ebenso können (im stummen Film zu sehen) Gesten und Mimik oder (im Schattenspiel) nur Gesten Worte beinhalten. Worte können durch andere Worte ersetzt, Gesten durch andere Gesten ersetzt werden, ohne dass der Gestus sich darüber ändert." (Brecht 1993b, 616f.)

Nun spielen alle oben genannten Begriffe in der chorischen Arbeit eine wichtige Rolle: die einzelne und wiederholbare Geste mit einem klaren Anfang und Ende wird als körperliches Zeichen vom Chor gespiegelt, verändert, verstärkt, kommentiert. Der *Gestus* (die Summe aller sprachlichen, körperlichen und stimmlichen Gesten) ist in der chorischen Arbeit eng mit dem „sozialen Gestus" verbunden. Er ist zu jemandem gerichtet, einer bestimmten Person, zu der sich das Chorkollektiv positioniert. Das Gestische als Gestaltungs- und Darstellungsform orientiert sich am *Gestus*. Das gestische Sprechen im Chor sucht die Geste im Wort, macht die Sprache zur Geste. Er versucht den Gestus von komplexen Aussagen ins körperliche Spiel zu übertragen.[95]

Der Chor ist immer ein Verstärker gestischen Spiels. Er vergrößert die einzelne Geste, und gibt dem *Gestus* Kontur und Deutlichkeit. Es wird durch einen klaren Umgang mit Gesten, durch das Verschränken von Sprache und Geste in der chorischen Darstellung Klarheit Prägnanz gewonnen. „Als leibkörperliches Verhalten kann die Geste auch als eine Sub- oder Vorsprache unterhalb des Niveaus der offiziellen Sprache bezeichnet werden" (Burk 2015, 282). An diese „Vorsprache" gilt es im Chorischen anzudocken, wenn es um Körper, Atem, Stimme und die Arbeit mit Lauten geht – bevor die Sprache kommt. Um das gestische Spiel mit seinen Unterbrechungen und Diskontinuitäten zu konkretisieren, eignen sich *dynamische Standbilder* und *Bildertheater*. Damit schafft man „[…] ein lebendes Bild, das auf Sprache verzichtet und allein das Körperliche reliefartig und figurativ zum Ausdruck bringt" (Burk 2015, 286).

→ „Bildertheater" (270)

Der Weg über gestische Darstellungsweisen im Chor ist auch ein Weg hin zu einem starken emotionalen gemeinsamen Ausdruck: „so wie stimmungen und gedankenreihen zu haltungen und gesten führen, führen auch haltungen und gesten zu stimmungen und gedankenreihen" (Brecht nach Steinweg 1976b, 141). Die Chorgruppe als Kollektiv ist ein Motor, der sich selbst auflädt. Die Darstellung jedes Einzelnen wird gerahmt von den Mitspielenden.

---

[95] Siehe hierzu *Das gestische Prinzip bei Bertolt Brecht* (Ritter 1986, 13 und 123 ff.) und Ritter 1999, hier vor allem „Anläufe mit Brecht", 182 ff.

Fund: Dokumentation – Lehrstückseminar mit Reiner Steinweg

Einen sehr guten Eindruck in die praktische Lehrstückarbeit nach der *Methode Steinweg* bietet die Dokumentation eines Lehrstückseminars aus dem Jahr 2018 in der Reihe *Lingener Beiträge zur Theaterpädagogik (Band XVI, DVD)*: *Am reißenden Fluss. Lehrstückspiel nach Bertolt Brecht. Methode Steinweg*. Es wird anhand einer Szene aus *Die Ausnahme und die Regel* deutlich, wie vielfältig und ambivalent der Chor im Lehrstück eingesetzt werden kann. Hier wird der Chor zu den inneren Stimmen der Figur, dort wandelt er sich in allegorische Figuren des Gewissens, an anderer Stelle ist er der Fluss, der überquert werden soll. Der Chor ist Kommentator des Spiels, wird ein Rollenchor aus Individuen. Er wird von mehreren oder nur von einer Spieler*in dargestellt, er spricht frei oder rhythmisch skandierend, der Text wird sogar den Zuschauer*innen übergegeben, die so selbst in die Rolle des Chores treten. Es tauchen im Kurs immer wieder Fragen zum Verhältnis des Einzelnen zur Gruppe auf: *Kann ich mich als Spieler*in in der Szene gegen das Kollektiv behaupten? Kann ich mich abgrenzen?*

Wer von uns hat sich diese Frage nicht schon einmal gestellt in Momenten, in denen die sogenannte Zivilcourage gefragt war?

„Dann muss der Chor agieren!" – Ein Gespräch mit Reiner Steinweg

Reiner Steinweg ist einer der wichtigsten Wegbereiter der Lehrstückarbeit nach Brecht. Vor allem seine Veröffentlichung „Das Lehrstück. Brechts Theorie einer politisch-ästhetischen Erziehung" (1967) war der Auslöser für eine anhaltende fachliche Diskussion und eine weitgefächerte praktische Beschäftigung mit dem Lehrstück.[96]

HVS: Herr Steinweg, warum ist bei Ihrem Zugang zum Lehrstück der Chor so wichtig?

[96] Das Gespräch wurde am 25.10.2022 über Zoom geführt und wurde in Absprache mit Reiner Steinweg verschriftlicht.

RS: Das hängt mit dem Grundthema zusammen, um das meine Lehrstückkurse kreisen, und das ist die Gewalt und die Gewalterfahrung. Wir leben alle nicht nur als Individuen so dahin, mit unserem freien Willen und tun und lassen, was wir wollen. Sondern wir richten uns in vielen Aspekten doch immer auch nach den Meinungen, Stimmen und Stimmungen der anderen. Wenn z.B. ein genereller Sog in eine bestimmte Richtung geht, ist es nicht so einfach, andere Gesichtspunkte und kritische Stimmen zur Geltung zu bringen. Es ist in meinen Kursen sehr unterschiedlich, welche Bedeutung die Teilnehmer*innen dem Chor geben. Manchmal stellt für sie der Chor die eigene innere Stimme dar, manchmal sind es die Stimmen der anderen, oder der Kontext, in dem man lebt. Es kommt vor, dass es die Eltern sind.

HVS: Das ist für mich das Spannende, dass der Chor im Lehrstück ein wandelbares Kollektiv darstellt, das zu allem werden kann: vom inneren Team bis zu den äußeren Umständen. Und dass die Teilnehmenden die Ausformung und Gestalt des Chores aus dem Spiel heraus frei bestimmen.

RS: Das ist mir sehr wichtig. In meinen Kursen gebe ich nie irgendwelche Inhalte vor. Die finden die Teilnehmenden. Ich sorge nur dafür, dass die Inhalte kommuniziert werden. Man muss darüber reden und vor allem assoziieren, was die einzelnen Spieler*innen erlebt haben. Für mich ist die Assoziation ein zentraler Begriff bei dieser Form des Theaterspiels. Deshalb haben Gerd Koch, Florian Vaßen und ich unserem Sammelband *Spielversuche mit Lehrstücken und Anstiftung zur Praxis* von 1984 den Obertitel *Assoziales Theater* gegeben: eine Anspielung auf die von Brecht thematisierten Inhalte (das Asoziale) und auf das, was die Darsteller*innen beim Spielen wiedererleben und reflektieren.[97]

HVS: Meine Erfahrung in der Hochschullehre mit Studierenden der sozialen Arbeit ist, dass in der szenischen Arbeit mit sogenannten *asozialen Situationen*, mit Positions- und Perspektivenwechseln, das freie

[97] Steinweg, Koch, Vaßen (Hg.): *Assoziales Theater. Spielversuche mit Lehrstücken und Anstiftung zur Praxis*, Köln 1984.

Assoziieren zu gespielten Szenen tiefer geht als ein Abfragen von Eindrücken oder Meinungen.

RS: Die Meinungen sind die eine Sache. Die eigenen tiefer liegenden Schichten, die frühen prägenden Erfahrungen, tief verankert, sind eine andere. Die zeigen sich meistens nicht so schnell. In einer konkreten Spielsituation und dem freien Assoziieren darüber treten sie jedoch zu Tage. Jede Haltung macht anderes sichtbar, auch den Widerspruch zwischen Meinung und Haltung: Theoretisch tritt man z.B. für Gleichberechtigung der Geschlechter ein, praktisch verhält man sich jedoch nicht so, wie es die theoretische Einsicht erfordern würde.

HVS: Das Thema *Gewalt, Macht und Chor* ist spannungsgeladen, weil Gruppendynamik eine Verstärkung der Problematik erzeugt. Wo sehen Sie einen Zusammenhang zwischen der Lehrstückarbeit, ihrer Friedensarbeit und den Ausdrucksmöglichkeiten des Chores?

RS: Biographisch war es ja so, dass zuerst die Friedensarbeit bei mir da war, und dann die Beschäftigung mit dem Lehrstück dazu kam. Schon direkt nach der Schule, dann meine Kriegsdienstverweigerung. Ich habe 1961 an einem Fußmarsch von San Francisco nach Moskau teilgenommen (ich ab Osnabrück). Ich habe darüber 1962 einen Bericht geschrieben, meine erste Publikation: *Der große Marsch von San Franzisko nach Moskau*[98] und berichte darüber auch ausführlich in meiner Autobiographe *Glück gehabt!*, an der ich derzeit arbeite. Wir demonstrierten für den Verzicht auf Atomwaffen. Das war auch eine sehr starke Kollektiverfahrung – inklusive aller Auseinandersetzungen in diesem Kollektiv. Es gab da auch sehr überraschende Erfahrungen. Wir hatten z.B. immer einen sogenannten „Marschall“, der die Gruppe angeführt hat. Diese Position wechselte. Ich erhielt diese Funktion, als wir nach Moskau kamen. Ich dachte, wir müssen schon einen ordentlichen Eindruck machen, und gab der Gruppe die Anweisung, sie mögen bitte in Zweierreihen gehen. Die meisten haben das auch gemacht, weil es die Regel gab, dass der „Marschall“ die Form bestimmt. Aber zwei oder drei Teilnehmende sind ganz bewusst

[98] Siehe im Literaturverzeichnis: Steinweg 1962.

dieser Anweisung nicht gefolgt. Das war sehr eindrucksvoll für mich. Und ich habe damals sofort gedacht: Was hast du da gerade gemacht?

HVS: Sie sprechen vom Lehrstück als einem Versuch, „kollektive Denkprozesse einzuleiten" (Steinweg 1976a, 122). Wie gestaltet sich kollektives und kritisches Denken und Handeln im Chor? Wie kommt eine Gruppe in einen *kollektiven Denkprozess* – und wie werden daraus *handelnde Kollektive*?

RS: Das Chorische hilft da sehr. Selbst wenn man den Chor nur mit zwei Personen besetzt. In der Anfangsphase meiner Kurse wird ja ganz rigoros improvisiert. Der Text bleibt immer der Text, aber alles andere wird improvisiert. Da gibt es keinerlei Vorabsprachen. Dann muss der Chor agieren. Und da ist sehr interessant zu beobachten, wie schnell sich oft der Chor auf eine Linie oder Grundhaltung nonverbal verständigt. Das hängt eng mit dem Thema *Kollektives Denken und Handeln* zusammen: die Neigung, auf der einen Seite einen eigenen Weg zu suchen und sich persönlich zu äußern – auf der anderen dieser kollektiven Stimme zu folgen. Im Spiel macht man dann oft die Erfahrung, dass es gar nicht so einfach ist, sich gegen die kollektive Meinung zu stellen. Wenn man es tut, ist es oft sehr schwer, gehört, geschweige denn, verstanden zu werden.

HVS: Das würde bedeuten, dass *Kollektives Denken und Handeln* in einem dynamischen Verhältnis zueinanderstehen. Sie sind ineinander verschränkt. Es gibt nicht zuerst das kollektive Denken, aus dem sich ein kollektives Handeln entwickelt.

RS: Nein, es ist ein ständiger dynamischer Wechsel. Genau das macht den Chor aus.

HVS: Ein weiteres wichtiges Element chorischer Gestaltung im Lehrstück ist die Musik. Viele chorische Lehrstücktexte sind vertont. Wie verändert das chorische Singen die kollektive Perspektive?

RS: Brecht hat großen Wert auf die Vertonungen gelegt. Aber es steht mit dem, was Brecht das „Spielen ohne Publikum" genannt hat, in großem Widerspruch. Chöre musikalisch festzulegen und einzustudieren, widerspricht eigentlich dem Gedanken an Partizipation. Das reflektierte Begreifen des kollektiven Momentums, wo es das in der

Gesellschaft gibt und wie es funktioniert, das verschwindet weitgehend, wenn der Chor gesungen wird. Es gibt einen Dirigenten, der bestimmt, wie ich zu singen habe, also eine Einzelperson. Ich unterwerfe mich dann nicht einmal einem Kollektiv, sondern den Ideen eines Einzelnen. Die Entstehung kollektiver Haltungen und wie sie sich auswirken, das tritt bei solchen Aufführungen in den Hintergrund. Der Chor richtet sich dann auch klar an ein Publikum.

HVS: Dieser Widerspruch vom Spiel mit und ohne Publikum ist ja im Lehrstück schon bei Brecht vorhanden.

RS: Ja. Die ersten Lehrstücke wurden vor Publikum aufgeführt. Es sollte gezeigt werden, wie ein Lehrstück funktioniert. Aber wenn man es vor Publikum aufführt, entsteht etwas anderes. Was einen starken Eindruck nicht ausschließt, wie die *Maßnahme*-Inszenierung von Fabiane Kemmann gezeigt hat.[99]

HVS: Ich möchte noch einmal auf die handelnden Kollektive zu sprechen kommen. Brecht verwendet für Gruppen, in denen eine „allseitige Kommunikation tatsächlich schon realisiert ist" (Steinweg 1976a, 122), die also denkende und handelnde Kollektive geworden sind, den Begriff „Gruppenapparat"(ebd.). Ein technischer Begriff für eine Gruppe aus Individuen?

RS: Er ist schon etwas befremdlich, dieser Begriff. Ein Apparat ist eine Maschine: Ich drehe an einer Schraube, und schon agieren alle im Gleichtakt, genau abgestimmt. So mechanisch ist das Verhältnis zwischen Menschen in Gruppen klarerweise nicht. Aber in vielen Gruppierungen bildet sich dann doch so etwas heraus wie eine gemeinsame Sprache, gemeinsame Aktivitäten, gemeinsame politische Entscheidungen. Politiker*innen z.B. treffen nicht Entscheidungen und die Bevölkerung folgt Ihnen – mehr oder weniger gehorsam. Das ist vielleicht in Diktaturen so. Aber in Demokratien ist das ja oft anders: Da sind es oft die Politiker*innen, die auf die kollektiven Stimmen hören und mit ihrer Entscheidung auf eben diese Stimmen reagieren. Und das ist dann so etwas wie ein „Apparat": dieses wechselseitige Reagieren zwischen *Oben* und *Unten*.

---

[99] 2016 hat Fabianne Kemmann erstmals *Die Maßnahme* im Kammermusiksaal der Berliner Philharmonie in Originalbesetzung realisiert.

HVS: Es gibt Vorgänge, die wie automatisiert ablaufen, und dann gibt es Inseln der Freiheit, von wo aus man sich für oder gegen etwas entscheiden kann. In diesem Spiel zwischen freien Inseln und den determinierten Abläufen stellt sich immer wieder die Frage: Wie viel Freiheit hat der Einzelne im Chor? Ist der Chor Ihrem Eindruck nach ein Forum, um das *Asoziale* im Kollektiv auszuagieren? Oder herrscht mehr der Drang nach Individualität vor?

RS: Es kommt beides vor im Lehrstückspiel. Ich arbeite am liebsten mit Szenen, in denen *zwei* Chöre auftreten. Es gibt dann eben nicht nur die *eine* Stimme des Chores, sondern mehrere Chorstimmen in unserem Umfeld. Insofern hat dann das Individuum immer noch eine gewisse Wahlmöglichkeit sich zu entscheiden: Wo schließe ich mich an? Das ist dann oft auch eine Entscheidung von Mehrheit und Minderheit.

HVS: Es geht um Entscheidungen für oder gegen das Kollektiv. Aber es ist innerhalb des Chores immer ein dynamischer Prozess – gerade in der Kombination von totaler Offenheit und dem Festhalten am Text als Form. Und die eigene Haltung und die Fantasie können sich an dieser Form szenisch reiben.

RS: Das ist so gut beschrieben. Was im Prozess gespielt, entschieden und assoziiert wird, das gebe ich, wie gesagt, nicht vor. Das Ergebnis ist dann oft sehr überraschend für mich. Und was der Chor tatsächlich für den Einzelnen bedeutet, das kann man von vornherein nicht sagen. Das entscheiden die Teilnehmer*innen im Lauf des Kurses selbst.

Zwischenspiel: „Der Chor als Mauer" (Retzhof 2018)

Wir sind in Retzhof, Österreich. Eine Tagung zum Thema „Festung Europa" der IDEA Österreich (*International Drama/Theatre and Education Association Austria*). Wir erarbeiten als Gruppe von zwanzig Personen das chorische Setting *Ablehnen – eine Mauer bilden.* Wir arbeiten mit körperlichem Einsatz, mit zwei Gruppen. Die erste bildet eine Reihe (Mauer), die sich immer wieder öffnet und schließt, scheinbar willkürlich. Wo ist ein Durchkommen? Wo eine Lücke? Die andere Gruppe läuft gegen diese Mauer an. Ohne Sprache, ohne die Mauer zu berühren, aber mit großer körperlicher Nähe. Aus dem Lautsprecher hört man Textfragmente aus diversen EU-Kommissions-Dokumenten. Keiner kommt durch. Die Menschenmauer ist dicht, der Widerstand zu stark. Nach den Übungen sagt ein Teilnehmer zu mir: *„Ich hatte wirklich nach ein paar Versuchen das Gefühl, da nicht reinzukommen".*

Feld 2: Der Chor der *Unterdrückten*

„Das Theater der Unterdrückten ist das Theater für die erste Person Plural."
(Boal 2006, 57)

Das von Augusto Boal entwickelte *Theater der Unterdrückten* ist ein Kosmos für sich, mit unüberschaubaren Einflüssen auf theater- und schauspielpädagogische, therapeutische und beratende Felder. Beim *Theater der Unterdrückten* agieren, wie beim Lehrstück, denkende und handelnde Kollektive.

→ *„Dann muss der Chor agieren!"* – Ein Gespräch mit Reiner Steinweg (252)

Ein zentrales Element im Kosmos von Augusto Boal ist das Forumtheater. Das Forumtheater-Prinzip ist partizipativ im theatralen Sinn: Es gibt keine Trennung mehr von Zuschauer*innen und Spielenden. Material der szenischen Arbeit ist ein Konflikt, den ein*e Protagonist*in (Unterdrückte*r) und ein*e Antagonist*in (Unterdrücker*in) darstellen. Es geht um Machtverhältnisse und deren Auswirkungen auf die einzelne Person. Ziel ist, den unterdrückten Protagonisten ins Handeln zu bekommen. Die Szene wird geprobt und gezeigt bis zum Höhepunkt des Konfliktes, noch ohne Lösung. Dann wird die Szene wiederholt, und jeder im Publikum hat nun die Möglichkeit, in das Spiel einzusteigen und in der Position der Protagonistin eigene Lösungsvorschläge zu spielen. Ausgetauscht wird klassisch nur der Protagonist. So wird kollektiv an Lösungsstrategien gearbeitet und darüber reflektiert. Die chorische Spielweise verdeutlicht den kollektiven Grundgestus dieser Arbeitsweise.

Die Forumtheater-Werkstatt

Meine Überlegungen zum chorischen Prinzip in der Theaterarbeit Boals entstanden in der Folge eines Workshops, den ich 2018 im Rahmen eines Forum-Theater-Projekts von InterACT in Graz (Österreich) durchgeführt habe. InterACT, die *Werkstatt für Theater und Soziokultur,* ist eine Theater- und Kulturinitiative in Graz, die Theater und szenisches Spiel als ästhetische Ausdrucksform den Menschen zugänglich machen will. Zusammen mit Michael Wrentschur leitete ich in der Entwicklungsphase des Projektes „Das ist ja wohl das Mindeste"[100] die offene Werkstatt *Vom Gebrauch des Chors im Forumtheater – Utopien kollektiver Erfahrung im chorischen Spiel.*[101] Die damals in Österreich schon mehrere Monate währenden Verhandlungen zur Reform der Mindestsicherung zeigte, dass diejenigen Menschen, die von dieser Thematik direkt betroffen waren, kaum oder gar nicht zu Wort kamen und auch nicht sichtbar waren. Dieser Situation wollte das Projekt etwas entgegensetzen. Mit einem Forumtheater-Projekt sollten Geschichten und Schicksale jener Menschen, die mit den Erfahrungen und existentiellen Herausforderungen im Zusammenhang der Mindestsicherung im Alltag umgehen müssen, zur Diskussion gestellt werden.

[100] https://www.interact-online.org/aktuell/das-mindeste (Aufruf 22.2.2023).

[101] Die Werkstatt fand vom 23. bis 27. März 2018 im Wallzentrum der Universität Graz statt.

Das Ziel dieser offenen Werkstatt war, die vielfältigen Zugänge zum chorischen Theaterspiel für die bestehende Forumtheater-Gruppe erleb- und erfahrbar zu machen. Es wurden Zugänge zum chorischen Theaterspiel in Bezug gesetzt zu den Formaten, die im Forumtheater zur Anwendung kommen. Aktuell entstehende Szenen und Texte wurden mit chorischen Elementen gestaltet, befragt, kommentiert. Der szenische Chor formulierte in diesem Zusammenhang auch eine politische Utopie. Aus einem gemeinsam gefundenen Gestus heraus werden Haltungen körperlich, sprachlich und szenisch ausprobiert, erprobt und angeeignet. In der Begegnung von Chor und Forumtheater, so war die Annahme, können kollektive Prozesse szenisch dynamisiert werden: Das chorische Theaterspiel sollte Vielstimmigkeit, Kollektivität und Solidarität erfahrbar machen. Der offene Werkstattcharakter lud zu einem gemeinsamen Such-, Erprobungs- und Gestaltungsprozess ein. Inwieweit konnten der Chor als gestalterisches Element und das chorische Theaterprinzip das Forumtheater als Impuls bereichern? Dieser Frage gehe ich in einem Gespräch mit Michael Wrentschur nach.

„Leave no one behind!" – Ein Gespräch mit Michael Wrentschur

Prof. Dr. Michael Wrentschur ist Theaterpädagoge, Soziologe, Bildungswissenschaftler und Kulturarbeiter. Tätig als Hochschullehrer und Forscher an der Universität Graz; seit 1999 künstlerischer Leiter von InterACT, der Werkstatt für Theater und Soziokultur. Michael Wrentschur hat 2019 seine Habilitationsschrift zum Thema Forumtheater und Soziale Arbeit veröffentlicht (Wrentschur 2019). [102]

HVS: Wir kennen uns noch aus meiner Zeit als Leiter des Theaterpädagogischen Zentrums Lingen. 2017 entstand bei einer Tagung ein Gespräch über den Chor. Was hat dich auf die Idee gebracht, das Chorische mit dem Forumtheater zu verbinden?

[102] Das Gespräch fand am 9.1.2023 via Zoom statt und wurde in Absprache mit Michael Wrentschur verschriftlicht.

MW: Nach unserem Gespräch war es zuerst dein Buch, das einen weiteren Impuls gegeben hat.[103] Es entstand ein Bewusstwerden des Verhältnisses von Protagonisten, Antagonist und Kollektiv. Und ich dachte, das wäre interessant für die Arbeit im Forumtheater. Wir reduzieren oder verdichten große gesellschaftliche Konflikte auf Szenen, es agieren einzelne Akteur*innen, sie sind Stellvertreter*innen für die Kollektive. Eine Einzelne*r löst ein Problem im Forumtheater ja auch immer für das Kollektiv. Wir sind uns oft nicht darüber bewusst, dass wir immer auch als Teile von Communities agieren. Wer mir da ein Stück die Augen geöffnet hat, war David Diamond[104], der einen stark communitybezogenen Ansatz verfolgt. Es gibt Menschen, die teilen einfach bestimmte Erfahrungen und Perspektiven: Männer, Diverse, Frauen, arbeitslose oder wohnungslose Menschen, Menschen mit Migrationsgeschichte, Menschen mit ähnlichen beruflichen Hintergründen etc. David Diamond würde sagen, selbst jetzt, wenn wir beide hier sitzen und sprechen, oder wenn man als Gruppe in einem Raum probt, sind wir Teil einer Community, die mit uns anwesend ist und in den Raum wirkt. Und das alles wirkt wieder nach außen, weil wir ja mit dem, womit wir arbeiten, wieder hinausgehen in unsere Communities und unsere Erfahrungen weitertragen und dort einbringen. Das einzelne Individuum agiert im Forumtheater immer auch stellvertretend für das Kollektiv.[105]

HVS: Hier erscheint mir der Zusammenhang vom römischen *Forum* bzw. der griechischen *Agora* interessant, beides Begriffe für den antiken städtischen Ort der öffentlichen Versammlung.[106] Forumtheater nimmt diese Tradition des öffentlichen theatralen Verhandelns auf.

---

[103] Harald Volker Sommer: *Über den Gebrauch des Chors in der Theaterpädagogik. Theorie, Geschichte und Praxis des chorischen Prinzips*, Saarbrücken 2011.

[104] David Diamond hat das Theater der Unterdrückten weiterentwickelt zum *Theatre for Living*. Vgl. David Diamond: *Theater zum Leben. Über die Kunst und die Wissenschaft des Dialogs in Gemeinwesen* (Stuttgart 2013). Siehe hierzu auch Wrentschur 2019, 138f.

[105] „Diamond betont die Wichtigkeit der interaktiven, nichtlinearen Vernetzung mit relevanten Akteur_innen und Organisationen in einem bestimmten Feld und die damit einhergehenden selbsterzeugenden Kommunikationsnetzwerke [..]" (Wrentschur 2019, 151).

[106] →„*Der Chor war immer da.*" – Ein Gespräch mit Anton Bierl (37)

MW: Ja, auf jeden Fall. Aber der Ansatz der Community geht über Boal selbst hinaus. Bei ihm agieren doch immer wieder Protagonist*innen mit Antagonisten*innen. Es ist nicht immer das Bewusstsein vorhanden, dass Antagonist*innen und Protagonist*innen auch Stellvertreter*innen für eine ganze Gruppe von Menschen sein können. Diese kollektive Denkperspektive stärker ins Bewusstsein zu rücken, das war sicher ein starker Impuls in unserer Zusammenarbeit damals.

HVS: Das geht auch über den Begriff des Kollektivs als Interessensgemeinschaft hinaus.

MW: Kollektivierung hat damit zu tun, dass wir unterschiedliche, individuelle Narrative und Geschichten über die Theaterarbeit zu etwas Gemeinsamem verbinden. Dann entsteht ein *Aha-Effekt* bei den Teilnehmenden, weil sie oft glauben, sie allein haben diese Probleme. Diesen Effekt finde ich sehr wertvoll. Und das ist bei dem Workshop damals passiert.

HVS: Wenn auch die sogenannten Zuschauspieler*innen, also das Publikum, das ins Spiel einsteigen kann, im Forumtheater-Setting als Stellvertreter*innen gesehen werden, dann entsteht also ein erweitertes handelndes Kollektiv, dessen Mitglieder immer auch als Teil ihrer jeweiligen Communities agieren.

MW: Die Zuschauspieler*innen sind die zweite Ebene: wie kommt es zu einer kollektiven Spielerfahrung beim Theaterspielen? Das betrifft dann auch die Aufführungssituation. Ein anderer wichtiger Gedanke war, das Chorische als ein ästhetisches Element für das Forumtheater zu entdecken. Forumtheater darf ästhetisch nicht überzogen werden. Das Unfertige ist wichtig. Eine zu starke Ästhetisierung bringt die Menschen zu sehr in eine Zuschauerposition. Es geht um Haltungen, Positionen und Strukturen, die zum Ausdruck gebracht werden, und die zum Handeln führen sollen.

HVS: Das führt mich zurück zu unserer gemeinsamen Arbeit im Workshop, denn dadurch ist die Idee entstanden, Übungen Boals mit einer chorischen Brille zu betrachten.

MW: Ein Teil des Ensembles im Workshop war durch ihre Erfahrungen als Mindestsicherungsbezieher*innen[107] in Österreich miteinander verbunden. Die Idee des Projektes war, mit diesem Thema eine breitere Öffentlichkeit zu erreichen. Der andere Teil hatte durch die gemeinsame (Forum-)Theaterarbeit bei InterACT viel Theater- und Spielerfahrung. Erstmalig gab es also die Idee eines gemischten Ensembles aus InterACT-Spieler*innen und Expert*innen der Mindestsicherung. Im InterACT Ensemble hatten viele keine Berührungspunkte mit dem Thema Mindestsicherung. Die Idee war also: Kann das Chorische eine Grundlage schaffen, damit für Menschen aus sehr unterschiedlichen gesellschaftlichen Klassenlagen und den damit verbundenen unterschiedlichen Sichtweisen ein gemeinsamer Übungsraum für ein Kollektiv entsteht? Ein Kollektiv, das eine Produktion zu diesem Thema entwickeln kann.

HVS: Mir wurden diese Unterschiede, obwohl ich niemanden kannte, in der Arbeit schnell klar. Ich dachte, jede*r sollte einmal im Zentrum stehen und dann wieder Teil der Gruppe sein. Dadurch hat sich etwas ausgeglichen, denke ich.

MW: Ja, die Frage war, wo schlägt das Ego durch? Durch die unterschiedliche Theatererfahrung gab es auch Konflikte – die auch sein durften. Wenn man aber im Sinne der *sustainable development goals* eine *Radikale Inklusivität* in den Fokus nimmt, dann heißt das für die Theaterarbeit: *Leave no one behind!* Und die Frage war für mich: Kann die chorische Erfahrung eine Grundlage dafür schaffen? Mir scheint dieses *Leave no one behind!* ein implizites Prinzip des Chorischen zu sein. Eben radikal inklusiv.

---

107 In Österreich war 2017 *Mindestsicherung* der Terminus für *Sozialhilfe* (Anm. HVS).

HVS: Ich habe im Workshop diese Konflikte wahrgenommen. Aber auch eine unglaubliche Offenheit von allen, sich auf den vorgeschlagenen Weg einzulassen.

MW: Im Workshop ging es in den Konflikten noch nicht so sehr um inhaltliche, politische Auseinandersetzungen – das kam dann mehr in der Stückentwicklung und der Aufführungsserie – sondern um soziale Verhandlungen, um Grundqualitäten: das Aushandeln von Achtsamkeit und Wahrnehmung. Es ging darum, miteinander in Beziehung zu treten, zu gestalten, einander zuzuhören und aufeinander zu reagieren. Das Chorische hat hier viel verändert. Es hat uns eher miteinander in Beziehung gebracht als auseinander. Was ist das ganz Spezielle und Individuelle, das jede*r beisteuern kann – in Kontakt mit der Gruppe? Die chorische Arbeit hat eine wichtige Basis geschaffen – auf der sozialen und auf der ästhetischen Ebene. Es ist auch ein gutes Gespür für Mittel entstanden, was wir natürlich für die weitere Arbeit gut nutzen konnten.

HVS: Es sind viele Ideen aus dem Ensemble heraus entstanden, auf der Probe. Jede*r hatte das Gefühl, Teil des Erfindungsprozesses zu sein. Und so fand ästhetische Bildung im Moment, über das Tun und über die Ermächtigung statt. Die Mittel der Überhöhung und Verfremdung entstanden schrittweise, spielerisch und rückgebunden an die Gruppe.

MW: Ja, es gab nie die Form um der Form willen. Die Form entstand aus dem Inhalt heraus und hat wiederum das Inhaltliche verstärkt. Chorische Formen können dann in der Folge auch ein ästhetisches Mittel bei Aufführungen von Forumtheater sein, um z.B. Übergänge zu gestalten. Es betrifft aber auch die Forum-Phase. Auch da kann der Chor eine Rolle spielen, als Gegenüber für jene, die ins Spiel einsteigen und die dann einem Chor gegenüberstehen. Also das Chorische auch als szenische Struktur.

HVS: Das Chorische fügt sich in die Forumtheater-Arbeit sehr organisch ein. Chorische Elemente sind bei vielen Übungen Boals zu finden.

MW: Es gibt mehrere hundert Übungen bei Boal. Du triffst eine spannende Auswahl.[108] Mir fällt dazu das „analytische Bild"[109] ein: Hier wird eine Pluralisierung des Antagonisten vorgeschlagen, und es entsteht eine Art „Antagonisten-Chor", oder das „Kaleidoskop-Bild".[110]

HVS: Ja, dieses gleichzeitige und pluralisierte Spiel hat immer chorische Anteile. Ich versuche mit meiner Auswahl ein Prinzip zu zeigen und möchte den Expert*innen des *Theaters der Unterdrückten* einen inspirierenden Impuls geben. Die Form des Chores soll einen unterstützenden Rahmen geben. Wieviel Form braucht es, um frei zu sein? Und vor allem: Form ist ja auch eine Art Rutsche für den Inhalt.

MW: Beim Forumtheater wird sehr viel Fokus auf den Inhalt gelegt, auf das Recherchieren. Da fließt viel Zeit rein, weil das Recherchieren partizipativ ist. Das ist auch wichtig so, es muss ja stimmen von den Hintergründen und den Fakten. Aber der Inhalt allein ist es nicht. Es braucht einen ästhetischen Rahmen, um alles zu fassen. Das wird oft unterschätzt. Das Chorische ist dann eine, wie du sagst „Rutsche für den Inhalt".

HVS: Wie hat sich das in den Aufführungen gezeigt?

MW: Die Vorstellungen waren immer sehr gut besucht. Das Stück dauerte 55 Minuten, dann wurde abgestimmt, welche Szenen in die Forum-Phase kommen, die dann interaktiv bearbeitet wurden. Nach einer weiteren Stunde sind oft noch viele Leute geblieben und haben weiter diskutiert. Es gab dadurch ein Zusammenspiel von Ästhetik und ihrer Wirkung, den konkreten politischen Verhältnissen und den

---

[108] → Chorische Elemente in den Übungen Augusto Boals (263)
[109] Vgl. Boal 2006, 127ff.
[110] Vgl. Boal 2006, 101ff.

humanen oder gesellschaftlichen Hintergründen. Dieses Stimmengewirr aus Spieler*innen und Zuschauer*innen, das könnte man einen engagierten Alltagschor nennen.

HVS: Und dieser Alltagschor trägt die Diskussion weiter in seine Community – ein chorischer Dialog von Kollektiv zu Kollektiv.

MW: Ja, das ist ein schöner Gedanke. Ich glaube, dass in der chorischen Arbeit mit den Übungen Boals ganz viel Potential steckt.

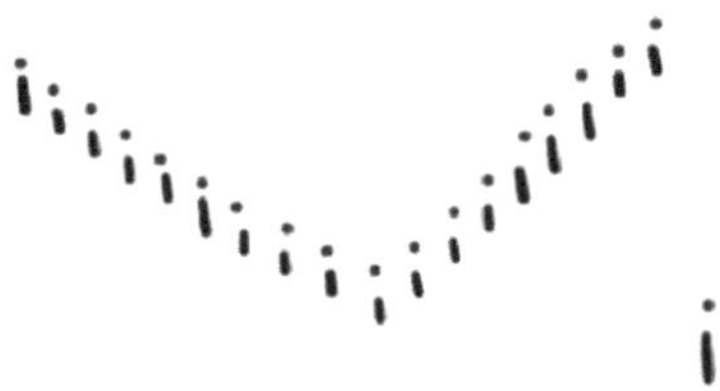

Abbildung 20: Gruppe und Individuum

Das Forumtheater aus chorischer Perspektive

Sowohl das chorische Theater als auch das Forumtheater beschäftigen sich mit kollektiven Phänomenen und dem sozialen Verhältnis des Einzelnen mit der Gruppe. Allein schon das Wort *Forum* verweist auf einen sozialen Ort. Das römische *Forum* ist die griechische *Agora*. Sie markierten das Zentrum des öffentlichen Lebens. Hier wurde verhandelt, gehandelt, Gericht gehalten, getanzt und gespielt. Das Kollektiv suchte diese Orte auf, um Öffentlichkeit zu gestalten. Das *Theater der Unterdrückten* und Forumtheater im Speziellen schließen hier an.[111]

„Entmechanisierung" als Weg zu einem chorischen Körper

Boal verwendet die Begriffe „Entmechanisierung" bzw. „Entspezialisierung" (vgl. Wrentschur 2019, 74f.), um zu beschreiben, wie wichtig es für die Theaterarbeit ist, eigene gewohnte Körpermuster zu

111 → *„Der Chor war immer da."* – Ein Gespräch mit Anton Bierl (besonders 42f.)

verflüssigen, um dem eigenen Körper neue Muster und Verhaltensweisen zu ermöglichen.

> „Der erste Schritt ist die ‚Entspezialisierung': das Bewußtwerden unseres eigenen Körpers, seiner durch den einseitigen Berufsalltag verursachten Deformationen, seiner automatisierten, mechanisierten Bewegungsabläufe. Bewußtwerden aber auch unserer Fähigkeiten, Blockierungen rückgängig zu machen […]." (Boal 2009, 174)

Um nun als Gruppe zu einem kollektiven Chorkörper zu werden, führt der Weg über die Auseinandersetzung mit dem eigenen Körper, den Prägungen und Gewohnheiten. Nirgends geschieht das direkter als z.B. in Spiegelsequenzen: Ich nehme wahr, wie mich mein Gegenüber spiegelt, d.h. liest und interpretiert.[112] „Dadurch können gesellschaftlich produzierte, erlernte und eingeschliffene Körperhaltungen und Bewegungsmuster wahrgenommen werden und auch, wie sich bestimmte Glaubenssätze in die Körper einschreiben […]" (Wrentschur 2019, 74). Durch das Teilen dieser Prozesse und das Abgeben eigenen Gestenmaterials im Spiegelvorgang demokratisiert sich der individuelle Prozess der Entspezialisierung. Sie lädt den einzelnen Teilnehmenden dazu ein, eine von ihm vielleicht bis dahin „für richtig gehaltene […] Norm im Verhalten" (Wrentschur 2019, 213) zu untersuchen oder zu befragen. Für theatrale Prozesse, und für das Chorische besonders, das den handelnden Körper immer in ein Verhältnis zu anderen Körpern setzt, ist die Frage wichtig „[…] wie die Subjekte durch ihren Körper an der Konstruktion von Gesellschaft beteiligt sind, inwieweit der Körper gesellschaftlich geformt wird, wie das Soziale einverleibt wird" (Wrentschur 2019, 206).

Das, was wir an gesellschaftlichen Normen verkörpert haben, prägt unser Verhalten. Das, was wir Haltung nennen, verfestigt sich in den Körpern. So entstehen an gelernten Wertesystemen gebundene körperliche Verhaltensweisen (vgl. Ritter 2012, 161). Und der Zusammenhang zwischen sozialen Wirklichkeiten und körperlich ablesbaren Mustern gerinnt zum Doppelbegriff *Habitus* (lateinisch)/*Hexis* (griechisch): „Die Erziehung oder kulturelle Überformung des Leibes, die ihm sozial vorgegebene Haltungen […] vermittelt, wird als

[112] Vgl. Boal 2018, 208ff.

gewohnheitsmäßiger *Habitus* selbst zu unserer ‚zweiten Natur' " (Fuchs 2015, 146). All das kann für das chorische Spiel den Hintergrund bilden, um erlernte, überkommene Verhaltensweisen zu dynamisieren und dem spielenden Individuum Räume zur Verfügung zu stellen, um sich mit den eigenen Körpermustern auseinanderzusetzen, sie im Kollektiv zu variieren, auszuweiten und vielleicht zu verändern.[113]

Chorische Elemente in den Übungen Augusto Boals

Ich möchte ausgewählte Übungen aus dem reichen und weitläufigen Arsenal des *Theaters der Unterdrückten* mit der chorischen Brille betrachten.[114] Boal hat viele Übungen zu den Themen Atem, Stimme, Klang, Wahrnehmung und Rhythmus entwickelt und beschrieben, von denen sehr viele chorisches Potential haben oder ins Chorische transformiert werden können.[115] Denn im Kern geht es um „Pluralisierung von Erfahrungen und um kollektives Handeln" (Wrentschur 2019, 154).

*Der Chor der Zuschauspieler*innen*

Nimmt man den *Unterdrückten* als Protagonisten, dann hat die Gruppe der Zuschauspieler*innen als handelndes Kollektiv mit dieser austauschbaren Position die Chance, den geschilderten Konflikt kollektiv denkend und individuell handelnd zu gestalten. Der Chor der Zuschauspieler*innen nimmt eine Perspektive aus einem weiteren Winkel ein. Er sieht das Problem mit einem Abstand: Wie kann es eine Lösung geben, die über das in der Szene handelnde Individuum hinaus verweist – auf mich als Zusehenden? Ich bin Teil des Chores, aus dem die nächste Protagonistenperson tritt. Der verhandelte Konflikt ist gleichzeitig auch immer ein kollektiver Konflikt: Findet sich jemand aus dem Chor, der handelnd hinzutritt? Ich selbst? Bei interaktiven Forumtheater-Aufführungen tritt noch ein weiteres Element des

113 Es wäre im Zusammenhang mit dem Chorischen generell interessant, sich vertiefend mit dem Begriff des Habitus als einem Konzept der sozialen Verkörperung von kollektiven Verhaltensweisen zu beschäftigen. Zum Habitus-Begriff aus theatraler Perspektive weiterlesen bei: Wrentschur 2019, 205ff.

114 Vgl. Boal 2018, 121ff.

115 Vgl. Boal 2018, 163 (Rhythmus) und 181ff. (Klang und Geräusch).

Chorischen hinzu: Die auf der Bühne agierenden Personen finden sich in der Rolle von Stellvertreter*innen wieder, die nun den Chor des Publikums zum Handeln auffordern. So entstehen zwei interagierende Chöre.

„Spiegelsequenzen"[116]

Spiegelübungen sind ein wichtiges Mittel für das chorische Training. Man kann über das Spiegeln einen Chor entstehen und zerfallen lassen, einen Chor dynamisieren, individualisieren und synchronisieren. Eine Spiegelsequenz baut sich in einzelnen Schritten auf:

1. Die Bewegungen sollen so langsam, kontinuierlich, synchron und exakt wie möglich durchgeführt werden.
2. Wechsel von Aktivität und Passivität beim Spiegeln
3. Gleichzeitigkeit von Aktivität und Passivität beim Spiegeln

→ Der Chor als Spiegel: das Mediopassiv (60)
→ Übung: „Spiegelchor" (139)

„Die kollektive Maske"[117]

Diese Übung funktioniert wie ein chorisches Spiegelkabinett für eine einzelne Figur. Eine Gruppe erarbeitet sich spielerisch einen kollektiven Ausdruck. Boal nennt ihn „Maske". Die Übung zeigt, wie eine Geste, die Art zu sprechen, die Haltung einer Figur, mehr und mehr vom ganzen Chor gespiegelt und übernommen wird. Eine *geloopte* Geste oder ein bestimmtes wiederholtes Gestenrepertoire, eine Verhaltensweise, werden von einem Teilnehmenden vorgeschlagen, z.B. aus dem Raumlauf heraus. Ein Teilnehmender nach dem anderen spiegelt nun dieses Muster, bis der ganze Chor es übernommen hat. Dann wird von einem zweiten Teilnehmenden eine zweite Geste in die Gruppe gegeben, die ebenfalls Schritt für Schritt vom Chor übernommen wird, dann folgt eine dritte Geste usw., „bis am Ende alle Schauspieler die gleiche, kollektiv geschaffene Maske darstellen."

[116] Boal 2018, 208ff.
[117] Boal 2018, 233f.

(Boal 2018, 234). Es bewegt sich ein Chor aus vielen unterschiedlichen Aspekten einer Figur durch den Raum. Bestimmte Verhaltensweisen treten dadurch deutlicher hervor. Das kann ein ästhetisches Mittel sein, um eine Figur chorisch aufzuspalten. Es kann aber auch eine Art chorischer Support für die jeweils solistischen Spieler*innen werden: Sie betrachten von außen das multiple Spiegelbild ihrer gestischen Vorschläge, können dann dieses Gesten- und Verhaltensrepertoire reflektieren – und aus diesem Pool für die eigene Rollenarbeit schöpfen.

„Symmetrische Gruppen"[118]
Diese Übung ist eine besonders chorische Spiegelsequenz. Zwei Gruppen stehen einander in einem Halbkreis gegenüber. Die Aufmerksamkeit bei Spiegeln ist jetzt geteilt: Ich spiegle als Einzelne*r (aktiv und passiv zugleich) meine eigene Gruppe, und ich werde gleichzeitig gespiegelt durch die andere Gruppe. Dieses Übungssetting erfordert ein hohes Maß an Konzentration und chorischer Wahrnehmung – in der Doppelaufmerksamkeit auf meine eigene Untergruppe und die andere Gruppe im Spiegel. „An diesem Punkt sind Freiheit und Solidarität weiterhin sehr wichtig, denn weder eine einzelne Person noch eine der beiden Gruppen sollte dominant sein" (Boal 2018, 211). Es geht also um einen permanenten Abgleich von eigenem Impuls, der Wahrnehmung der eigenen Gruppe und der Gruppe im Spiegel.

„Bildertheater"[119]
Das Arbeiten mit Standbildern und stellt eine Grundtechnik der praktischen theaterpädagogischen Arbeit dar. Bilder wirken als Metaphern, die körperlich umgesetzt werden. Sie bilden einen gemeinsamen Pool der Fantasie, ein Repertoire für die weitere theatrale Gestaltung. Sie sind im chorischen Kontext dort von Interesse, wo die von einer Gruppe gefundenen Bilder dazu führen, dass die Gruppe zu einer chorischen Haltung findet durch das Aufbauen und Bewegen eines Bildes oder durch das Anhalten einer Bewegung in einem Bild.

---

[118] Boal 2018, 211.
[119] Boal 2018, 265 ff.

„Menschen denken in Metaphern. Deshalb kann ein Bild tief im Bewusstsein der Gruppe eine Resonanz erzeugen und ein Katalysator sein, um die Seele des Gemeinwesens erforschen zu können. Das Bild gehört nun zu dem von uns geweckten Gruppenbewusstsein." (Diamond nach Wrentschur 2019, 77)

Der Chor kann aus der Handlung heraus in einem Bild innehalten, um zu sprechen, um eine Geste zu verdeutlichen, um Spannung zu erzeugen, um eine Haltung zu zeigen. Er kann sich zu einem Bild aufbauen und es dann in Bewegung setzen. Es kann ein Bild rhythmisiert werden durch wiederholte Gesten jedes Einzelnen. Es kann mit Worten der einzelnen Spieler*innen angereichert werden. Vor allem diese „Dynamisierungen" von Bildern, wie es Boal nennt (vgl. Boal 2018, 265 ff.), bringt eine stark chorische Komponente ins Spiel. Ein gleichzeitiges Aufstellen von vorher entwickelten Einzelstandbildern z.B. erlaubt uns „[...] eine multiple Sichtweise auf ein Thema, mit anderen Worten: Sie ermöglichen uns einen Überblick" (Boal 2018, 270). Hier eine Auswahl von Möglichkeiten, Standbilder chorisch einzusetzen:

- Ein Bild zu einem bestimmten Thema wird schrittweise aufgebaut (Musik kann unterstützen). Sobald das Bild steht, wird auf ein Zeichen der Spielleitung (Klatschen) das Bild in Zeitlupe in Bewegung versetzt (Auch zwei Chöre können sich gleichzeitig aufbauen, in einer Haltung zueinander). Generell ist es bei gruppendynamischen und chorisch gedachten Bildern wichtig, „[...] sich mit den anderen Bildern zu verbinden" (Boal 2018, 271).

- Der Chor bewegt sich in Zeitlupe, hält ohne Steuerung von außen in einem Bild inne. Nun kann Text eingesetzt werden, verteilt auf den Chor. Sobald der Chor sich wieder zu bewegen beginnt (Impuls aus der Gruppe), fällt die Sprache weg.

- Mehrere Standbilder werden als Ablauf einer Handlung entwickelt, z.B.: bei einem Marathonlauf: Die Läufer*innen erreichen das Ziel, da stürzt eine*r plötzlich. Irritation, Ausweichbewegungen, Verwirrung. Mehr und mehr Läufer*innen stürzen, ein großes Chaos entsteht, bis alle Läufer*innen am Boden liegen.

Nun werden die einzelnen Bilder der Handlung der Reihe nach entwickelt und jeweils eingenommen (Nonverbales Wechseln zwischen den Bildern). Dann werden die einzelnen Bilder verbunden: Die gesamte Handlung wird in Zeitlupe dargestellt.

- *Fast Forward:* Alle Bewegungen und Veränderungen können als Verfremdung auch besonders schnell gemeinsam ausgeführt werden.

- *Rhythmisieren*: Das Bild bleibt statisch, was die Bewegung im Raum betrifft, wird aber dadurch in Bewegung versetzt, dass jede*r einzelne Spieler*in eine Geste loopt und dadurch ein bewegter Gestenchor entstehen kann.

- *Lebende Bilder:* Aus den verschiedenen parallel und gleichzeitig gespielten Gesten und kleinen Handlungen aller Chormitglieder an ihrem jeweiligen Platz entsteht ein bewegtes Bild gleichzeitig vollzogener Tätigkeiten. Es ist ein Innehalten in Bewegung.

→ Übung: „Lebende Chorbilder" (219)

Weitere chorische Formate in der Forumtheater-Arbeit

Als Zusammenfassung und Beispiel für die vielfältigen Verwendungsmöglichkeiten chorischer Formen hier eine Reihe von Chorformen, die im Lauf der oben beschriebenen Werkstatt „Vom Gebrauch des Chors im Forumtheater" erprobt wurden:

→ Die Forumtheater-Werkstatt (259)

- Chorische Ensembleszenen mit einer einfachen Rollenbinnendifferenzierung: es entstanden Chöre wie z.B. *Der Chor der Regierung, Der Chor der Wirtschaft.*

- Chorische Übergänge zwischen den einzelnen Szenen mit dem gesamten Ensemble mit den Elementen Rhythmus, Tanz und Bewegung.

- Der Chor als Kommentator des Spiels der Protagonist*innen, z.B. als *Widerstands-Chor* oder *Aufmunterungs-Chor.*

- Der Chor als Spielpartner (Gegenüber) für Protagonist*innen.

- Der Chor als Versammlung innerer Stimmen. Widersprüche (Unterdrücker*innen, Unterdrückte, Zuschauspieler*innen) werden chorisch aufgesplittet.

In den Spielformen, Settings, Prozessen und Abläufen des *Theaters der Unterdrückten* werden „kollektive Geschichten mit dem Körper dramatisiert" (Wrentschur 2019, 77). In diesem Sinne ist Forumtheater kollektive theatrale Konfliktforschung.

Zwischenspiel: „Spiegeln und Schminken online" (Linz 2021)

An der Pädagogischen Hochschule Linz (Österreich) wird das Seminar *Chorisches Theater* wegen der Coronasituation ins Digitale verlegt. Ein digitaler Chor. Wie soll das gehen? Welche Settings funktionieren, welche müssen völlig neu gedacht werden, was fällt raus? Wird nicht genau das, was das Chorische ausmacht, nicht anwesend sein? Und wird die Erwartung, die alle mit dem Chorischen verbinden, nicht zwangsläufig enttäuscht werden? (…) Es entsteht ein Chor der Bilder: Frames über Frames. Das Spiel mit Nähe und Entfernung zum Bildschirm, mit der Cam als Spiegel, mit parallellaufenden Bilderketten, mit Tätigkeiten und Gesten, die wie ein Kanon zeitlich verschoben werden: Schminken, eine Maske an- und ablegen, Texte. Nur Fragmente der Gesichter sind erkennbar, nie eines allein, nie eines komplett. Details der Anatomie: ein Chor der Augen, Hände und Lippen.

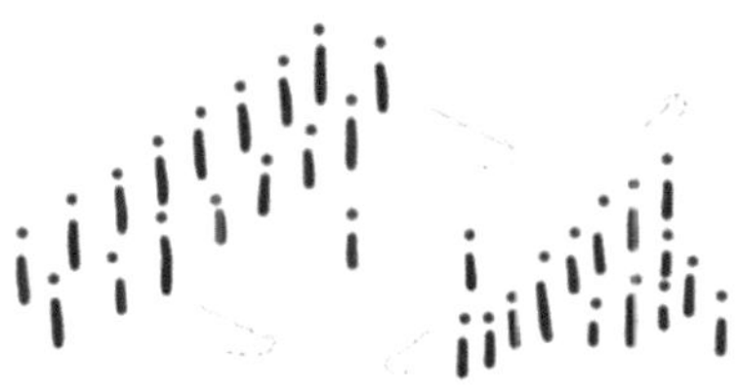

Abbildung 21: Konfrontation

Feld 3: Der Chor der *Staunenden* – Ästhetisches Forschen im Kollektiv

„Verdichten, Verändern, Verformen." (Kämpf-Jansen 2000, 275)

Wie forscht ein Chor? Wie kommt ein Kollektiv gemeinsam in eine staunende Haltung? Es erlebt sich in gemeinsamen Suchbewegungen, es schwärmt in alle Richtungen aus, ohne den Kontakt zu verlieren, und begibt sich auf ungeplante Nebenwege: Ästhetisches Forschen im Chor ist fragendes Schwarmverhalten. Die chorische Gruppe erforscht Umwelt, Räume, Körper und Dinge in Kontakt und gegenseitigem Austausch.

Das Konzept des ästhetischen Forschens

Ästhetisches Forschen bedeutet Perspektiven zu verschieben und Bekanntes unbekannt zu machen. Es schlägt Verfremdungen der alltäglichen Wahrnehmung vor und zeigt neue Wege auf, diese Erfahrungen in künstlerische Prozesse zu transformieren. Doch bevor wir die Welt um uns herum (und in uns) transformieren, müssen wir ihr eine gesteigerte und fokussierte Aufmerksamkeit schenken. Wir treten in Dialog mit Objekten, Räumen, Menschen, Materialien. Ästhetisches Forschen stellt ein mächtiges Konzept des kreativen Umgangs mit der Welt dar. Forschen im Chor ist nicht nur ein gruppendynamisches Erlebnis. Kollektive entdecken Dinge auf andere Weise als Einzelne. Themen zeigen ungeahnte Seiten von sich, wenn sie von mehreren gleichzeitig erforscht werden. Es ist eine Herausforderung, als Gruppe beim Suchen, Sammeln und Forschen in die Haltung der Offenheit zu kommen. Das braucht einen sicheren Raum, Vertrauen, Geduld und Zeit.

Das Konzept der ästhetischen Forschung geht auf Helga Kämpf-Jansen zurück.[120] Es versucht wissenschaftliche Methoden (Theorie,

[120] Die Kunstpädagogin Helga Kämpf-Jansen (1939-2011) ist „eine der großen Kunstpädagoginnen des ausgehenden 20. Jahrhunderts" (Kämpf-Jansen 2013, 312). Ihre Veröffentlichung *Ästhetische Forschung. Wege durch Alltag, Kunst und Wissenschaft. Zu einem*

Analyse, Archivierung, Reflexion, Statistik, Datensammlung), vorwissenschaftliche Verfahren (Alltagserfahrungen in den Fokus rücken, sammeln, ordnen, sinnliche Kategorien bilden) und künstlerischen Strategien (assoziieren, montieren, collagieren, verfremden) zu verbinden (vgl. Kämpf-Jansen 2000, 277).[121] Das Ästhetische Forschen besteht also aus mehreren Phasen: Fragen, Suchen (Sammeln), Ordnen, Transformieren (Gestalten).

Am Anfang steht die Frage

> „Am Anfang kann eine Frage stehen, ein Gedanke, eine Befindlichkeit; ein Gegenstand, eine Pflanze, ein Tier; ein Phänomen, ein künstlerisches Werk, eine Person - fiktiv oder authentisch, ein literarischer Text, ein Begriff, ein Sprichwort." (Kämpf-Jansen 2000, 274)

Was macht das ästhetische Forschen für Kollektive in der praktischen Theaterarbeit so interessant? Kollektive forschen auf eigene Weise: Versammelte Einzelne forschen nicht allein, sondern im Bewusstsein, zu mehreren zeitgleich in dieser Tätigkeit zu sein. Das verändert das Fragen, Suchen, Sammeln, Ordnen und Gestalten. Das scheinbar Unnütze wird durch einen neuen Blick in subjektive Kontexte gestellt. Die „Selbst- und Weltauffassung des Kindes" (Burk 2015, 151) ist hier ein Modell für ein offenes, nicht zweckorientiertes Suchen und Sammeln. Das Abenteuer besteht darin, sich forschend überraschen zu lassen. Die Bedeutung von Dingen wird über die Erfahrung mit ihnen hergestellt. So entsteht in der Begegnung ein „Beobachtung-Eros" (vgl. Odell 2021, 202) in einem ergebnisoffenen Verhältnis zum eigenen Gegenüber, sei es Mensch, Objekt, Frage oder Gedanke. Die Dinge um uns herum offenbaren sich, wenn man ihnen eine verfeinerte Aufmerksamkeit widmet: „Irgendwann wird das Anschauen zur Anschauung" (Odell 2021, 201). Dann kann das Alltägliche unser Staunen erwecken.

---

innovativen Konzept ästhetischer Bildung (Kämpf-Jansen 2013) hat weit über die Kunstpädagogik hinaus Einfluss genommen auf zahlreiche andere Disziplinen. Siehe hierzu *Über ästhetische Forschung. Lektüre zu Texten von Helga Kämpf-Jansen* (Blohm et a. 2006).

121 Helga Kämpf-Jansen hat ihr Konzept der ästhetischen Forschung in fünfzehn Thesen zusammengefasst (siehe Kämpf-Jansen 2000, 274-277). Ich greife Kerngedanken heraus, die für das ästhetische Forschen im chorischen Kontext wichtig sind.

Begriffe des ästhetischen Forschens

Die folgenden sechs Begriffe bilden für mich die zentralen Elemente des ästhetischen Forschens: *Staunen*, den *Alltag als Impuls* begreifen, den *Mut zum Fragment* haben, *Material als Frage* zu sehen, *Bedeutungspluralität* zu erkennen, und *Radikale Subjektivität* in der kreativ-künstlerischen Arbeit anzustreben. Wie verhalten sie sich zum Chor?

Staunen

Staunen steht ganz am Anfang unserer Wahrnehmung. Es bedeutet, sich überraschen zu lassen und frei zu machen von Dingen, die man glaubt zu wissen – spielerisch und assoziativ. Wir nehmen Objekte, Menschen, unsere Wahrnehmung dann nicht einfach als gegeben hin. Staunen hat mit Resonanz zu tun. Wie ich Dinge oder Menschen wahrnehme, wirkt auf mich zurück. Auch ein Chor kann staunend die Welt entdecken: tastend, hörend, riechend.

Alltag als Impuls

Jedes Geräusch, jedes Objekt, kleine Dinge, die wir für unwichtig halten, sie alle können künstlerische Impulse sein. So wird der Alltag um uns herum ein lebendiges und kreatives Archiv: ein Pappbecher am Fensterbrett, die Schattierung auf dem Beton, alte Sportschuhe im Schrank, der Klang einer Stimme, die man aus einem Fenster hört. Was werfen wir weg? In welchem Zustand? Und was erzählt das von uns? Welche Geschichten, welches performative Material findet der Chor?

Material als Frage

Wir arbeiten als Gruppe beim ästhetischen Forschen mit Material, Farben, Objekten, Erinnerungen, mit Bildern, Musik, Klängen. Das alles stellt uns Fragen. Es geht nicht darum Antworten zu finden, denn vielleicht suchen uns die Fragen. Und wenn man kollektiv sammelt, entdeckt jeder als Teil des Kollektivs weitere Fragen. Dann liegen Objekte plötzlich nebeneinander: hier ein Apfel und daneben ein Buch. Der neue Zusammenhang verändert beide Objekte. Jetzt stellt das Material Fragen an das Kollektiv. Keine Antworten zu haben, kann ein spannender Zustand sein.

Mut zum Fragment

Es braucht Mut, die Welt nicht als geschlossen zu beschreiben. Das Fragment ist ein Impuls und eine Aufforderung: Ein dreijähriges Kind sitzt vor einer zerschlagenen Tasse. Wahrscheinlich wird dieses Kind beginnen, mit den Scherben zu spielen. Es hat nicht sofort ein Konzept im Kopf (*Ich muss die Tasse wieder perfekt zusammenbauen und wiederherstellen!*). Der viel spannendere Prozess ist doch, etwas Neues herauszufinden: Wie scharf sind die Kanten der Scherben? Wie bricht sich das Licht an der Oberfläche? Was passiert, wenn ich alle Scherben der Größe nach ordne? Welche Scherben passen zwar nicht zueinander, bilden aber eine interessante Skulptur? Und so entsteht erst auf dem Weg des Ausprobierens und über das Fragen die Idee – und damit ein neues Ganzes. Der Chor ist auch fragmentarisch. Er ist keine geschlossene Welt, sondern eine offene Struktur. Er bietet Sicherheit und bedeutet zugleich ein Risiko. Er ist eine Erfahrung jenseits der Rollenzuschreibungen und des rein Narrativen.

Radikale Subjektivität

Wir suchen ganz oft nach Klarheit. Ich bin ein Subjekt und dort ist das Objekt. Das ist richtig, das ist falsch. Da bin ich und das seid ihr. In künstlerischen Forschungsprozessen verschieben sich die Perspektiven und das scheinbar Objektive verliert an Kontur. Es gibt meine Position, mein Gefühl, meine Erfahrung, meine Haltung. Aber das alles färbt das Ergebnis der Recherche ein. Sobald man sich in einem künstlerisch-kreativen Prozess befindet (besonders zusammen mit anderen Personen), ist man ein Teil davon – und somit auch Forschungsgegenstand. Du erschaffst, was du gerade untersuchst. Kein objektives Wissen entsteht, sondern ein Dialog mit den Dingen. Wenn beim ästhetischen Forschen mehrere Menschen das scheinbar Gleiche tun, wird bei jedem etwas völlig anderes entstehen. Radikale Subjektivität bedeutet dann, dass nichts davon falsch oder richtig, gelungen oder ein Irrtum ist, sondern dass jede Person ihre eigene Welt erforscht und erschafft. Fantasie ist Ausdruck dieser Subjektivität. Das radikal Subjektive ist eine Haltung. Sie hat viel mit Leichtigkeit zu tun. Oft meinen wir, wenn uns etwas leichtfällt, sei es nichts wert. Aber Leichtigkeit ist ein Geschenk, gerade wenn eine Gruppe, ein Chor sich gemeinsam in diesem Zustand befindet. Das kann zu weniger Vergleich mit anderen führen und ermutigen, nicht einer Norm entsprechen zu müssen. Das, was wir im Kollektiv (er)finden, kann real werden.

Bedeutungsvielfalt

Das Licht, das auf eine Farbe fällt, ändert nicht nur die Farbe, sondern auch ihre Wirkung auf mich. Eine Zuschauerin sieht bei einer chorischen Performance bestimmte Vorgänge und gibt ihnen eine Bedeutung. Erinnerungen, Stimmungen, Erfahrungen beeinflussen das. Ein anderer Mensch wird es anders sehen. Und so haben die Dinge in ihrem unterschiedlichen Kontext eine Bedeutungspluralität, eine Vielfalt von möglichen, sich ergänzenden oder widersprechenden Bedeutungen. Die Dinge und ihre Sinnkonturen verflüssigen sich, ihre Schichten werden sichtbar. Welche Schicht *ich* beim Forschen entdecke, das liegt an auch meinen Mitspieler*innen. Woher kommen meine Fragen? Ist es eine Erinnerung, ein Traum, sind es Bilder aus der Werbung, die mir plötzlich einfallen? Nehmen wir noch einmal den Apfel als Beispiel. Was bedeutet mir der Apfel, was den anderen? Ist er ein Nahrungsmittel, ein Objekt, das ich malen möchte? Entsteht in mir das Bild von Adam und Eva? Woher kommen unsere Fragen?

Ein gutes Beispiel für Bedeutungspluralität sind die Texte der US-amerikanischen Lyrikerin und Essayistin Mary Ruefle. In den Prosaminiaturen *Mein Privatbesitz* (Ruefle 2022) werden dem Begriff „Traurigkeit“ zahlreiche Farben zugeordnet.

> „Lila Traurigkeit ist die Traurigkeit von klassischer Musik und Aubergine, von Schlag Mitternacht, menschlichen Organen, Häfen, die einen Teil des Jahres nicht schiffbar sind, von Wörtern mit zu vielen Bedeutungen, Weihrauch, Schlaflosigkeit und zunehmendem Mond […].“ (Ruefle 2022, 51)

Die Farbe ist konkrete Farbe, steht aber für viel mehr: für Zustände, Objekte, Orte, Begriffe. Die Texte sind offen und bleiben nicht bei der Beschreibung stehen. Entscheidend ist ein Hinweis am Ende des Buches: „Für jeden der Farbtexte gilt: wenn man das Wort Traurigkeit durch Freude ersetzt, ändert sich nichts“ (Ruefle 2022, 127). Ersetzt man die Begriffe „Traurigkeit“ durch „Freude“, ändert sich alles – und auch wieder nicht. Der Textzusammenhang, die Sinnebenen, die Assoziationsketten wandeln sich. Was sich aber nicht ändert, ist das ästhetische Verfahren. Der Text beschreibt einen Blick auf die Welt, der staunend, auf das Alltägliche gerichtet, fragmentarisch, am Material orientiert, radikal subjektiv und bedeutungsplural ist. Gestaltet man solche Texte chorisch, legt man auch deren Vielschichtigkeit und Bedeutungsvielfalt offen.

→ Textwerkstatt: Prosatexte (290)

Flanieren im Chor

Walter Benjamin beschreibt mit der Figur des *Flaneurs* jemanden, der mit schlenderndem Blick, in einer „eigentümliche[n] Unschlüssigkeit" (Benjamin 2005, 536), im Zustand der Offenheit und Resonanz, Eindrücke sammelt (vgl. Benjamin 2005, 525 ff.). Er folgt einer „Idee der absichtslosen Absicht" (Odell 2021, 268). Flanieren kann man auch im Chor, neugierig und gleichzeitig erwartungslos. Das meint vor allem nicht zweckgebunden zu suchen: für ein Bühnenbild, eine bestimmte Szene oder eine Choreografie. Flanierend suchen kann Wege aufzeigen, die man gar nicht gesucht hat. Das Assoziieren bekommt Raum. Und der Müßiggang wird zur kreativen Verweigerung von Verwertung.

Die Figur des *Leonce* in Georg Büchners *Leonce und Lena* führt uns einen solchen verweigernden Müßiggänger vor. Er zeigt uns, wie durch eine Fokussierung auf scheinbar sinnlose Tätigkeiten eine Verschiebung von Wertigkeiten stattfindet. Gängige Normen der Wahrnehmung werden hinterfragt. *Leonce* widmet seine Aufmerksamkeit Unwichtigkeiten: „Dann, sehen Sie diese Hand voll Sand? [...] Jetzt werf ich sie in die Höhe. [...]. Wieviel Körnchen hab ich jetzt auf dem Handrücken? [...] Bin ich ein Müßiggänger?" (Büchner 2015, 44). In diesem Zustand verändern Handlungen ihren Sinn, bekommen die Dinge eine andere Bedeutung. Der Wunsch entsteht, die Welt andersherum zu betrachten: „Dann – habe ich nachzudenken, wie es wohl angehen mag, dass ich mir einmal auf den Kopf sehe. – O wer sich einmal auf den Kopf sehen könnte!" (Büchner 2015, 43)

Der Chor als Setting ästhetischer Forschung

Was *Leonce* versucht, kann der Chor als Kollektiv auch. Aber wie wird in und mit einem Chor ästhetisch geforscht? Es sind Prozesse, die die sinnliche Wahrnehmung, kollektive Phänomene, Stimme, Körper, Raum, Materialien, sowie die Eigen- und Fremdwahrnehmung thematisieren. Ich stelle hier mögliche Phasen eines Forschungsprozesses für eine Chorgruppe vor.

→ Downloadbereich Werkstätten II-V (305): „Ästhetisch-kollektives Forschen“

Phase 1: Mit dem Chor ein Forschungsthema finden

Ein Forschungsthema braucht das Interesse der Gruppe. Es ist sehr interessant, mit Kollektiven Themen zu erforschen, die Kollektive betreffen (*Politik und Körper, Meine Grenzen und deine Grenze*n). Oft ist der konkrete Anlass für ein Forschungsprojekt eine Vorgabe, z.B. ein Klassenprojekt zum Thema „Wasser“. Es ist dann von Vorteil, ein großes und vielleicht abstraktes Überthema wie „Wasser“ für den Forschungsprozess der Gruppe zu einem Unterthema herunterzubrechen. Die Mittel hierfür können Schwarmabstimmungen sein.

→ Kollektive Abstimmungsformate (228)

Phase 2: Mit dem Chor eine Frage finden

Wie findet man eine sogenannte leitende Forschungsfrage im und mit dem Kollektiv? Hier eignen sich auf der einen Seite spielerische Brainstorming-Techniken, nonverbale Schreibsettings und später Aufstellungsformate zur Entscheidungsfindung In mehreren Runden werden die Fragen zu einer kollektiven Frage verdichtet. Es ist aber auch möglich, die einzelnen Teams oder Kleingruppen ihre eigenen Fragen herausfinden zu lassen. Dann hätte man viele unterschiedliche Zugänge zum Thema. Die Gruppe hat nun ihre Frage gefunden. Aber wie wird jetzt daraus ein ästhetischer chorischer Forschungsprozess?[122]

[122] Vgl. hierzu auch: Pinkert 2005, 58f. im Kapitel „Forschungsleitende theaterpädagogische Fragestellungen“.

Phase 3: Suchen und Sammeln als Chor

Sammler*innen nehmen einen Gegenstand aus seinem ursprünglichen Zusammenhang und setzen ihn in einen neuen. Im Fall des ästhetischen Forschens wird das angeregt durch eine Frage. Die Dinge haben ihren ursprünglichen Bezug nicht mehr, sie warten auf einen neuen. Sammeln bringt Dinge in „eine Art von produktiver Unordnung [...]" (Benjamin 2005, 280). Sie haben jetzt als ihre neue Gemeinsamkeit den Bezug zur Forschungsfrage. Der Chor schwärmt aus und sammelt Materialien, Eindrücke, Fundstücke: „Sammeln ist eine Form des praktischen Erinnerns" (Benjamin 2005, 271). Er bleibt dabei immer im Schwarmbewusstsein. Man verstreut sich, findet zusammen, geht wieder auseinander. Es gibt Momente und Phasen größerer und kleinerer Zerstreuung. Was findet der Chor, was verstreute Einzelne vielleicht übersehen?

Phase 4: Ordnen im Chor

Material und Eindrücke wurden gefunden und gesammelt. Unmengen von Einzelheiten, Objekten, Rechercheergebnisse. Jetzt folgen chorische nonverbale Prozesse des Ordnens: Welche Bezüge stellen sich her? Welche Materialien begegnen einander? Welche Kombinationen erweisen sich als spannend? Was trennt sich, was führen Einzelne, Kleingruppen oder das ganze Kollektiv zusammen? Welche neuen Strukturen und Bezüge zeigen sich?

Phase 5: Transformieren (Gestalten) im Chor

Das Umwandeln des gesammelten Materials in kreative und künstlerische Formate (Transformation) eröffnet viele mögliche Wege und Richtungen. Es entsteht Material für eine Körper-Performance oder das Kollektiv malt ein Bild zusammen (z.B. drei Personen halten zusammen einen Stift in den Händen). Es entwickeln sich Rhythmus- und Sprachspiele, oder es entstehen Installationen im Raum. Ein ästhetischer Forschungsprozess ist gegliedert in Etappen und Abschnitte. Diese können durch bestimmte Räume oder Stationen verortet werden. Die Dokumentation und Reflexion des Prozesses können die unterschiedlichsten Formate einschließen: „Tagebuchaufzeichnungen, Skizzen, fotografische Dokumente, poetische Texte, Fragmentarisches und Textauszüge stehen neben Befragungsergebnissen,

Gesprächsaufzeichnungen u.a." (Kämpf-Jansen 2000, 276f.). Das Festhalten von Erfahrungen ist Vorgang des Forschens und reflektierbares Ergebnis zugleich. Weg und Ziel treffen sich im Moment der Recherche. Gesprächsrunden zwischen den nonverbalen Phasen, wissenschaftliche Recherche, Feedback ergänzen und rahmen den Prozess. Die Phase der Transformation bleibt ein Forschen: Was entwickelt der Chor gemeinsam ohne lenkende Impulse von außen? Was zeigt sich?

„Wie laut sind Kollektive, die schweigen?" – Ein Gespräch mit John Cage

John Cage (1912-1992) zählt zu den wichtigsten experimentellen Musikern und Denkern der Avantgarde des 20. Jahrhunderts. Sein Umgang mit Musik, Kunst, Alltag, Sinn und Bedeutung ist immer von einem forschenden und offenen Blick jenseits bekannter Kategorien geprägt.

Die Idee zu diesem Gespräch entstand nach der Lektüre von *Silence* (Cage 2017). Ich greife hier die antike Tradition der Totengespräche auf. Diese fiktiven Unterhaltungen mit Verstorbenen behandeln Themen mit Fantasie, Satire und kritischer Haltung: „Solche posthumanen Unterhaltungen ermöglichen den Dialog zwischen den Heutigen und denen, die ihnen vorangegangen sind – eine Auseinandersetzung, die bekanntlich mit mannigfachen Verständnisschwierigkeiten rechnen muss […]" (Enzensberger 2008, 357).

HVS: Herr Cage, was fällt Ihnen zum Begriff „Chor" ein?

JC: Zuerst fällt mir da natürlich die griechische Antike ein, aber das antwortet wahrscheinlich jeder auf diese Frage. Dann singende Chöre. Beides ist naheliegend. Ich würde nach kurzem Überlegen meine Blickrichtig ändern. Eigentlich sind es die Alltagschöre, die mich interessieren: eine Menschenschlange und ihre zarten Bewegungen, eine Reisegruppe, die ihre Führerin sucht, aber auch Ameisen, Mücken, Vögel. Dann vor allem diese Stille bei einer Demonstration z.B., wenn viele Menschen einfach dastehen und nichts sagen. Ihre Körper sind einfach da. Das sind dann schweigende Kollektive. Sie sind lauter als jeder skandierende Chor. Ich beobachte oft Gesten von Menschen in

Gruppen: Alle machen es ähnlich, mit kleinen Unterschieden. Da entstehen Rhythmen, Abläufe, Geräusche, vielleicht Rituale.

HVS: Unser Gesprächsthema ist ja das Ästhetische Forschen im Zusammenhang mit chorischen Theaterformen.

JC: Ist es das? *Stille*. Forschen, das heißt für mich, einfach mal schauen, was schon alles da ist, nicht immer schon etwas Bestimmtes finden wollen. Wenn viele Leute applaudieren, ergibt sich ein gemeinsamer Rhythmus? Was setzt sich durch, ohne dass ich etwas aktiv dazu tue? Es geht darum, Kontrolle abzugeben, loszulassen.

HVS: Loslassen, schauen, suchen – und sammeln?

JC: Vielleicht, ja. Am Theater ist man ja irgendwie immer ein Sammler: Bewegungen, Gesten, Blicke. Eine Rolle ist ja eine Ansammlung solcher Dinge. Und bei einem Chor, wenn sie möchten, da sind das dann natürlich ganz viele Blicke und Gesten. Ich bin vielleicht eher ein Geräusche-Sammler, ein Klänge-Sammler. Stille sammeln, das ist am schwersten. Vier Minuten gar nichts zu machen, gar nichts. Ich möchte mal ein Stück komponieren, in dem das passiert: Nichts.

HVS: Wenn man dann bei diesem Nichts angekommen ist, was passiert dann?

JC: Was wir brauchen, ist Stille. Alle unsere Wörter, dir wir verwenden, sie helfen mit, diese Stille zu erzeugen. Wir brauchen Stille nicht zu fürchten. (– – –) Wie laut sind Kollektive, die schweigen?

HVS: Zurück zum ästhetischen Forschen. Ästhetisches Forschen besteht aus einzelnen Phasen. Da ist zuerst das Fragen, dann das Suchen und Sammeln, das Ordnen und dann das Transformieren. Komponieren Sie auch auf diese Weise?

JC: (– – –) *Stille*. Musik ist einfach zu machen. Es braucht die Bereitschaft, die Beschränkungen durch die Struktur zu akzeptieren. Unlängst sagte mir eine Schülerin, die versucht hatte, eine Melodie aus nur 3 Tönen zu komponieren: „Ich fühlte mich eingeengt.“ Ich schwieg lange. Ich bemerkte, dass sie versuchte, in meinem Schweigen irgendeine Bedeutung zu finden, und sie schwieg auch. Lange passierte gar nichts. Dann sagte ich: „Hättest Du Dich mit den drei Tönen befasst, ich meine mit ihrem Material, wirklich befasst, dann hättest Du Dich nicht eingeengt gefühlt."

HVS: Das bedeutet also, in der Beschränkung die Freiheit zu entdecken?

JC: Ich erinnere mich an einen Moment in der Zeit meines Studiums bei Arnold Schönberg, als ich nichts mehr wissen wollte von klassischen Instrumenten und ihren Klängen. Ich verwendete Geräusche. Ich spielte gedankenlos mit meinem Plattenspieler herum. Daneben lag eine Rolle Draht. Ich befestigte die Drahtrolle am Tonarm meines Plattenspielers und schloss das Ganze an den Verstärker an. Es war schockierend, wirklich schockierend, wie ein Donnern. Es war das verblüffendste Geräusch, das ich je fand.

HVS: Wenn ich an meinen kleinen Sohn denke, macht der das genauso. Irgendein Material nehmen und damit herumprobieren, es entdecken? Forschen Kinder noch anders?

JC: Kinder lieben das Leben. Ich erinnere mich Klang geliebt zu haben, bevor ich je eine Musikstunde nahm. Und so bestimmen wir unser Leben durch das, was wir lieben. Ich sage immer: Jeder hat ein Lied, das gar kein Lied ist: es ist der Vorgang des Singens, darum geht es. Und wenn du singst, bist du, wo du bist.

HVS: Wie sucht man, ohne etwas Bestimmtes zu suchen?

JC: Alles kommt zu Dir. Erfinden ist vor allem Finden, vielleicht noch mehr Gefundenwerden. Im Zen heißt es: Wenn Dir etwas nach zwei Minuten langweilig ist, versuche es für vier Minuten. Wenn es immer noch langweilig ist, für acht. Dann sechzehn. Dann zweiunddreißig. Schließlich merkst Du, dass es überhaupt nicht langweilig ist.

HVS: Verehrter Herr Cage, ich bedanke mich für das Gespräch.
John Cage schweigt, nimmt eine Drahtrolle, sieht auf die Uhr – und geht ab.

Zwischenspiel: „Ein Jandl Chor" (Osnabrück 2002)

Ich spiele an der *bremer shakespeare company* gerade die Rolle des *Jago* in Shakespeares *Othello*. Es erreicht uns ein Anruf vom Institut für Theaterpädagogik in Lingen. Bernd Ruping ist am Apparat: „Uns ist akut ein Regisseur für ein Projekt ausgefallen, hat irgendjemand von Euch eine Beziehung zu Ernst Jandl, und kennt seine Texte?" Ich hatte zufällig gerade eine Jandl-Lesung gemacht, ich mochte schon immer diese absurden und sehr gestischen Texte. Also fahre ich nach Lingen. Es begrüßt mich Bernd Ruping, stellt mir die *Gesammelten Werke von Ernst Jandl* hin, und sagt: „Du hast einen Männerchor mit achtzig Sängern, die haben Chöre von Mendelsohn drauf, vier Saxophonistinnen, die Jazzstücke spielen und fünfundzwanzig ehemalige Studierende. Das Ganze soll eine Performance zur Eröffnung der Caprivi Kaserne in Osnabrück werden. Die Halle ist allerding noch ein Rohbau. Du hast eine Woche Zeit." Ich sitze in einem kleinen Büro, in dem sich Bücher stapeln. Die Jandl-Bände vor mir auf dem Tisch. „Na dann", sage ich. „Na dann", sagt er. „Dann stelle ich dich mal der restlichen Truppe vor." Diese Woche wird für mich in vielerlei Hinsicht zum Wendepunkt. Die Rahmenbedingungen sind vorgegeben, und sie weisen mich in eine bestimmte Richtung: eine weitläufige Halle, lyrische, nicht personengebundene Texte, fünfundzwanzig Spieler*innen, der musizierende Chor als szenisches Gegenüber. In dieser Woche und in dieser Halle, zusammen mit diesen Spieler*innen, entdecke ich für mich das Chorische.

Werkstatt Chor

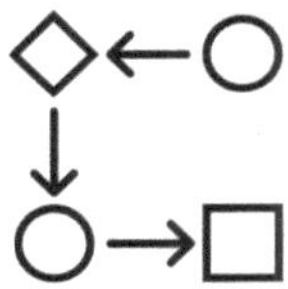

„Klagegeheul Stöhnen Siegesgeheul"

(Einar Schleef)

Die *Werkstatt Chor* ist eine Ansammlung von Vorschlägen, Impulsen, Arbeitsblättern und szenischen Modulen, die anregen wollen zum eigenen Weitermachen. Es handelt sich insgesamt um fünf Werkstattbereiche: *Textwerkstatt, Ästhetisch-kollektives Forschen, Szenische Arbeitsblätter, Der digitale Chor, Chorische Sprach- und Stimmspiele für Kinder.* Das Material für die Werkstätten II-V ist online abrufbar.

→ Downloadbereich Werkstätten II-V (305)

Werkstatt 1: Texte chorisch gestalten

Jeder Text kann chorisch gearbeitet werden, ganz gleich, ob es sich um Lyrik, Prosa, Gebrauchstexte aus dem Alltag, wissenschaftliche Literatur, politische, sozialökonomische oder künstlerische Bekenntnistexte handelt. Explizit chorische Theatertexte sind zahlreich und sehr unterschiedlich: von den Chorliedern in den antiken Tragödien und Komödien über Schillers theoretisch begleitete Ansätze in seinem Drama *Die Braut von Messina* (Schiller 1997c)[123] bis hin zu neuen und neuesten Theatertexten, die dem kollektiven, nicht individualisierten Sprechen und Denken einen starken Fokus geben.[124]

Die Arbeit mit Texten ist sehr kontextabhängig. Hat die Gruppe gar keine oder wenig Erfahrung mit Texten, ist es oft ein Alltagtext, der den chorischen Einstieg erleichtert. Welche Herausforderung ein Text für eine Gruppe darstellt, ist von vielen Faktoren abhängig: Funktioniert der Text auch losgelöst vom ursprünglichen Kontext? Je stärker ein Text rhythmische und klangliche Qualitäten aufweist, desto besser eignet er sich als Einstieg für die chorische Textarbeit. Der Gestus und der Klang des Textes hilft der Gruppe, ihn gestisch-körperlich, stimmlich und sprachlich anzunehmen und umzusetzen. Manifeste, Ausschnitte aus Reden, Werbeslogans, Kinderlieder, Songtexte: diese Texte haben unterschiedliche rhythmische Qualitäten.

---

[123] Siehe Sommer 2011, 49.

[124] Siehe hierzu Maria Kuberg: *Chor und Theorie. Zeitgenössische Theatertexte von Heiner Müller bis René Pollesch* (Kuberg 2021). Kuberg stellt hier eine Fülle von Theatertexten im chorischen Kontext vor.

Bei der Arbeit mit sprachlich anspruchsvollerer Literatur kann das chorische Prinzip Schwellen abbauen. Spricht die Gruppe gemeinsam einen auf die Teilnehmenden verteilten Text, entsteht schnell der Eindruck eines Ganzen – in geteilter Verantwortung und in chorischer Aufmerksamkeit.

→ Übung: „Chorische Textverteilung“ (191)

Ich habe für die hier vorgestellten Texte Funde ausgesucht, auf die Leser*innen vielleicht nicht jeden Tag stoßen. Sie sind als Impulse für eigene Lesefunde gedacht, die jede*r machen kann, wenn die chorische Brille aufgesetzt wird.

Gebrauchstexte

Viele Textsorten begegnen uns in unserem Alltag, ohne dass wir sie in einem ästhetischen Kontext wahrnehmen: Rezepte, Betriebsanleitungen, Werbetexte, Zeitungstexte, Klappentexte, Verträge, Formulare. Sie alle können Material für eine chorische Arbeit sein. Durch die Verfremdung einer chorischen Gestaltung kann ein bestimmter Aspekt des Textes besonders hervorheben werden. Beispiele:

- Backrezepte können die medial vermarkteten Kochshows persiflieren.
- Werbetexte (Zappen, Textüberlappung) können ein multiperspektivischer Strom der Bilder werden.
- Nachrichtentexte, Blogs, Feeds und Posts können zu unterschiedlichen Stimmen im Kopf der User*innen werden.
- Klappentexte machen die Gedanken der durch eine Buchhandlung schlendernden Leser*innen hörbar.

Prosatexte

Prosatexte verändern stark ihren Charakter, wenn sie chorisch gestaltet werden, weil sich die Erzählperspektive verschiebt. Was ist die Absicht der chorischen Gestaltung? Soll der Text kommentiert, konterkariert, verfremdet oder dekonstruiert werden? Prosatexte können szenische Impulse für den Chor sein. In so einem Fall ist der Text die Beschreibung eines Settings, das mit den eigenen Ideen angereichert und dann chorisch umgesetzt wird. Hier ist es von Vorteil, den Chor zu teilen: Zwei Gruppen erarbeiten jeweils ihre eigenen Fassungen, um dann der anderen Gruppe ihren Entwurf zu zeigen. In einem nächsten Schritt kombiniert man die präsentierten Ideen oder entscheidet sich für eine der Fassungen - und setzt diese mit der ganzen Gruppe um. In *zu oft umsonst gelächelt* von Botho Strauß (Strauß 2019) sind Textpassagen zu finden, die für eine chorische Arbeit spannend sein können. Die beschriebenen Situationen haben alle einen chorisch-situativen Charakter.

Impuls 1: „Wartende"

„Männer und Frauen, in Schwarzweiß, alle auf einer lebenslangen Bank ohne Lehne, Wartende auf einem Gerichtsflur, aufspringend, sich wieder setzend, sich umsetzend, das Nebeneinander wechselnd, manchmal sehr schnell, zu gierigen Rhythmen, atemloser Musik […]." (Strauß 2019, 212)

Impuls 2: „Paarfindung"

„[…] Die Bewegungen, Berührungen, die Anläufe und das Aneinandervorbeistreifen, ab und an der Versuch einer Paarfindung, Männer und Frauen, die sich kurz ansehen, Ja oder Nein rufen, entweder beide Ja oder beide Nein oder im Widerspruch, Ja gegen Nein. Die Läufe, das Sich-Sammeln, und Sich-wieder-Öffnen […]." (Strauß 2019, 108)

Impuls 3: „Streit"

„Ein Männerchor probt. Doch die achtstimmige Motette wird unterwühlt – erst von einem leisen Gemurre, dann gibt es vereinzelt Zwischenrufe, und schließlich brechen Melodien ab, so daß es schmerzt. Ein inniges Solo wechselt in der Sekunde zum ordinären Fluch, Harmonie zerschellen wie hingeschmissene Porzellanfiguren. Es explodiert ein gehässiger Streit unter den Sängern. Jeder bezichtigt den anderen singend nichts als einen schlechten Charakter in die Töne zu verlagern. Sie schelten und drohen […]. Irgendwann ermüden sie in ihrem Gezänk, vergeben einander, richten sich auf und versuchen mit vorsichtigen Intonationen zum achtstimmigen Gesang zurückzukehren. Aber wie sie´s auch üben und immer von vorne beginnen, sie finden nicht zum alten Einklang zurück." (Strauß 2019, 131)

Die Herausforderung einer solchen Arbeit ist die chorische Improvisation: das Agieren und Reagieren in der Handlungslogik der einzelnen Figur – in der Situation eines Kollektivs. Es geht darum, gemeinsam spielerische Übergänge zu gestalten, z.B. das Steigern oder Abflauen der Gruppenerregung, das Herausbilden von Paaren, und dabei trotzdem die gegebene Situation für die Gruppe zu halten. So werden über kurze Improvisationen zuerst einzelne Abschnitte der vorgeschlagenen Situation geprobt, mehr und mehr die ganze Situation.

→ Szenische Arbeitsblätter: Downloadbereich Werkstätten II-V (305)

Text-Fragmente

Text-Fragmente sind Material für das eigene Weiterschreiben und chorische Improvisieren. Es sind Scherben von einem großen Ganzen, das man nicht kennt. Hier ein paar Beispiele mit Vorschlägen für Einstiege in Bewegungsimprovisationen:

Impuls 1: Fragment aus den *Bakchen* des Euripides

„Dann stürmten, wie ein Vogelschwarm, der aufsteigt, sie zur Niederung hinab […]." (Euripides 1990, 155, V 748)

Einstieg: Mit unterschiedliche Musikstilen experimentieren, Bewegungsmuster entwickeln und sie dynamisieren. Zwei konkurrierende Schwärme bilden lassen.

→ Übung: „Gemeinsam niedersinken und aufstehen" (138)
→ Übung: „Das Gleichgewicht auf der Bühne" (152)
→ Übung: „Vögel I (Flocking)" (128)

Impuls 2: Fragment aus *Rot* von Anne Carson

„Ein Haus voll taumelnder Menschen mit ihren Sprachen." (Carson 2019, 49)

Einstieg: Mit Gangarten experimentieren, unterschiedliche Orte, Stationen, Räume und Zimmer dieses *„Hauses"* mit deren Bewohner*innen entwickeln. Gleichzeitiges performen.

→ Übung: „Acht Beats, drei Moves (Verborgene Struktur)" (165)
→ Übung: „Moves mit Wechsel" (122)

Impuls 3: Fragment aus *Verbannt!* von Ann Cotten

„Basisgesang für alle Phantasien." (Cotten 216, 125)

Einstieg: Mit der Gruppe Klangräume erfinden. Assoziationen mit Tönen und Geräuschen entwickeln und innere Bilder in Töne umsetzen.

→ Übung: „Chorische Hör-Räume erschaffen" (174)
→ Übung: „Dynamisches Tönen" (172)

Impuls 4: Fragment von Heiner Müller

„Im schädel königreiche universen" (Müller 2015, 324)

Einstieg: Kreatives Schreiben, Sammeln von Königreichen (Königreich der Pflanzen, der Zauberer, der Clowns, ...), und Universen (Universum der Eitelkeit, der Erinnerung, des Hasses ...). Für jedes Königreich/Universum wird Material gesucht: Objekte, Stoffe, Requisiten. Zuerst Arbeit in Tandems, dann in Kleinchören mit fünf Personen). Diese kleinen Chöre entwickeln eigene Geschichten und Choreografien.

→ Übung: „Im Netz I" (151)
→ Übung: „Im Netz II" (151)
→ Übung: „Im Netz III" (151)

Dramatische Texte

Die Chortexte aus den antiken Tragödien und Komödien, z.B. aus den *Bakchen* des Euripides, aus *Lysistrate* von Aristophanes oder aus *Antigone* von Sophokles sind leicht zugänglich. Es ist immer wieder spannend, mit solchen Texten oder Textfragmenten zu experimentieren. Bei näherer Beschäftigung bemerkt man schnell, dass die Bilderwelt und die Metaphern, das Versmaß mit vielen unterschiedlichen Rhythmen eine große, wenn auch spannende Herausforderung darstellen. Aktuelle Theatertexte greifen wieder den Chor sehr stark auf: *Schwarzwasser* von Elfriede Jelinek (Jelinek 2021) oder die *Klimatrilogie* von Thomas Köck (Köck 2022) sind Chortexte.

→ Beispiel V: Der performative Chor (Müll!) (104)

Bei den hier vorgestellten Beispielen handelt es sich um dramatische Texte, die nicht immer explizit für den Chor geschrieben sind. Der Einsatz des Chores bringt hier eine spannende Reibungsfläche ins Spiel: Das Dialogische oder Vielstimmige eines Monologs wird betont, das Verteilen innerer widersprüchlicher Stimmen auf mehrere Sprecher*innen, das sichtbare und hörbare Wandern der Gedanken durch den Chor macht deutlich, dass unsere Gedanken ein dynamisches Kollektiv darstellen. Der Chor kann aber auch einen Rollentext ganz vom Individuum ablösen und ihn zu einer übergreifenden Aussage umgestalten.

Impuls 1: „Die ganze Welt ist Bühne" (William Shakespeare)

Die chorische Ausgestaltung eines Hamlet-Monologs durch einen Chor kann die sich widersprechenden, sich gegenseitig hemmenden Stimmen zu Gehör bringen. Den Chor zu Beginn von *Romeo und Julia* vom gesamten Ensemble gestalten zu lassen, das dann in die einzelnen Rollen zerfällt, erzählt eine völlig andere Geschichte, als ihn z.B. von einer Schauspielerin als Prolog vortragen zu lassen.

→ Beispiel I: Der Chor als Rahmen (Romeo und Julia) (101)

Der Monolog des Jaques aus *Wie es euch gefällt* (Zweiter Akt, 7. Szene) problematisiert mit den geschilderten sieben Lebensstationen soziale Rollenmuster, Stereotypen, Zuschreibungen und Genderfragen. Der Chor kann in einem solchen Text zwischen individuellem Spiel und chorischem Kommentar wechseln: Wer übernimmt welchen Satz, wann unterstreicht oder befragt ein Echo eine Aussage? Wann spricht die Gruppe – aus Überzeugung oder Empörung – synchron? Der Beginn (oder das Ende) des Monologes kann utopischen oder dystopischen Charakter haben.

„All the world's a stage,
And all the men and women merely players.
They have their exits and their entrances,
And one man in his time plays many parts,
His acts being seven ages [...]." (Shakespeare 214, 84)

Kombiniert man diesen Text mit Lann Hornscheidts *Gender – was soll das ganze Theater?* (Hornscheidt 2017), ist genug Material für ein ganzes Theaterprojekt vorhanden. Der Essay *Gender* nimmt nicht nur das Bild der *Welt als Bühne* auf, sondern verhandelt sinnlich und bilderreich mit den Metaphern des Theaters zentrale Genderfragen: „Nur weil ich glaube, die Bühne sind die Bretter der Welt, heißt es nicht, dass keine andere Welt möglich wäre" (Hornscheidt 2017, 12).

Impuls 2: „Publikumsbeschimpfung" (Peter Handke)

„Hier wird nicht dem Theater gegeben, was des Theaters ist. Hier kommen Sie nicht auf Ihre Rechnung. Ihre Schaulust bleibt ungestillt. Es wird kein Funken zu Ihnen überspringen. Es wird nicht knistern vor Spannung. Diese Bretter bedeuten keine Welt. Sie gehören zur Welt." (Handke 2006, 18)

In Peter Handkes *Publikumsbeschimpfung* (Peter Handke 2006) aus dem Jahr 1966 wird mit so ziemlich jeder Erwartungshaltung an das Theater gebrochen. Das Stück ist eine Provokation für den klassischen Theaterbegriff und eine Verweigerung an das, was Theater bis dahin gewesen ist. Es ist in seinem heiligen Zorn gerade deshalb eine paradoxe Liebeserklärung an das Theater und seine gesamte Maschinerie. Hinter dem Begriff *Publikumsbeschimpfung* steht der tiefe Wunsch nach einer durchgreifenden Erneuerung des Theaters. Der Text hat starken

Appellcharakter, und seine Vielfalt an Bildern, Begriffs(er)-findungen und Sprachspielen fordert von einer Chorgruppe sehr viel Dynamik und Gewandtheit in Sprache und Gestus. Spannend kann bei der Gestaltung dieses Textes eine Abwechslung von Einzel- und Chorsprache mit einer variantenreichen Textverteilung sein, die dynamisch-musikalische Elemente wie Rhythmus, Echo, Kanon, Loops einschließt.

Impuls 3: „Die sich ständig verändernde Frau" (Roland Schimmelpfennig)

In diesem Monolog aus Robert Schimmelpfennigs *Vorher/Nachher* (Schimmelpfennig 2001) löst sich die dramatische Rede mehr und mehr ab von Begriffen wie Rolle, Alter, Gender, und wird ein nicht abreißender Strom aus Bildern und Gedanken, ein *stream of consciousness*. Die chorische Ausgestaltung dieses Bewusstseinsstroms auf einzelne Spieler*innen entspricht der Vielstimmigkeit dieses Textes: die Überlappung von oft nicht zu Ende formulierten Gedankensträngen, die schnellen Wechsel der Perspektive, die Vernetzung der einzelnen Gedanken, sprunghafte Haltungswechsel – das alles bietet dem Chor ein hervorragendes Arbeitsmaterial. Dieser Monolog einer Frau, die sich in beobachtete Personen verliert und hineindenkt, und dabei ihre eigene Identität zur Disposition stellt, ist wie ein Chor aus vielen inneren Stimmen. Das Ich als geschlossenes Konzept ist aufgelöst:

> „Ich nehme ständig eine andere körperliche Form an. Ich verwandele mich. Mehrfach am Tag. Unter Umständen sogar mehrfach in der Stunde. Zeitpunkt und Art der Verwandlung kann ich nicht beeinflussen. Ich bleibe allerdings immer eine Frau, soviel ist sicher, und meistens behalte ich auch mein biologisches Alter, aber es kann auch vorgekommen, daß das Alter springt. Vor zwei Jahren im Winter war ich für mehrere Stunden eine etwa sechzig Jahre alte Marktfrau und erst kürzlich für zwanzig Minuten ein siebenjähriges Mädchen […]." (Schimmelpfennig 2001, 13)

→ Szenische Arbeitsblätter: Downloadbereich Werkstätten II-V(305)

Impuls 4: „Quälbarer Leib – ein Körpergesang" (Amir Gudarzi)

Der Theatertext *Quälbarer Leib – ein Körpergesang* (Gudarzi 2022) ist von seinem Ansatz her kollektiv und körperlich gedacht, in einer Mischung aus individueller und kollektiver Erzählweise. Eine Fundgrube für die chorische Arbeit. Es kommen in diesem Text über Krieg, Gewalt und Körpererfahrung die unterschiedlichsten Kollektive zu Wort: Augen, Zungen, Stimmen, Tropfen, Flüsse und ferngesteuerte Drohnen. Es ist ein hoch politischer Text und über Strecken direkt für Chöre geschrieben. Die Widerständigkeit der Körper, ihr Täter- und Opfersein steht in Zusammenhang mit Wut und Ohnmacht. Die Formen „gehen ineinander über, lösen sich auf. Alles in dieser Welt ist im Übergang begriffen, formt sich ständig um" (Gudarzi 2022, 38). Der Körper rückt ins Zentrum von Gewalt, Konsum, Demokratie, Krieg und Mythos (es treten Odysseus und Dionysos auf). Zwei Textbeispiele sollen Lust machen auf die eigene Praxis:

„Prolog": Im Prolog formuliert der Autor zahlreiche Zuschreibungen, die ihn betreffen. Er zeichnet ein multiperspektivisches Bild von sich selbst: eine Ansammlung von Identitäten. Hier kann der Chor innere Stimmen sicht- und hörbar machen.

> „Ein iranischer Autor, der österreichische Autor, ein geflüchteter, ein aus dem Nahost stammender Autor, ein Muslim oder ein Nicht-Muslim, ein Atheist, ein aus Teheran stammender Autor, der Wiener Autor, der junge Autor, Exil-Dramatiker, ein im Iran geborener und in Österreich lebender Autor, der iranisch-österreichische Autor, der Exil-Iraner, der in Österreich lebt. All das wurde über mich gesagt. Was erzählen diese Zuschreibungen über mich? Was beschreibt mich? Was sagt mein Körper dazu?" (Gudarzi 2022, 40)

→ Übung: „Chorische Text-Konstruktion" (193)

„Ein Drohnenchor" bildet sich. Die ferngesteuerten Drohnen als Waffe sind als Schwarm und Kollektiv im Anflug auf ihre Ziele. Der Schwarm der Maschinen hat eine Stimme:

„Wir fliegen und fliegen, beladen mit dem Tod. Wir nähern uns dem Ziel. Eine Hand drückt auf den Knopf. Wir verlieren unsere Einheit. Nach uns verlieren tausende Körper ihre Einheit. Es regnet:
Schrauben
Hände
Plastik
Eisenstücke
Beine
Noch mehr Schrauben" (Gudarzi 2022, 48)

Mit diesem Chor-Text können in mehreren Gruppen in Eigenarbeit verschiedene szenische und choreografische Fassungen entwickelt werden. Der Text kann auch fort- und weitergeschrieben werden.

→ Übung: „Vögel II (Formation)" (129)

Lyrische, gebundene, verdichtete Texte

Gedichte, in gebundener Sprache oder in freien Rhythmen, haben als Einstieg in die textliche Arbeit den großen Vorteil, dass sie eine klare Form und oft eine überschaubare Länge haben. *Balladen* in ihrer Mischung aus dramatischer, epischer und lyrischer Form sind ebenfalls sehr geeignet. Hier bieten sich Rollenwechsel (Erzählerchor, kommentierender Chor), mehrere gleichzeitige Chöre (Parteien, Positionen) und das Gestalten von Stimmungen (Atmosphären) an: der Wind, der Wald, die Natur generell. Alle großen epischen Formen sind mit dem Chor eine spannende Forschungsreise: Dantes *Göttliche Komödie*, Homers *Odyssee*, die *Metamorphosen* des Ovid. Was bei der Ballade im Kleinen erzählt wird, hat bei diesen epischen Werken einen großen Bogen: Zahlreiche Figuren, Ortwechsel, Zeitsprünge und Handlungsstränge bilden ein dichtes Netz aus Geschichten. Das kann mit dem Chor narrativ oder performativ gelöst werden.

→ Szenische Arbeitsblätter: Downloadbereich Werkstätten II-V(305)

Es gibt aber auch lyrische Texte, die aus stark verdichteter Sprache bestehen, und die Form, Laut, Schriftbild und Rhythmus ganz anders lösen.

Impuls 1: „beantwortung von sieben nicht gestellten fragen" (Ernst Jandl)

„nein
nein
nein
nein
nein
nein
nein

(beantwortung von sieben nicht gestellten fragen)"

(Jandl 1997, 71)

Siebenmal das gleiche Wort, untereinandergeschrieben: *nein*. Das ist alles. Welche Möglichkeiten für den Chor! Wer spricht es wie oft, von wo, wie laut, wie schnell? Überlappen sich die einzelnen *Neins*? Werden sie gemurmelt, geflüstert, gerufen, gesungen? Entsteht ein Echo? Formuliert dieses Nein einen Widerspruch? Um welche „nicht gestellten fragen" handelt es sich? Worauf ist es eine Antwort, wie es im Titel steht? Ist es ein zärtlicher Hinweis oder eine klare Verweigerung? Hier kann der Chor improvisieren, sich wiederholen, insistieren, aufstampfen, schreien und wispern. Die Gruppe kann sich selbst Fragen stellen und Antworten geben. Der Text kann auch als Prinzip aufgefasst werden, um mit anderen Worten zu spielen: *Ja! Hier! Warum?*
Die experimentellen Texte von Ernst Jandl sind eine Fundgrube für das chorische Arbeiten. Sieben *Neins* sind noch zu viel Text? Es geht noch kürzer. Beim *spruch mit kurzem o* heißt es nur mehr: „ssso" (Jandl 1997, 35). Ich selbst habe über die Texte von Ernst Jandl zum Chor gefunden.

→ „Zwischenspiel „Ein Ernst Jandl Chor" (285)

Impuls 2: „Selbstdarsteller" (Kai Selbar)

Das Bild-Text-Gefüge *Selbstdarsteller* von Kai Selbar bietet eine textliche, graphische und damit für die Gruppe auch räumliche Arbeitsvorlage für eine ganze Reihe von chorischen Grundthemen: *Ich* und *Wir*, die eigene Freiheit in der Gruppe, Grenzen in mir, Freiräume und Zuschauerräume. Die Graphik animiert dazu, den Text räumlich zu gestalten: Formationen und Konstellationen in Gruppen, Reihen und Pulks können gebildet werden. Die im Schriftbild getrennten Begriffe können auf unterschiedliche Spieler*innen verteilt werden, die ein dialogisches Spiel beginnen: „unglaubl - ich", „unvergleichl - ich".

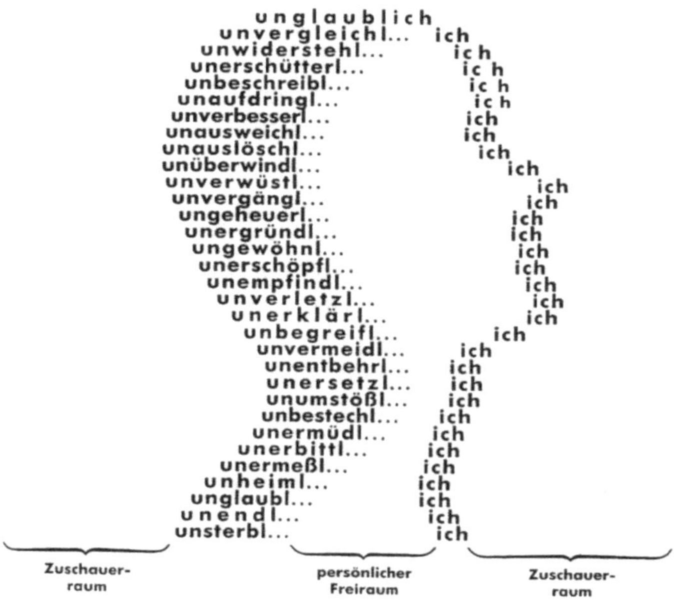

Abbildung 22: „Selbstdarsteller" (Kai Selbar)

→ Das Problem des *Wir* (64)
→ Übung: „Gruppendruck I (Antigone-Challenge I)" (220)

Rhetorische Texte

Rhetorische Texte sind schon mit einem Gestus des Sendens an eine bestimmte Adresse, an eine Personengruppe geschrieben. Sie sind Nachrichten, die gehört werden wollen. Sie haben oft einen Überzeugungsgestus, wenn nicht einen Verkündigungscharakter.

Reden

Eine Rede, noch dazu eine vorbereitete und geschriebene Rede, ist auch eine rhetorische Kalkulation: *Yes, we can!* (Barack Obama, Chicago 2008.), *Wir schaffen das!* (Angela Merkel, Berlin 2015), *How dear you!* (Greta Thunberg, New York 2019). Diese Reden wollen, emotional oder sachlich gesprochen, bewegen, verändern, überzeugen. Diese Haltung kann für das Chorische genutzt werden, denn der Chor hat eine Sprechrichtung: das Publikum! Hier kann Kraft, Klarheit und Zielgerichtetheit des Sprechens, Agierens und Sendens einer Botschaft erfahren werden.

„Unser Haus steht in Flammen." [125]
Als Beispiel für eine chorische Textarbeit mit Textbausteinen einer Rede von Greta Thunberg möchte ich ein Projekt in einer Mittelschule der siebten Schulstufe aus dem Jahr 2022 erwähnen. Das Thema des Projektes war *Zukunft – Unsere Hoffnungen und Ängste!* Nach Gesprächen, gegenseitigen Interviews und Diskussionen (*Was kann ich als Jugendliche*r schon ändern?)* trat die Phase der Körperarbeit. Was liegt *unter* einer solcher Rede eines jungen Menschen? Wut, Trauer, Empörung, Verzweiflung, Hoffnung? Ein-Wort-Aussagen der Jugendlichen wurden gesammelt und auf den Chor verteilt: *Los! Alle! Jetzt!* – Diese Aussagen wurden mit ganzkörperlichen Gesten verbunden. Jetzt wurden Fragmente aus Reden von Greta Thunberg verteilt und einzelne Sätze an die Spieler*innen vergeben. Sobald die Sätze in Abfolge gesprochen wurden, stellte sich für die Gruppe der Eindruck der Rede ein. In der Folge wurde mit der Reihenfolge der einzelnen Aussagen

[125] Greta Thunberg: *Ich will, dass ihr in Panik geratet! Meine Reden zum Klimaschutz* (Thunberg 2019, 43 ff.).

gespielt, einzeln und chorisch gesprochene Passagen wechselten einander ab. Mehr und mehr entstand so in der Gruppe der Gestus einer Greta Thunberg-Rede. „Jetzt fehlt uns nur noch das Publikum!", sagte eine Schülerin zu mir. In der nächsten Pause stellte sich die ganze Klasse im Schulhof auf und hielt Ihre Rede zu den anderen Schüler*innen: „Wir wollen, dass ihr in Panik geratet – denn unser Haus steht in Flammen!"

Manifeste

Manifeste sind eine besondere Textform. Sie sind voller Theorie, Forderungen, Visionen und Wünsche. Die Haltung solcher Texte ist oft gegen bestimmte Establishments, Gesellschaftsschichten, *communities* oder den Zeitgeist gerichtet. Es wird einerseits – direkt oder indirekt – eine Gegnerschaft angesprochen, andererseits will ein Manifest aufrütteln und überzeugen. Künstlermanifeste wollen metaphorisch Mauern niederreißen. Andere Manifeste stellen Forderungen und bestimmen Standpunkte: Das sogenannte *Theaterpädagogisches Manifest* fordert gesellschaftliche Relevanz des Berufs, berufliche Probenräume und Honorargerechtigkeit.[126] Der Text formuliert ein Selbstverständnis der Disziplin. Der Ton der Forderung macht das Manifest aus, sonst wäre es ein Impulspapier. Manifest-Texte zeichnet eine hohe Energie und Emotionalität aus. Sie sind hervorragendes chorisches Material für eine dynamische und körperliche Gestaltung. Für Manifeste, aber auch für Reden und Programme gilt: Das Chorische kann auch das Bedrohliche, Manipulative oder Problematische solcher Botschaften thematisieren. So ist der Chor im Stande, in einer Art doppelten Optik, Sender*in zu sein und gleichzeitig das Publikum, das von dieser Rede überzeugt werden soll, zu verkörpern.

---

[126] https://www.butinfo.de/aktuell/theaterpaedagogisches-manifest-veroeffentlicht (Aufruf 22.2.2023)

Fund: Archiv der Manifeste

Es gibt eine Vielzahl von politischen und künstlerischen Manifesten: *Kommunistischen Manifest, Dada, Fluxus*: In einem Online-Archiv der Künstler*innen-Manifeste reicht die Auswahl vom *Manifest des Futurismus* von Filippo Tommaso Marinetti (1909) bis zum *Verschimmelungs-Manifest* von Friedensreich Hundertwasser (1958).[127]

„Manifesto"

Im Projekt „Manifesto" von Julian Rosefeldt (2015) in Zusammenarbeit mit der Schauspielerin Cate Blanchett werden Texte unterschiedlicher Manifeste zu einer filmischen Performance verarbeitet. Cate Blanchett spielt unzählige Personen in unterschiedlichen sozialen und beruflichen Settings, die diese Texte sprechen. Die Weltpremiere von „Manifesto" fand im Dezember 2015 im Australian Centre for the Moving Image (ACMI), Melbourne statt (Deutschlandpremiere Berlinale 2016 im Hamburger Bahnhof). Ich selbst habe „Manifesto" im Sprengel Museum Hannover 2016 gesehen. 2017 kam „Manifesto" in einer Filmfassung in die Kinos.

→ Übung: „Murmeln, Kanon, Echo: das Spiel mit der Sprache" (190)

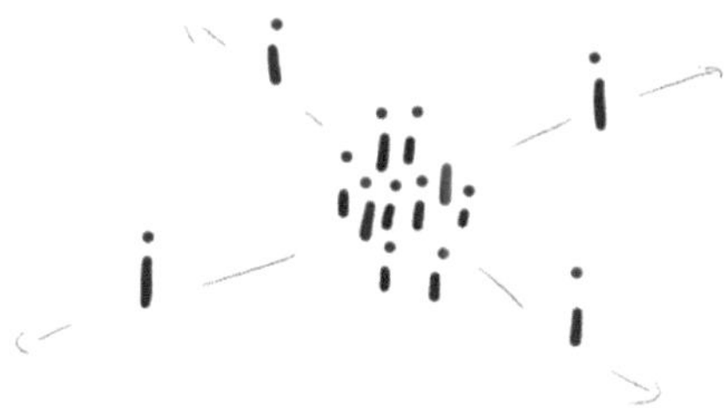

Abbildung 23: Wege im Chor

[127] http://www.kunstzitate.de/bildendekunst/manifeste/kuenstlermanifeste.htm (Aufruf 22.2.2023)

Niedrige Schwellen und offene Grenzen

Eine Werkstatt ist ein Erfahrungsraum. Es wird experimentiert, entschieden, verworfen, geprobt, wiederholt, reflektiert, gelesen, geschrieben, fallengelassen und wiederentdeckt. Es wird ausprobiert, gescheitert und weitergemacht: Mit anderen Übungen, Texten, Tools und Modulen werden neue Formationen gebildet. Im Werkstattgedanken treffen *Wege, Bausteine* und *Felder* aufeinander.
Aber bevor wir diesen Raum betreten, überschreiten wir Schwellen. Schwellen sind Übergänge und umschreiben Grenzen. Wenn wir Einladungen in den komplexen chorischen Erfahrungsraum aussprechen wollen, wird es als Spieleiter*innen unserer Aufgabe sein, diese Grenzen durchlässig zu machen – um von hier aus weitere Erfahrungsräume betreten zu können. Niederschwelligkeit bedeutet Stolpersteine am Beginn der Reise beiseitezuräumen. Sie kann dabei unterstützen und dazu ermächtigen, Entscheidungen zu fällen, sie kann die Angst vor dem nächsten Schritt verringern.

Das alles gilt es zu begleiten, von niedriger Schwelle aus. In diesen neuen Räumen selbst aber muss in der Folge nicht alles niederschwellig bleiben. Ist einmal ein *safe space* eingerichtet, werden Schritt für Schritt aus Schwellen Stufen. Begleitung kann dann bedeuten, die Höhe der Stufen zu verändern, aber den Übenden bei der Beinarbeit zu unterstützen. Es kann heißen, in steilen Wänden Aufstiege zu zeigen, aber diese Mauern nicht abzureißen, um das Klettern zu vermeiden. Niederschwellig arbeiten heißt den Zugang zu diesen aufregenden Dingen leicht zu gestalten. Hürden zu überwinden kann stärken. Das Erfahren von Widerständen, im Chor gespiegelt durch die Präsenz einer ganzen Gruppe, lernen wir als Herausforderungen kennen. Diese Widerstände als Einladungen umzuformulieren kann bedeuten, die Lust am Anspruch zu wecken, ohne in die Optimierungsfalle zu gehen. Es kann Mut machen zum Erklettern von Wänden, die vielleicht im ersten Blick zu steil erscheinen.

Downloadbereich Werkstätten II-V

Werkstatt II: Ästhetisch-kollektives Forschen
Werkstatt III: Szenische Arbeitsblätter
Werkstatt IV: Der digitale Chor
Werkstatt V: Spielend Sprechen - Chorische Atem-, Stimm- und Sprachspiele für Kinder

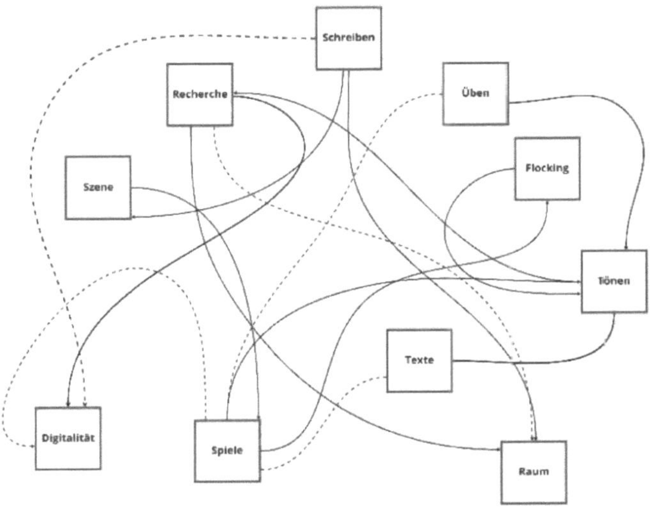

Abbildung 24: Ideenmaschine

Exodos

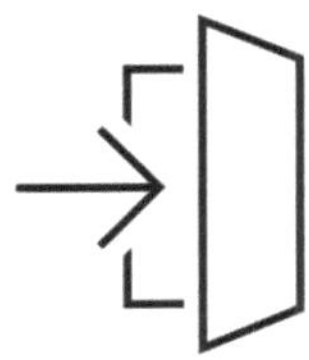

„Das Fehlen des antiken Schreis"

(Einar Schleef)

Der Chor als diverser Raum

Das Chorische als Weg, Haltung und Methode eröffnet uns einen Erfahrungsraum, der Sprengkraft hat. Wir befragen in der chorischen Arbeit unsere Individualität. Das *Ich* steht auf dem Prüfstand. Unser Verhältnis als Einzelne zu den anderen wird thematisiert. Und eben nicht nur jenes der Spieler*innen innerhalb des Chores. Auch die Spielleitung befragt sich und ihr Verhältnis als Individuum zum Chor: Wo und in welcher Weise bin ich selbst Teil dieses Kollektivs? Wenn wir uns auf das Chorische einlassen, verändert es uns. Es lädt uns ein „uns von der Vorstellung separater Entitäten, eindimensionaler Entstehungsgeschichten und klarer Kausalitäten […] zu lösen" (Odell 2021, 214). Das Chorische fordert durch diese Nichteindeutigkeit der Identitäten jeden Einzelnen heraus. Chorische Theaterformen sind in der antiken griechischen Tradition eng mit den mythischen Narrativen rund um den Gott Dionysos verbunden. In den Feiern und Riten um seine Gestalt stehen Offenheit, Verwandlung, Entgrenzung, Kreativität im Zentrum.[128] Wir erinnern uns an die Wurzeln des Chorischen im Opfer und im festlichen Spiel, in denen Übergänge und Passagen theatrale Form gewannen. In diesen Übergängen lösen sich bekannte Lesarten von uns selbst auf, neue und ungewohnte Verhaltensmuster tauchen auf, Zuschreibungen werden beweglich und vielgestaltig wie Dionysos selbst, der „Gott der Vielgestaltigkeit, der Vielsprachigkeit, der Universalität und vor allem der Gott der Freiheit" (Terzopoulos 2016, 127). Wir werden im Chor mit einer radikalen Diversität konfrontiert.

Der Chor formuliert Themenfelder, die uns alle betreffen. Er wird damit zum aktuellen Kommentar – mit all seinen fragmentarischen und liquiden Eigenschaften: „Kommentare sind kein lineares Narrativ. Sie berichten vertikal. Sie sind Bergwerke, Katakomben. […]. Die Beobachtung unserer ‚zerrissenen Realität' erteilt die Erlaubnis zu unvollständiger Nachricht" (Kluge 2021, 8). In dieser „zerrissenen Realität" tragen wir als menschliches, regional verortetes, global geprägtes Kollektiv eine noch nie dagewesene Verantwortung für die

[128] Vgl. hierzu den Aufsatz von Anton Bierl *Der vielnamige Dionysos* (Bierl 2013).

kommenden Veränderungsprozesse. Und wir wissen: Das einzelne Individuum kann die komplexen Zusammenhänge weder bis ins Detail nachvollziehen und schon gar nicht lösen. Es braucht ein handelndes *Wir*. Das Chorische kann zu einer Einladung werden, kollektive Denk- und Handlungsmuster in einem theatralen *safe space setting* auszuprobieren. Der Chor bietet den Akteur*innen jene räumliche Begrenzung, die es braucht, um sich innerhalb dieser Begrenzung frei begegnen zu können. Betreten wir diese Räume und verhandeln wir in ihnen das, was jeder einzelne von uns ist und sein kann, als „Individuen, die denselben Dingen und auch einander höchste Aufmerksamkeit widmen" (Odell 2021, 123). So wird der Chor zu einem diversen sozialen Raum, der erst dadurch entsteht, dass man ihn betritt. Im Chor erleben wir uns kollektiv, vereinzelt, versammelt, zerstreut, widersprüchlich, divers, mächtig, zweifelnd und selbstwirksam in unterschiedlichen Formen gemeinsamen Handelns. Spielen wir im Chor mit unseren Identitäten. Und dem, was wir dafür halten.

Nachspiel: „Im Bus" (Rhodos 2016)

Ich bin auf dem Weg nach Lindos, dem alten Tempelbezirk. Der Bus fährt frühmorgens auf einer verlassenen Straße. Es ist noch kühl. Ich schaue auf die Ebene. Bunte Müllsäcke verfangen sich in den Ästen der Bäume. Plötzlich eine Vollbremsung. Der Busfahrer deutet aufgeregt nach rechts, ruft etwas. Wir alle sehen, wie von unsichtbarer Hand gelenkt, dorthin.

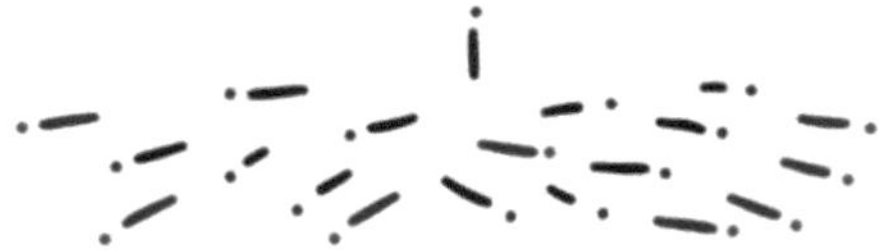

Abbildung 25: Liegen und Stehen

Danksagung

Mein Dank gilt zuerst allen Menschen, mit denen ich in den letzten Jahren chorisch arbeiten durfte. Besonders intensiv war der Austausch mit den Studierenden und Auszubildenden an den Hochschulen und Bildungseinrichtungen. Ohne sie hätte ich meine Erfahrungen nicht machen können. Ihre Motivation und Begeisterung, ihre experimentelle Offenheit hat Vieles ermöglicht. Besonders denke ich hier an die kontinuierliche Arbeit mit den Musicaljahrgängen der Bayerischen Theaterakademie August Everding, den Studierenden des Instituts für Theaterpädagogik in Lingen und den Auszubildenden an der Theaterwerkstatt Heidelberg.

Wolfgang Schmidt und der Theaterwerkstatt Heidelberg danke ich ganz besonders für die Möglichkeit, im Rahmen der Lehre neue Wege gehen zu können. So entsteht immer wieder aufs Neue ein lebendiges Unterrichts-Labor. Jörg Meyer möchte ich für den viele Jahre anhaltenden fachlichen Austausch danken, durch den zahlreiche Impulse für meine chorische Arbeit entstanden sind. Bernd Ruping danke ich für den inspirierenden Austausch zu Augusto Boal und Eva Renvert für wichtige Hinweise zum Thema Kollektiv. Mein Dank geht an Gabriele Welker für unsere dialogische Gestaltung des Grundlagen- und Szenenunterrichts Schauspiel an der Theaterakademie August Everding und das Implementieren chorischer Elemente im Unterricht.

Reiner Steinweg danke ich für den reichen Austausch und die vielen Hinweise im Kontext des Lehrstücks. Bei Marta Górnicka möchte ich mich für die viele Zeit bedanken, die sie dem gemeinsamen Gespräch gewidmet hat - trotz des eigenen Schreibprozesses.

Mein Dank geht an Michael Wrentschur für die intensive und dialogische Zusammenarbeit im gemeinsamen Forumtheater-Workshop und den anregenden Austausch, den wir führen.

Christina Graßmann, Markus Müller und Sandra Schüssler danke ich für die gewissenhafte Lektüre des Manuskripts.

Vor allem aber danke ich Jessica Höhn für den immer inspirierenden, tiefschürfenden und humorvollen fachlichen Austausch während der Entstehung dieses Buches. Ohne ihre wertschätzenden Rückmeldungen wäre es ein anderes Buch geworden.

Jutta Lehner möchte meinen innigen Dank aussprechen: für Liebe, Geduld und menschliche Unterstützung während des Entstehungsprozesses dieses Buches und nicht zuletzt für ihre fachliche Begleitung aus der Perspektive des professionellen Coachings.

Und zuletzt möchte ich meinem Sohn Adrian Sommer für alle Gespräche danken, die wir über die Kunst und das Leben führen. Die kritischen Fragen der nächsten Generation formen unsere Gedanken.

„Schaffen ist Schöpfen, erfinden ist Finden. Gestaltung ist Entdeckung." (Martin Buber)

Literatur und Verweise

Anmerkungen

Die den Abschnitten *Wege, Bausteine* und *Felder* vorangestellten Zitate sind entnommen aus: Schleef, Einar: *Droge Faust Parsifal* (Schleef 1997): „Augenpunkt Fluchtpunkt" (101), „Gesprochener Gesang oder Gesungenes Sprechen?" (49), „Klagegeheul Stöhnen Siegesgeheul" (124), „Tempoanziehen Tempodehnen" (92), „Zeremoniell Ritual Schritt" (247), „Das Fehlen des antiken Schreis [...]" (478).

Das Leitzitat von Lann Hornscheidt auf Seite 9 ist entnommen aus: *Gender. Was soll das Theater?* (Hornscheidt 2017, 13).

Das Endzitat ist entnommen aus *Ich und Du* von Martin Buber (Buber 2021, 20)

Abbildungsverzeichnis

Cover: ©CHORUS OF WOMEN FOUNDATION. Das Bild zeigt eine Szene aus: *Constitution for the Chorus of Poles* by Marta Górnicka, Nowy Teatr, Warsaw, 2016 (Foto: MICHAŁ RUMAS)

Abbildung 2: ©Antikensammlung, Staatliche Museen zu Berlin – Preußischer Kulturbesitz: Hydria, Fundort Ägina, 31573 A1 (Foto: Johannes Laurentius)

Abbildung 22: „Selbstdarsteller" © Kai Selbar

Abbildungen 1, 3-21, 23-25: Zeichnungen und Grafiken des Autors © Harald Volker Sommer

Links und Webseiten

Anthropozän

www.berlinerfestspiele.de/de/immersion/programm/2020/down-to-earth/staging-gaia.html (Aufruf 22.2.2023)

Ästhetisches Forschen

https://www.fundus-theater.de (Aufruf 22.2.2023)

http://www.pab-research.de (Aufruf 22.2.2023)

Brechtfestival Augsburg 2020 (Der Jasager und der Neinsager)

https://st-stephan.de/der-jasager-und-der-neinsager (Aufruf 22.2.2023)

Forumtheater und Chor

https://www.interact-online.org/aktuell/das-mindeste (Aufruf 22.2.2023)

Kollektive und Chor

www.apparatus-berlin.de (Aufruf 22.2.2023)

Manifest-Archiv

http://www.kunstzitate.de/bildendekunst/manifeste/kuenstlermanifeste.htm (Aufruf 22.2.2023)

Das Theaterpädagogische Manifest

https://www.butinfo.de/aktuell/theaterpaedagogisches-manifest-veroeffentlicht (Aufruf 22.2.2023)

Zum Begriff des „Mediopassiv"

https://www.youtube.com/watch?v=CMmOB0Y9ZXU (Aufruf 23.3.2023)

Verzeichnis der Übungen

Literaturverzeichnis

*Veröffentlichungen mit Übungen und Praxisvorschlägen sind **fett** markiert.*

Abelein, Susanne (1987): Kleine Anleitung für Chorfrauen/Männer, In: die hiketiden des aischylos. Materialien zu einem Theaterprojekt des Studiengangs Kulturpädagogik. Hochschule für Erziehungs-, Sprach- und Kulturwissenschaften, Hildesheim, 58-63.

Anklam, Sandra; Meyer, Verena; Reyer, Thomas (2018): Didaktik und Methodik in der Theaterpädagogik. Szenisch-systemisch: Eine Frage der Haltung!? Seelze: Klett/Kallmeyer.

Aristoteles (1982): Poetik (Griechisch / Deutsch). Übersetzt und herausgegeben von Manfred Fuhrmann. Stuttgart: Philipp Reclam (Universal-Bibliothek, 7828 [2]).

Bauer, Joachim (2005): Warum ich fühle, was du fühlst. Intuitive Kommunikation und das Geheimnis der Spiegelneurone. 6. Aufl. Hamburg: Hoffmann und Campe.

Baur, Detlev (1999): Der Chor im Theater des 20. Jahrhunderts. Typologie des theatralen Mittels Chor. Berlin: De Gruyter (Theatron, 30).

Beese, Henriette (1979): Gewaltiges macht aber auch viel Mühe. Henriette Beese über die Arbeit an der Berliner Antigone-Inszenierung. In: *Theater Heute* (Jahrbuch), 52-53.

Benjamin, Walter (2005): Das Passagen-Werk. Unter Mitarbeit von Rolf Tiedemann (Hg.). 6. Aufl. Frankfurt am Main: Suhrkamp.

Bernhard, Barbara Maria (2004): Sprechübungen. Eine Sammlung für Theatergruppen. (vergriffen). 1. Aufl. Wien: ÖBV & HPT.

Bierl, Anton (1999): Weiterführende Gedanken zum komischen Chor. In: Der Chor im antiken und modernen Drama. Riemer und Zimmermann (Hg.). Stuttgart und Weimar: J.B. Metzler (Drama: Beiträge zum antiken Drama und seiner Rezeption, 7, 41-43).

Bierl, Anton (2001): Der Chor in der Alten Komödie. Ritual und Performativität (unter besonderer Berücksichtigung von Aristophanes' Thesmophoriazusen und der Phalloslieder fr. 851 PMG). München/Leipzig (11-104).

Bierl, Anton (2006): Tragödie als Spiel und das Satyrspiel. Die Geburt des griechischen Theaters aus dem Geiste des Chortanzes und seines Gottes Dionysos. In: *Aufgang. Jahrbuch für Denken, Dichten, Musik* (Band 3, Kind und Spiel), 111-138.

Bierl, Anton (2010): Walter Burkert - ein Religionswissenschaftler als Inspirationsquelle für eine moderne Gräzistik und kulturwissenschaftlich geprägte Literaturwissenschaft. In: Wolfgang Braungart und Anton Bierl (Hg.): Gewalt und Opfer. Im Dialog mit Walter Burkert. Walter de Gruyter GmbH Co.KG (MythosEikonPoiesis, Bd. 2), 1-45.

Bierl, Anton (2013): Der vielnamige Dionysos. Wesen und Funktion des Gottes im Spiegel seiner Beinamen. In: M. Philipp (Hrsg.), Dionysos. Rausch und Ekstase (Katalog zur Ausstellung Bucerius Kunst Forum Hamburg und Staatliche Kunstsammlungen Dresden 2013/14), 30-39.

Bierl, Anton (2014): Choreia und Fest. Neue Ansätze in der Interpretation der griechischen Liedkultur. In: *Gymnasium. Zeitschrift für Kultur der Antike und Humanistische Bildung* (Band 121, Heft 3), 217–239.

Blohm, Manfred; Heil, Christine; Peters, Maria; Sabisch, Andrea; Seydel, Fritz (Hg.) (2006): Über ästhetische Forschung. Lektüre zu Texten von Helga Kämpf-Jansen. München: kopaed (Kontext Kunstpädagogik, Band 5)

Boal, Augusto (Hg.) (2006): Der Regenbogen der Wünsche. Methoden aus Theater und Therapie. Berlin, Milow, Strasburg: Schibri

Boal, Augusto; Spinu, Marina (Hg.) (2009): Theater der Unterdrückten. Übungen und Spiele für Schauspieler und Nicht-Schauspieler. Frankfurt am Main: Suhrkamp

Boal, Augusto (2018): Übungen und Spiele für Schauspieler und Nicht-Schauspieler. 3. Auflage, aktualisierte und erweiterte Ausgabe. Berlin: Suhrkamp

Bogart, Anne; Landau, Tina (2017): Viewpoints. Ein praktisches Handbuch für Schauspieler, Regisseure und Choreographen. Deutsche Erstausgabe. Berlin: Alexander Verlag.

Braungart, Wolfgang; Bierl, Anton (Hg.) (2010): Gewalt und Opfer. Im Dialog mit Walter Burkert. 1. Aufl. s.l.: Walter de Gruyter GmbH Co.KG (MythosEikonPoiesis, Bd. 2).

Brecht, Bertolt (1976): Gesammelte Werke, werkausgabe edition suhrkamp, Band 2, Stücke 2, Suhrkamp Verlag.

Brecht, Bertolt (1993a): Über Chöre. In: Bertolt Brecht (Hg.): Werke. Grosse kommentierte Berliner und Frankfurter Ausgabe, 22, Schriften 2, Teil 2. 1. Aufl. Berlin, Frankfurt am Main: Aufbau-Verlag; Suhrkamp, 675–676.

Brecht, Bertolt (1993b): Über den Gestus. In: Bertolt Brecht (Hg.): Werke. Grosse kommentierte Berliner und Frankfurter Ausgabe, 22, Schriften 2, Teil 2. 1. Aufl. Berlin, Frankfurt am Main: Aufbau-Verlag; Suhrkamp, 616–617.

Buber, Martin (2021): Ich und Du. Ditzingen: Reclam

Büchner, Georg (2015): Woyzeck, Leonce und Lena. Stuttgart: Reclam.

Burgtheater Wien (Hg.) (2019): Die Bakchen. Programmheft (Spielzeit 19/20, Heft 1). Wien.

Burk, Karin (2015): Kindertheater als Möglichkeitsraum. Untersuchungen zu Walter Benjamins »Programm eines proletarischen Kindertheaters«. transcript Verlag (Theater, 77).

Burkert, Walter (1991): Wilder Ursprung. Opferritual und Mythos bei den Griechen. 3. Tsd. Berlin: Wagenbach

Burkert, Walter (1997): Homo necans. Interpretationen altgriechischer Opferriten und Mythen. 2., um ein Nachw. erw. Aufl. Berlin u.a: De Gruyter.

Cage, John (2017): Silence. 9. Auflage. Frankfurt am Main: Suhrkamp Verlag.

Calame, Claude (2001): Choruses of Young Woman in Ancient Greece. Their Morphology, Religious Role and Social Function. New and revised Edition. Translated by Derek Collins and Janice Orion.

Canetti, Elias (2014): Masse und Macht. 33. Auflage. Frankfurt am Main: Fischer Taschenbuch.

Carbow, Martin; Schönherr, Christoph (2011): Chorleitung Pop, Jazz, Gospel. Der sichere Weg zum richtigen Groove. 2. Aufl. Mainz: Schott.

Carson, Anne (2019): Rot. Zwei Romane in Versen. Frankfurt am Main: S. Fischer.

Celan, Paul (1996): Gedichte. In 2 Bänden. 13. Aufl. Frankfurt am Main: Suhrkamp.

Christes, Johannes (2000): Paideia. In: Hubert Cancik (Hg.): Der Neue Pauly. Enzyklopädie der Antike, 9. Stuttgart: Metzler, 150–151.

Cotten, Ann (2016): Verbannt! Versepos. Originalausgabe, erste Auflage. Berlin: Suhrkamp.

Csikszentmihalyi, Mihaly; Csikszentmihalyi, Isabella S.; Aebli, Hans; Weinert, Franz E. (Hg.) (1995): Die außergewöhnliche Erfahrung im Alltag. Die Psychologie des flow-Erlebnisses. 2., in der Ausstattung veränd. Aufl. Stuttgart: Klett-Cotta.

Deleuze, Gilles; Guattari, Félix (1977): Rhizom. Berlin: Merve Verlag.

Diamond, David (2013): Theater zum Leben. Über die Kunst und die Wissenschaft des Dialogs in Gemeinwesen. 3., überarbeitete Auflage. Stuttgart: Ibidem-Verlag.

Donath, Stefan (2018): Protestchöre. Zu einer neuen Ästhetik des Widerstands. Stuttgart 21, Arabischer Frühling und Occupy in theaterwissenschaftlicher Perspektive.

Dörre, Klaus; Rosa, Hartmut; Becker, Karina; Bose, Sophie; Seyd, Benjamin (Hg.) (2019): Große Transformation? Zur Zukunft moderner Gesellschaften. Sonderband des Berliner Journals für Soziologie. Springer Fachmedien Wiesbaden. Wiesbaden, Heidelberg: Springer.

Eder, Walter (1997): Bürgerrecht. In: Hubert Cancik (Hg.): Der Neue Pauly. Enzyklopädie der Antike, 2. Stuttgart: Metzler, 821.

Elberfeld, Rolf (2011): Wie von selbst. Handlungsformen jenseits von Aktiv und Passiv. In: Melanie Hinz und Jens Roselt (Hg.): Chaos und Konzept. Proben und Probieren im Theater, Berlin: Alexander-Verlag, S. 208–221.

Ensslin, Felix (2006): Spieltrieb – eine kurze Einführung. In: Spieltrieb. Was bringt die Klassik auf die Bühne? Schillers Ästhetik heute. Berlin: Theater der Zeit (Theater der Zeit Recherchen, 34, 8-12).

Enzelberger, Genia; Meister, Monika; Schmitt, Stefanie (Hg.) (2012): Auftritt Chor. Formationen des Chorischen im gegenwärtigen Theater. Wien: Böhlau.

Enzensberger, Hans Magnus (2008): Hammerstein oder der Eigensinn. Eine deutsche Geschichte. 1. Aufl. Frankfurt am Main: Suhrkamp.

Euripides (1990): Tragödien. Iphigenie in Aulis, Die Bakchen, Der Kyklop. Sechster Teil. Griechisch und Deutsch von Dietrich Ebener. Berlin: Aufbau Verlag.

Fiebach, Joachim (1998): Das Theater und die Phantasien des Körpers. In: Wechselspiel: KörperTheaterErfahrung. Vaßen, Florian/Koch, Gerd/Naumann, Gabriela (Hg.). 1. Aufl. Frankfurt a. M.: Brandes & Apsel.

Fischer-Lichte, Erika (1999): Transformationen. Theater der neunziger Jahre. Berlin: Theater der Zeit.

Fischer-Lichte, Erika; Kolesch, Doris; Warstat, Matthias (Hg.) (2014): Metzler-Lexikon Theatertheorie. 2., aktualisierte und erweiterte Auflage. Stuttgart: Metzler.

Flatischler, Reinhard (1990): TA KE TI NA – der Weg zum Rhythmus. Essen: Synthesis-Verl.

Flatischler, Reinhard; Becker, Kirsten (Hg.) (2009): TaKeTiNa® – Ur-Kraft Rhythmus. Kirsten Becker im Gespräch mit dem Begründer der TaKeTiNa-Rhythmuspädagogik. 1. Aufl. Paderborn: Junfermann.

Franz, Kafka (1987): Ein Bericht für eine Akademie. In: Sämtliche Erzählungen. Frankfurt a. M.: Fischer Taschenbuch.

Fuchs, Thomas (2015): Körper haben oder Leib sein. In: *Gesprächspsychotherapie und Personenzentrierte Beratung*, 144–150.

Gemoll, Wilhelm (1985): Griechisch-deutsches Schul- und Handwörterbuch. Wien.

Giese, Nadine; Koch, Gerd; Mazzini, Silvia (Hg.) (2012): SozialRaumInszenierung. Uckerland: Schibri-Verlag

Girard, René; Mainberger-Ruh, Elisabeth (2012): Das Heilige und die Gewalt. 2. Aufl. Ostfildern: Patmos-Verl.

Göhmann, Lars (2004): Theatrale Wirklichkeiten. Möglichkeiten und Grenzen einer systemisch-konstruktivistischen Theaterpädagogik im Kontext ästhetischer Bildung. 1. Aufl. Aachen: Mainz Verlag.

Gudarzi, Amir (2022): Quälbarer Leib – ein Körpergesang. In: *Theater der Zeit* (11), 40–53.

Gunsilius, Maike; Kowalski, Hannah (2021): Entscheiden. Handeln. Performen. Künstlerische Forschung mit Kindern. Bielefeld: Athena wbv

Hamann, Heiko (2019): Schwarmintelligenz. Berlin: Springer Spektrum.

Handke, Peter (2006): Publikumsbeschimpfung und andere Sprechstücke. 1. Aufl., [Nachdr.]. Frankfurt am Main: Suhrkamp.

Haraway, Donna Jeanne (2018): Unruhig bleiben. Die Verwandtschaft der Arten im Chthuluzän. Frankfurt am Main, New York: Campus Verlag.

Haß, Ulrike (2012): Woher kommt der Chor. In: Genia Enzelberger, Monika Meister und Stefanie Schmitt (Hg.): Auftritt Chor. Formationen des Chorischen im gegenwärtigen Theater. Wien: Böhlau (Maske und Kothurn, 58.2012,1), 13–30.

Haß, Ulrike (2020): Kraftfeld Chor. Aischylos Sophokles Kleist Beckett Jelinek. Berlin: Theater der Zeit.

Hayner, Jakob (2020): Debatte und Kritik. Zwanzig Jahre „Postdramatisches Theater" von Hans-Thies Lehmann. In: *Theater der Zeit* (1), 11.

Heeg, Günther (2006): Chorzeit. Sechs Miniaturen zur Wiederkehr des Chors in der Gegenwart. In: *Theater der Zeit* 61 (4), 19–23.

Henke, Silvia; Mersch, Dieter; van der Meulen, Nicolaj; Strässle, Thomas; Wiesel, Jörg (2020): Manifest der künstlerischen Forschung. Eine Verteidigung gegen ihre Verfechter. Unter Mitarbeit von Sabine Hertig. 1. Auflage. Zürich: Diaphanes.

Hentschel, Ulrike (1996): Theaterspielen als ästhetische Bildung. Über einen Beitrag produktiven künstlerischen Gestaltens zur Selbstbildung. Weinheim: Deutscher Studien Verlag.

Höhn, Jessica (2018): Theaterpädagogik. Grundlagen, Zielgruppen, Übungen. 2. aktualisierte Auflage. Leipzig: Henschel.

Hopf, Hans (2007): Der Schwarm. Wie viele Menschen es braucht, um eine Gruppe zu steuern. In: *Süddeutsche Zeitung*, 10.04.2007 (Nr. 82), 16.

Horn, Eva (2009): Schwärme – Kollektive ohne Zentrum. Einleitung. In: Eva Horn und Lucas Marco Gisi (Hg.): Schwärme – Kollektive ohne Zentrum. Eine Wissensgeschichte zwischen Leben und Information. Bielefeld: transcript Verlag (Masse und Medium, 7), 7–26.

Horn, Eva; Gisi, Lucas Marco (Hg.) (2009): Schwärme – Kollektive ohne Zentrum. Eine Wissensgeschichte zwischen Leben und Information. Bielefeld: transcript Verlag.

Hornscheidt, Lann (2017): Gender – was soll das ganze Theater? Berlin: SuKuLTuR (Aufklärung und Kritik, 512).

Hüther, Gerald (2017): Was wir sind und was wir sein könnten. Ein neurobiologischer Mutmacher. 8. Auflage. Frankfurt am Main: Fischer Taschenbuch (Fischer Taschenbuch, 18850).

Jandl, Ernst (1997): Poetische Werke, Band 1. Sprechblasen. Verstreute Gedichte. 1. Aufl. München: Luchterhand.

Jelinek, Elfriede (2020): Schwarzwasser. Originalausgabe. Hamburg: Rowohlt.

Johnstone, Keith (2016): Theaterspiele. Spontaneität, Improvisation und Theatersport. Zehnte Auflage. Berlin, Köln: Alexander Verlag.

Kämpf-Jansen, Helga (2013): Ästhetische Forschung. Wege durch Alltag, Kunst und Wissenschaft; zu einem innovativen Konzept ästhetischer Bildung. 3., geringfügig korr. Aufl. Marburg: Tectum (EBL-Schweitzer, v.9).

Klein, Gabriele (2013/2012): Choreografien des Alltags. Bewegung und Tanz im Kontext Kultureller Bildung: In: KULTURELLE BILDUNG ONLINE. Online verfügbar unter https://www.kubi-online.de/artikel/choreografien-des-alltags-bewegung-tanz-kontext-kultureller-bildung (Aufruf 26.01.2023).

Klepacki, Leopold und Weig, Maximilian (Hg.) (2016): Chor. *Schultheater. Wahrnehmung – Gestaltung – Spiel* (24). Seelze: Friedrich Verlag GmbH.

Klett, Renate (2020): Hier wütet der Chor. Die polnische Regisseurin Marta Górnicka gibt mit ihren energetischen, radikalen, teils monströsen Chören dem Aufbegehren eine aufwühlende Form. In: *Theater der Zeit* (1), 23–25.

Klimant, Tom (2022): Theaterspiel erleben und lehren. Fachdidaktik für den Theaterunterricht. Bielefeld: Transcript (Theater, Band 145).

Kluge, Alexander (2021): Das Buch der Kommentare. Unruhiger Garten der Seele. Erste Auflage. Berlin: Suhrkamp.

Koch, Gerd (2016): Über das Ingang-Setzen einer Schreib-Spiel-Maschine. Kollektive Produktion einer 3-Minuten-Szene, bestehend aus Dialog, Kommentar, Rede, Chor im Rahmen eines wissenschaftlichen Seminars zu Brechts Lehrstücken. In: Milena Massalongo, Florian Vaßen und Bernd Ruping (Hg.): Brecht gebrauchen. Theater und Lehrstück-Texte und Methoden. Berlin, Uckerland/OT Milow, Straßburg: Schibri-Verlag (Lingener Beiträge zur Theaterpädagogik, 15), 93–100.

Koch, Gerd; Streisand, Marianne (2003): Wörterbuch der Theaterpädagogik. [Berlin] [u.a.]: Schibri-Verl.

Koch, Gerd; Vaßen, Florian (2008): PolitikTheaterPädagogik. Versuch über das Politische in Theater und Pädagogik. In: *Korrespondenzen. Zeitschrift für Theaterpädagogik* (53), 3–7.

Köck, Thomas (2022): Klimatrilogie. Berlin: Suhrkamp.

Kott, Jan (1991): Gott-Essen. Interpretationen griechischer Tragödien. München, Piper, 1975. Berlin: Alexander-Verl.

Kramer, Martin (2019): Aufstellungsarbeit im Klassenzimmer. Nonverbale Kommunikationssysteme – ein stiller Paradigmenwechsel. 1. Auflage. Seelze: Klett/Kallmeyer.

Kuberg, Maria (2021): Chor und Theorie. Zeitgenössische Theatertexte von Heiner Müller bis René Pollesch. Konstanz: Konstanz University Press.

Kup, Johannes (2019): Leitbild Selbstständigkeit. Zur Kritik konstruktivistisch orientierter Didaktik im Fach Theater/Darstellendes Spiel. In: *Korrespondenzen. Zeitschrift für Theaterpädagogik*, 22–25.

Kurzenberger, Hajo (2005): Theater als soziale Kunstform. Hajo Kurzenbegrer im Gespräch mit Karola Wenzel. In: Streisand, Marianne (Hg.): Generationen im Gespräch. Archäologie der Theaterpädagik 1. Uckerland: Schibri-Verl. (Lingener Beiträge zur Theaterpädagogik, 4).

Kurzenberger, Hajo (Hg.) (2009a): Der kollektive Prozess des Theaters. Chorkörper – Probengemeinschaften – theatrale Kreativität. Bielefeld: Transcript (Theater, 13).

Kurzenberger, Hajo (2009b): Chorisches Theater der neunziger Jahre. In: Hajo Kurzenberger (Hg.): Der kollektive Prozess des Theaters. Chorkörper – Probengemeinschaften – theatrale Kreativität. Bielefeld: Transcript (Theater, 13), 89–101.

Kurzenberger, Hajo (2009c): Theater als Chor. In: Hajo Kurzenberger (Hg.): Der kollektive Prozess des Theaters. Chorkörper – Probengemeinschaften – theatrale Kreativität. Bielefeld: Transcript (Theater, 13), 69–87.

Kurzenberger, Hajo (2009d): Kollektive Kreativität: Herausforderung des Theaters und der Praktischen Theaterwissenschaft. In: Kurzenberger, Hajo: Der Kollektive Prozess des Theaters. Chorkörper, Probengemeinschaften, theatrale Kreativität, 181–201.

Kurzenberger, Hajo (2010): Wiederholen – Reproduzieren – Wiederbeleben. Theatrale Verfahren der Vergegenwärtigung. In: Florian Vaßen (Hg.): Korrespondenzen. Theater – Ästhetik – Pädagogik. 2., veränd. und verb. Aufl. Berlin, Milow, Strasburg: Schibri-Verl., 147–155.

Lange, Marie-Luise (Hg.) (2006): Performativität erfahren. Aktionskunst lehren – Aktionskunst lernen. Berlin: Schibri.

Lehmann, Hans-Thies (2001): Postdramatisches Theater. 2. Aufl. Frankfurt am Main: Verl. der Autoren.

Lehmann, Nick-Julian (2018): Soziale Choreographie. In: LAFT Berlin – Landesverband freie darstellende Künste Berlin e.V. (Hg.): Zwischen Publikum und Bühne. Vermittlungsformate für die freien darstellenden Künste. Berlin, 43-46.

Löffler, Wolfgang (1998): Über die Notwendigkeit und die Schwierigkeit ein Chor zu sein. In: Kurzenberger, Hajo (Hg.): Praktische Theaterwissenschaft. Spiel, Inszenierung, Text. Hildesheim: Universität Hildesheim (Medien und Theater, Bd. 7, 37--0).

Mallwitz, Petra (1987): Plötzlich riecht jede nach Chanel Nr. 5. In: die hiketiden des aischylos. Materialien zu einem Theaterprojekt des Studiengangs Kulturpädagogik. Hochschule für Erziehungs-, Sprach- und Kulturwissenschaften, Hildesheim, 51-55.

Mann, Thomas (1994): Die Geschichten Jaakobs. 10. Aufl. Fischer Verlag

Menke, Bettine (2007): Wozu Schiller den Chor gebraucht. In: Bettine Menke und Christoph Menke (Hg.): Tragödie – Trauerspiel – Spektakel; Berlin: Theater der Zeit (Theater der Zeit Recherchen, 38), 72–100.

Moennighoff, Burkhard (2013): Metrik. 2., durchges. Aufl. Stuttgart: Reclam

Montelle, Yann-Pierre (2009): Palaeoperformance. The emergence of theatricality as social practice. London, New York: Seagull Books

Müller, Heiner (2015): Die Gedichte. 7. Aufl., Frankfurt am Main: Suhrkamp (Werke / Heiner Müller. Hrsg. von Frank Hörnigk, 1).

Müller, Martin (2020): Im Westen nichts Neues. Ein Symposium in Berlin feiert zwanzig Jahre „Postdramatisches Theater" – und unterschlägt dabei den kritischen Diskurs (1), 17.

Musil, Robert (1992): Der Mann ohne Eigenschaften. Roman. Neu durchges. und verb. Ausg. 1978. Reinbek bei Hamburg: Rowohlt.

Mustroph, Tom (2020): Die Bühne geht ins Netz. Die Coronakrise beschleunigt die Digitalisierung im Theater – Ein Überblick über Tools, Formate und Probleme. In: *Theater der Zeit* (5), 26–27.

Nübling, Sebastian (1998a): Chorisches Spiel I. Zur Aktualität eines szenischen Verfahrens in der theaterwissenschaftlichen Projektarbeit: Shakespeare, Schwitters, Handke. In: Kurzenberger, Hajo (Hg.): Praktische Theaterwissenschaft. Spiel, Inszenierung, Text. Hildesheim: Universität Hildesheim (Medien und Theater, Bd. 7, 41-62).

Nübling, Sebastian (1998b): Chorisches Spiel II. Übungsbeispiele und Strukturelemente eines szenischen Verfahrens. In: Kurzenberger, Hajo (Hg.): Praktische Theaterwissenschaft. Spiel, Inszenierung, Text. Hildesheim: Universität Hildesheim (Medien und Theater, Bd. 7, 63-87).

Oberender, Thomas (2022): Die Waldverwandlung. Auszug aus dem „Gaia-Theater" (12), 10-12.

Odell, Jenny (2021): Nichts tun. Die Kunst, sich der Aufmerksamkeitsökonomie zu entziehen. München: C.H. Beck.

Oliveros, Pauline (2005): Deep listening. A composer's sound practice. New York, NY: iUniverse.

Pinkert, Ute (2005): Transformationen des Alltags. Theaterprojekte der Berliner Lehrstückpraxis und Life Art bei Forced Entertainment; Modelle, Konzepte und Verfahren kultureller Bildung. Zugl.: Berlin, Univ. der Künste, Diss., 2004. Berlin, Strasburg, Milow: Schibri-Verl.

Plath, Maike (2017): Befreit euch! Anleitung zur kleinen Bildungsrevolution: Theorie und Praxis. 1. Auflage. Norderstedt: Books on Demand.

Plath, Maike (2023): Das Veto-Prinzip. Die sieben Säulen gleichwürdiger Pädagogik. 1. Auflage. Weinheim: Julius Beltz GmbH & Co. KG.

Poppe, Andreas (1994): Praxis chorischer Sprechdarstellung im Theater. In: *Korrespondenzen. Zeitschrift für Theaterpädagogik* (22), 14-19

Poppe, Andreas (2007): Zur Geschichte und szenischen Gestaltung des Sprechchores als theaterpädagogisches Spielverfahren. In: Streisand, Marianne (Hg.): „Talkin' 'bout my Generation“. Archäologie der Theaterpädagogik 2. Berlin, Milow, Strasburg: Schibri-Verl. (Lingener Beiträge zur Theaterpädagogik, 6, 268-278).

Post, Doris: Individuum und Solidarität – ein Baustein zum chorischen Theater. In: Theater probieren (2011), 13-46.

Primavesi, Patrick (Hg.) (2014): Stop Teaching! Neue Theaterformen mit Kindern und Jugendlichen. Bielefeld: Transcript (Theater, 19).

Raddatz, Frank (2020): Statt eines Manifests! 13 Thesen für das Theater des Anthropozän. In: *Theater der Zeit* (2), 12-15.

Raddatz, Frank (2021): Die planetarische Moral. In: *Theater der Zeit* (11), 25-27.

Rhodes, Peter J. (2001): Politeia. In: Hubert Cancik (Hg.): Der Neue Pauly. Enzyklopädie der Antike, 10. Stuttgart: Metzler, 26-27.

Riemer, Peter; Zimmermann, Bernhard (Hg.) (1999): Der Chor im antiken und modernen Drama. Stuttgart: J.B. Metzler (Drama: Beiträge zum antiken Drama und seiner Rezeption, 7).

Ritter, Hans Martin (1986): Das gestische Prinzip bei Bertolt Brecht. Köln: Prometh-Verl.

Ritter, Hans Martin (1999): Sprechen auf der Bühne. Ein Lehr- und Arbeitsbuch. 1. Aufl. Berlin: Henschel.

Ritter, Hans Martin (2010): Das Lehrstück als Impuls: Brecht auf! Kleine Re-Lektüre der Lehrstücktheorie. In: *Korrespondenzen. Zeitschrift für Theaterpädagogik*, 63-68.

Ritter, Hans Martin (2012): Gestus und Habitus. Nähe und Ferne zweier Begriffswelten. In: Nadine Giese, Gerd Koch und Silvia Mazzini (Hg.): SozialRaumInszenierung. Uckerland: Schibri-Verlag (Lingener Beiträge zur Theaterpädagogik, 11), 155-168.

Ritter, Hans Martin (2022): Gestus und Stimme. In: *Korrespondenzen. Zeitschrift für Theaterpädagogik* (80), 24-26.

Rora, Constanze (2003,): Chorisches Sprechen/Sprechchor. In: Koch, Gerd; Streisand, Marianne (Hg.): Wörterbuch der Theaterpädagogik. [Berlin] [u.a.]: Schibri-Verlag, 59-61.

Rosa, Hartmut (2019a): Resonanz. Eine Soziologie der Weltbeziehung. 1. Auflage. Berlin: Suhrkamp.

Rosa, Hartmut (2019b): „Spirituelle Abhängigkeitserklärung". Die Idee des Mediopassiv als Ausgangspunkt einer radikalen Transformation. In: Klaus Dörre, Hartmut Rosa, Karina Becker, Sophie Bose und Benjamin Seyd (Hg.): Große Transformation? Zur Zukunft moderner Gesellschaften. Wiesbaden, Heidelberg: Springer VS, 35-56

Ruefle, Mary (2022): Mein Privatbesitz. Erste Auflage. Berlin: Suhrkamp Verlag (Bibliothek Suhrkamp, 1527).

Ruping, Bernd (1984): Material und Methode. Zur Theorie und Praxis des Brechtschen Lehrstücks. Münster (Westfalen) 1984.

Sachser, Dietmar (2010): Theaterspielflow. Eine *ernstspielhafte* Haltung finden. In: Bernd Stegemann (Hg.): Schauspielen. Ausbildung. Berlin: Verl. Theater der Zeit (Lektionen, 4), 70-78.

Sachser, Dietmar (2012): Theaterspielflow. Flow als ein künstlerischer Gestaltungsmodus an der Nahtstelle von Theoriebildung und Praxis der Theaterpädagogik. In: Christoph Nix, Dietmar Sachser und Marianne Streisand (Hg.): Theaterpädagogik. Berlin: Theater der Zeit, 82-90.

Sack, Mira: Didaktik im Dazwischen. Vermittlungsverhältnisse aus theaterdidaktischer Perspektive. In: *Korrespondenzen. Zeitschrift für Theaterpädagogik* 2019 (75), 6-9.

Sack, Mira (2011): Spielend denken. Theaterpädagogische Zugänge zur Dramaturgie des Probens. Bielefeld: Transcript-Verlag.

Schiller, Friedrich (1997a): Die Kraniche des Ibykus, In: Ders.: Sämtliche Werke in 5 Bänden. Band 3. 6. Aufl. Düsseldorf: Artemis & Winkler, 329-333.

Schiller, Friedrich (1997b): Über die ästhetische Erziehung des Menschen in einer Reihe von Briefen. In: Ders.: Sämtliche Werke in 5 Bänden. Band 5. 6. Aufl. Düsseldorf: Artemis & Winkler, 311-408.

Schiller, Friedrich (1997c): Über den Gebrauch des Chors in der Tragödie. In: Ders.: Sämtliche Werke in 5 Bänden. Band 2. 6. Aufl. Düsseldorf: Artemis & Winkler, 245-253.

Schimmelpfennig, Roland (2001): Vorher/Nachher, Frankfurt a. M.: Fischer Verlag.

Schleef, Einar (1997): Droge Faust Parsifal. Frankfurt am Main: Suhrkamp.

Schlippe, Arist von; Schweitzer, Jochen; Kriz, Jürgen (2019): Gewusst wie, gewusst warum. Die Logik systemischer Interventionen: mit 7 Abbildungen. Göttingen: Vandenhoeck & Ruprecht.

Seitz, Hanne (2006): Ereignisse im Quadrat. Matrix für Performances an der Schnittstelle zum Tanztheater. In: Marie-Luise Lange (Hg.): Performativität erfahren. Aktionskunst lehren – Aktionskunst lernen. Berlin: Schibri, 32-49.

Seitz, Hanne (2022): Theater – Vom Spiel getrieben oder Spielraum eröffnend? In: *Korrespondenzen. Zeitschrift für Theaterpädagogik* (81), 7-10.

Shakespeare, William (2014): Wie es euch gefällt. Zweisprachige Ausgabe, Übersetzt von Frank Günther, 2. Aufl. München: dtv.

Shakespeare, William (2021): Romeo und Julia. Zweisprachige Ausgabe. Übersetzt von Frank Günther, 21. Auflage. München: dtv.

Sloterdijk, Peter (2009): Du mußt dein Leben ändern. Über Anthropotechnik. 1. Aufl., Frankfurt am Main: Suhrkamp.

Sommer, Harald Volker (2008): Theaterpädagogik am Theater der Jugend. Theatrales Lernen durch die chorische Arbeitsweise. In: Gerald M. Bauer und Birgit Peter (Hg.): „Neue Wege". 75 Jahre Theater der Jugend in Wien. Wien, Lit Verlag

Sommer, Harald Volker (2011): Vom Gebrauch des Chors in der Theaterpädagogik. Theorie, Geschichte und Praxis des chorischen Prinzips. Saarbrücken: VDM.

Sommer, Harald Volker (2021): Digitales Schwärmen im Chor. Möglichkeiten chorischen Arbeitens online. In: *Korrespondenzen. Zeitschrift fürr Theaterpädagogik* (78), 23-25.

Steinweg, Reiner (1962): Der große Marsch San Francisco – Moskau. Bericht über die Demonstration für einseitige Abrüstung des amerikanischen Committee for nonviolent Action in der BRD, DDR, Polen und der Sowjetunion im Jahre 1961: Selbstverlag.

Steinweg, Reiner (1976a): Das Lehrstück. Brechts Theorie einer politisch-ästhetischen Erziehung. 2., verb. Aufl. Stuttgart: Metzler.

Steinweg, Reiner (Hg.) (1976b): Brechts Modell der Lehrstücke. Zeugnisse, Diskussion, Erfahrungen. 1. Auflage. Frankfurt am Main: Suhrkamp.

Steinweg, Reiner (2018): Am reissenden Fluss. Lehrstückspiel nach Bertolt Brecht. Methode Steinweg. Produziert von Rainer Steinweg am Institut Angewandtes Theater Wien. Lingener Beiträge zur Theaterpädagogik XVI. Gernot Steinweg und Rea Karen. (Regie). Milow: Schibri-Verl.

Steinweg, Koch, Vaßen (Hg.) (1984): Assoziales Theater. Spielversuche mit Lehrstücken und Anstiftung zur Praxis. Köln.

Strauß, Botho (2019): Zu oft umsonst gelächelt. München: Carl Hanser Verlag.

Streisand, Marianne (2005): Generationen im Gespräch. Archäologie der Theaterpädagogik 1. Uckerland: Schibri-Verl. (Lingener Beiträge zur Theaterpädagogik, 4).

Streisand, Marianne (Hg.) (2007): „Talkin' 'bout my generation". Archäologie der Theaterpädagogik 2. Internationale Konferenz zur Geschichte der Theaterpädagogik. Berlin, Milow, Strasburg: Schibri-Verl. (Lingener Beiträge zur Theaterpädagogik, 6).

Suzuki, Shunryu (Hg.) (2002): Zen-Geist, Anfänger-Geist. 11., überarb. Aufl. Berlin: Theseus-Verl.

Terzopoulos, Theodōros (2016): Die Rückkehr des Dionysos. Unter Mitarbeit von Erika Fischer-Lichte. Berlin: Theater der Zeit.

Thacker, Eugene (2009): Netzwerke – Schwärme – Multitudes. In: Eva Horn und Lucas Marco Gisi (Hg.): Schwärme – Kollektive ohne Zentrum. Eine Wissensgeschichte zwischen Leben und Information. Bielefeld: transcript Verlag (Masse und Medium, 7), 27-68.

Thunberg, Greta (2019): Ich will, dass ihr in Panik geratet! Meine Reden zum Klimaschutz. Frankfurt am Main: Fischer Verlag

Türcke, Christoph: Zurück zum Geräusch. Die sakrale Hypothek der Musik. In: Demand, Christian/Knörer, Ekkehard (Hg.): Merkur, Deutsche Zeitschrift für Europäisches Denken, Jg: 55, Heft 626, Klett Cotta Verlag, Stuttgart 2001, 509–519.

Türcke, Christoph (2011): Philosophie des Traums. München: C.H. Beck.

Urbanek, Sylke (2019): Chorgesang einmal anders. Das Ensemble Choreos mit "The Tyger" und "The Lamb". In: *Oper & Tanz – Zeitschrift für Opernchor und Bühnentanz* (6/19), 15.

Van Eikels, Kai (2013): Die Kunst des Kollektiven. Performance zwischen Theater, Politik und Sozio-Ökonomie. Paderborn: Fink.

Vaßen, Florian (2010): Lernen und Üben. In: Florian Vaßen (Hg.): Korrespondenzen. Theater – Ästhetik – Pädagogik. Berlin, Milow, Strasburg: Schibri-Verl., 129-145.

Vaßen, Florian (2021): „einfach zerschmeißen". Brecht Material: Lyrik – Prosa – Theater – Lehrstück: mit einem Blick auf Heiner Müller. Berlin, Milow, Strasburg: Schibri-Verlag (Lingener Beiträge zur Theaterpädagogik, Band 19).

Vaßen, Florian/Koch, Gerd/Naumann, Gabriela (Hg.) (1998): Wechselspiel: KörperTheaterErfahrung. 1. Aufl. Frankfurt a. M.: Brandes & Apsel.

Verhülsdonk, Georg (2022): Die Vielstimmigkeit in der Einstimmigkeit. Ein Erfahrungsbericht zum Workshop „Chorisches Sprechen" bei der But Tagung 19.-20 November 2021 in Neuwied. In: *Korrespondenzen. Zeitschrift für Theaterpädagogik* (80), 21-23

Wachter, Rudolf (2001): Schrift III: Klassische Antike. B. Griechenland in alphabetischer Zeit. In: Hubert Cancik (Hg.): Der Neue Pauly. Enzyklopädie der Antike, 11. Stuttgart: Metzler, 238.

Weisberg, Jan (2010): Einfach, aber zugespitzt. Bericht von der Fachtagung „Szenisches Schreiben/Herstellen von (Lehrstück)Spiel-Vorlagen". In: *Korrespondenzen. Zeitschrift für Theaterpädagogik* (57), 70-74.

Welwei, Karl-Wilhelm (2001): Polis. In: Hubert Cancik (Hg.): Der Neue Pauly. Enzyklopädie der Antike, 10. Stuttgart: Metzler, 22-23.

Wenner, Stefanie (2022): Kompostieren statt Vernetzen. Ein Plädoyer für Pilze als Stichwortgeber. In: *Double. Magazin für Puppen-, Figuren- und Objekttheater* (2), 18-19.

Wiese, Hans-Joachim; Ruping, Bernd; Günther, Michaela (2006): Theatrales Lernen als philosophische Praxis für Schule und Freizeit. Berlin: Schibri-Verl. (Lingener Beiträge zur Theaterpädagogik, 1).

Witzeling, Klaus (2006): Die verschiedenen Farben im Chor. Die schweizer Regisseurin Nora Somaini im Gespräch. In: *Theater der Zeit* 61 (4), 27-29.

Wrentschur, Michael (2019): Forumtheater, szenisches Forschen und Soziale Arbeit. Diskurse - Verfahren - Fallstudien. 1. Auflage. Weinheim, Basel: Beltz Juventa (Edition Soziale Arbeit).

Zaminer, Frieder (1997): Chor. In: Hubert Cancik (Hg.): Der Neue Pauly. Enzyklopädie der Antike, 2. Stuttgart: Metzler, 1141-1144.

Zimmermann, Bernhard (1999): Chor und Handlung in der griechischen Komödie. In: Der Chor im antiken und modernen Drama. Riemer und Zimmermann (Hg.). Stuttgart und Weimar: J.B. Metzler (Drama: Beiträge zum antiken Drama und seiner Rezeption, 7, 49-59).

Zimmermann, Bernhard (2000): Parodos. In: Hubert Cancik (Hg.): Der Neue Pauly. Enzyklopädie der Antike, 9. Stuttgart: Metzler, 349-350.

Zimmermann, Bernhard (2001): Satyrspiel. In: Hubert Cancik (Hg.): Der Neue Pauly. Enzyklopädie der Antike, 11. Stuttgart: Metzler, 125-128.

Zimmermann, Bernhard (2002): Tragödie, I. Griechisch. In: Hubert Cancik (Hg.): Der Neue Pauly. Enzyklopädie der Antike, 12/1. Stuttgart: Metzler, 734-740.